Max BRUCHET

La Savoie

d'après les Anciens Voyageurs

Ammien Marcellin. — Eustache Deschamps. — Le Mystère de Saint Bernard de Menthon. — Rabelais. — Montaigne. — Les Ambassadeurs Vénitiens. — Thomas Coryate. — Le Cavalier Marin. — Le *Diario* de Rucellai. — La Glorieuse Rentrée des Vaudois. — Montesquieu. — Windham et Pococke. — La Rochefoucauld. — Young. — Stendhal, etc., etc.

ANNECY
Imprimerie HÉRISSON Frères

—

1908

Max BRUCHET

La Savoie

d'après les Anciens Voyageurs

Ammien Marcellin. — Eustache Deschamps. — Le Mystère de Saint Bernard de Menthon. — Rabelais. — Montaigne. — Les Ambassadeurs Vénitiens. — Thomas Coryate. — Le Cavalier Marin. — Le *Diario* de Rucellai. — La Glorieuse Rentrée des Vaudois. — Montesquieu. — Windham et Pococke. — La Rochefoucauld. — Young. — Stendhal, etc., etc.

ANNECY

Imprimerie HÉRISSON Frères

—

1908

(Extrait de l'*Industriel Savoisien*)

PRÉFACE

De nombreux guides nous apprennent comment on voyage aujourd'hui. Des amis de la Savoie ont exprimé le désir de savoir comment on voyageait autrefois, pensant que ce serait suivre dans nos vallées, qui furent le berceau de l'alpinisme, l'évolution des idées sur la montagne : l'effroi de l'Alpe au Moyen-Age, l'enthousiasme éphémère des savants de la Renaissance et enfin l'influence victorieuse de Rousseau et de Saussure.

Ce désir est facile à réaliser. La Savoie, ce grand *passage des Itales* que recommandaient les vieux itinéraires, a suscité une littérature exceptionnellement riche en récits de voyage. Les écrivains les plus sobres de détails de route ont eu presque toujours, en traversant les Alpes, des impressions sinon des émotions. Leur témoignage est curieux à produire ; c'est en effet, à plusieurs siècles de distance, la vision directe des hommes et des choses.

Particulièrement intéressants par leur précision et leur caractère pratique, les anciens guides jettent une vive lumière sur tout un côté de la vie d'autrefois qui nous échappe à cause de nos habitudes modernes de transport. Il a paru toutefois nécessaire de suppléer à la sécheresse de quelques-uns de ces guides par la lecture d'anciens récits de voyage et même, à défaut de relations proprement dites, par des emprunts aux œuvres d'hommes célèbres qui ont pu conserver accidentellement, dans un ouvrage où l'on ne songerait guère à la chercher, quelque anecdote curieuse. Tel maître Rabelais, qui prit si souvent le chemin de la Maurienne déclarant que, « quand la neige est sur la montagne, la foudre, l'éclair..., le rouge grenat, le tonnerre, la tempête, tous les diables sont par les vallées », mais retrouvant vite sa verve gauloise pour conter la plaisante aventure de Messer Pantolfe de la Cassine chez un aubergiste de Chambéry.

A vrai dire, la littérature des voyages en Savoie concerne surtout la grande voie d'Italie, c'est-à-dire la Maurienne, et depuis l'attraction des glaciers, la vallée de l'Arve. Il y avait néanmoins tout un réseau de routes plus ou moins scabreuses qui n'effrayaient point le pied robuste de nos montagnards. Chamonix, que l'anglais Windham croyait avoir découvert au milieu du XVIIIe siècle, appartenait depuis plus de six cents ans à l'abbaye piémontaise de Saint-Michel de la Cluse ; et cette possession n'allait point sans de fréquentes communications qui paraissent, même avec nos moyens actuels de locomotion, des voyages assez compliqués.

Toutefois il sera possible de recueillir des relations relatives au Faucigny, au Chablais, au Genevois, à la Tarentaise, au bassin de Chambéry, à toutes ces anciennes provinces qui constituaient le duché de Savoie ; mais elles n'auront point la notoriété des récits concernant la grande route de France en Italie et l'idée que l'on se fera de notre pays, par une fausse généralisation, sera basée surtout sur la traversée de la plus aride de nos vallées, cette Maurienne où, a dit quelqu'un, l'homme emprisonné chemine comme un insecte au fond d'un abîme.

On a souvent critiqué les anciennes relations de voyage. Sans prétendre justifier des réflexions parfois désobligeantes provenant d'observateurs superficiels, sans vouloir attribuer aux voyageurs du temps jadis une perspicacité, une impartialité et une égalité d'humeur que nos modernes touristes n'ont pas toujours, il est certain que beaucoup de faits par eux recueillis apporteront une note pittoresque à l'histoire et à la géographie des Alpes. Bourgeois, tabellions, gens de robe et gens d'épée, ligueurs et huguenots, prêtres, ambassadeurs, hommes de science, poètes et artistes, anglais, italiens, français, suisses ou allemands, chacun suivant ses occupations habituelles, et sa nationalité, jugera la Savoie à son point de vue particulier, et ces impressions variées déjà, par la diversité des conditions des voyageurs, seront variées encore par la diversité des temps, puisqu'elles embrassent une période six fois séculaire.

Parfois le plus humble pèlerin, tel ce marchand drapier quittant les plaines flamandes pour accomplir son vœu en Terre-Sainte, donnera des observations plus précieuses que des hommes célèbres dont la sensibilité semble comme émoussée par les neiges du Mont-Cenis. Toutefois, ces impressions ne seront jamais indifférentes à connaitre surtout quand elles seront signées de Montaigne, de Montesquieu, de La Rochefoucauld, de Stendhal, et d'autres noms notoires. Il a semblé qu'il ne fallait point restreindre cette œuvre de vulgarisation aux seuls manuscrits inédits et que l'on nous saurait gré de faciliter la lecture et l'intelligence des textes éparpillés dans différents pays, souvent dans des recueils ou des éditions rarissimes. L'éditeur a cru devoir traduire tous ces textes, même les récits en ancien français, tout en conservant la saveur pittoresque de notre vieille langue quand la clarté du texte le permettait.

Certaines de ces pages, écrites par des contemporains, seront comme des visions d'histoire : par exemple, dans le siècle des terreurs de l'an mil, cette traversée du Mont-Cenis par un empereur se rendant à Canossa, obsédé par l'excommunication qui menaçait sa couronne et trainant, au cœur de l'hiver, l'impératrice et sa suite dans des peaux de bœuf pour éviter tout retard dans la levée de l'anathème ; ou bien cette exode des Clarisses de Genève fuyant la Réforme et la cité de Calvin, charriées cahin-caha dans les mauvaises routes du Genevois, ou encore les tribulations de ce prêtre chassé de la grasse Touraine par la tourmente révolutionnaire, venant se réfugier en Savoie auprès des émigrés français et arrivant à Annecy juste le jour où les troupes républicaines du général Montesquiou arboraient la cocarde tricolore dans nos vallées.

Tous les siècles d'une nation sont les feuillets d'un même livre, disait un philosophe qui aima les rives du lac d'Annecy. Ce sera notre récompense si le lecteur, en parcourant ces lignes après avoir parcouru les Alpes, est tenté d'évoquer les leçons de la riche histoire de Savoie et d'associer ainsi le passé au présent en rendant hommage à l'effort des générations disparues.

DANS L'ANCIENNE SAVOIE

Anciennes relations de voyage

annotées par un Florimontan

I.

*Les itinéraires romains et le Petit-St-Bernard. —
Le Mont-Cenis et Ammien Marcellin.*

Le plus ancien itinéraire qui ait été dressé pour la Savoie est déjà dix-sept fois séculaire.

Pour lancer leurs légions sur un monde nouveau, les Romains, « se faisant passage quasi malgré la nature à force de gens et d'argent » avaient troué la barrière des Alpes. Dès le premier siècle de notre ère, la voie impériale d'Aoste à Vienne franchissait le *Graius Mons*, c'est-à-dire le Petit-Saint-Bernard, jalonné de relais et de refuges. C'était l'une des plus belles routes carrossables de l'Empire que suivront Jules César, Claude, Lucius Vérus et Septime Sévère. Voici quelles étaient les étapes de cette route historique d'après l'itinéraire d'Antonin et la Table de Peutinger, précieux documents qui remontent au troisième siècle de notre ère :

Aoste (*Augusta Prætoria*).
Pré-St-Didier (*Arebrigium*).
La Thuile (*Ariolica*).
Petit-St-Bernard (*In Alpe graia*).
Bourg-St-Maurice (*Bergentrum*).
Aime (*Axima*).
Moutiers (*Darantasia*).
La Bathie (*Obilonna*).
Albertville (*ad Publicanos*).
Saint-Pierre-d'Albigny (*Mantala*).
Chambéry (*Leminco*).
Les Echelles (*Lavisconc*).
Saint-Genis-d'Aoste (*Augustum*).
Bourgoin (*Bourgoin*).
Vienne (*Vienna*).

A Albertville, il y avait une bifurcation pour Genève par Casuaria (*Viuz-Faverges*) et la rive gauche du lac d'Annecy, ville qui portait sur les itinéraires romains le nom de *Boutas*. Enfin, toujours d'après ces documents, Genève était encore rattachée à la route d'Italie par une seconde voie qui desservait Etanna (*Yenne*) et Condate (*Seyssel*).

La route du Petit-Saint-Bernard, celles d'Annecy et de Seyssel, telles étaient donc les trois grandes voies romaines de la Savoie mais il y avait en outre un riche réseau de chemins secondaires que de patientes fouilles ont permis d'exhumer partiellement. C'est ainsi qu'Annecy était en communication avec Chambéry par une voie non portée sur les itinéraires, suivant les flancs du Semnoz ; que la rive droite de son lac avec les bains romains de Menthon était aussi desservie et que même la vallée du Fier était déjà parcourue à l'époque où Tincius Paculus fit réparer le chemin du défilé de Dingy-Saint-Clair, ainsi qu'il appert de l'inscription bien connue des touristes du Val de Thônes.

La montagne ne semble pas avoir laissé d'autres impressions aux maîtres du monde que l'horreur des neiges éternelles et la crainte de mortelles difficultés. L'œil latin, habitué aux lignes riantes et à la fertilité de la campagne romaine, était dépaysé dans le chaos et l'aridité des hauts sommets. Jules César préférait au grand livre de la Nature, quand il traversait les Alpes, la lecture d'un traité grammatical. Les fonctionnaires que Rome envoyait dans nos vallées n'avaient pas de plus cher désir que celui de revoir la plaine : tel ce magistrat de la Tarentaise, offrant au dieu Sylvain mille beaux arbres s'il pouvait revenir en Italie avec sa famille, souhait banal que ce fin lettré eut du moins le mérite de rajeunir par l'élégance de la forme : son ex-voto, impérissable monument lapidaire, est l'un des joyaux de cette basilique Saint-Martin d'Aime où trois civilisations ont écrit leur histoire. (1)

Un auteur du IVe siècle, Ammien Marcellin,

---

(1) Le temple romain d'Aime, dont les substructions subsistent, fut agrandi du ve au vi^e siècle à l'aide d'une crypte qui constitue le plus ancien monument chrétien de la Savoie. Au-dessus, on édifia au xie siècle la basilique de Saint-Martin, récemment restaurée par la Commission des monuments historiques.

Les humanistes nous sauront gré de leur faire connaître le curieux texte d'une inscription trop jalousement conservée dans le domaine des épigraphistes : Titus Pomponius Victor, l'auteur de cette inscription votive, paraît avoir vécu à l'époque des Antonins, dans la seconde moitié du 2e siècle de notre ère, probablement sous le règne de Marc Aurèle et de Lucius Verus :

SYLVANE, sacra semicluse fraxino
  Et hujus alti summe custos hortuli,
Tibi hasce grates dedicamus musicas
  Quod nos per arva perque montes alpicos
Tuique luci suave olentis hospites
  Dum jus guberno remque fungor cæsarum
Tuo favore prosperanti sospitas
  Tu me meosque reduces romam sistito
Daque itala rura te colamus præside.
  Ego jam dicabo mile magnas arbores
T. Pomponi victoris procuratoris augustorum.

semble avoir assez bien rendu l'impression des anciens sur la haute montagne dans un passage qui parait s'appliquer, quoi qu'on en ai dit, au Mont-Cenis.

Cette région des Gaules, dit-il, que la difficulté de ses montagnes élevées et l'horreur de ses neiges éternelles cachent pour ainsi dire au monde entier, est close de toutes parts, comme si c'était un effet de l'art, par des fortifications naturelles, sauf du côté de la mer... Dans cette contrée des Alpes Cottiennes qui commencent à la ville de Suse, se dresse une chaine de hautes montagnes que nul, pour ainsi dire, ne peut franchir sans danger. Sur le versant de la Gaule, le chemin est en pente douce, épouvantant le regard par la menace des rochers suspendus de tous côtés. Au printemps, quand la glace et la neige fondent sous le souffle d'un vent chaud, à travers les défilés escarpés de partout, sur les précipices cachés par l'accumulation des névés, malgré la circonspection de leurs pas, bêtes et gens tombent à la descente, ainsi que les véhicules. Le seul moyen que l'on ait trouvé pour éviter ces catastrophes et s'avancer un peu plus sûrement c'est de lier les chars avec de grosses cordes et de les retenir par derrière d'un vigoureux effort, soit à main d'hommes, soit à l'aide de bœufs, et c'est à peine si en marchant ou plutôt en rampant on avance un peu plus sûrement. Et cela arrive disons-nous au printemps. Mais en hiver, sur le sol couvert d'une croûte de glace lisse et extrêmement glissante, le pas trébuche. Les vallées béantes avec leurs perfides espaces aplanis par la glace dévorent de nombreux voyageurs. Aussi ceux qui connaissent le pays, pour le rendre plus sûr plantent-ils de hautes perches de bois dont la succession permet au voyageur de se guider sans danger. Si ces repères sont couverts de neige ou renversés par les torrents qui coulent des montagnes, on circule difficilement, même sous la conduite de montagnards experts. (1)

II.

Le Mont-Cenis et l'empereur Henri IV.

Le Mont-Cenis qui sera le passage le plus fréquenté des Alpes de Savoie, ne figure point sur les itinéraires romains et n'apparaît dans l'histoire qu'au VIII° siècle. Pépin-le-Bref commença en 754 la série des souverains qui, par la Maurienne, jetteront leurs troupes sur les plaines de l'Italie ; après lui, dans le haut Moyen-Age, Charlemagne en 773, Louis-le-Pieux en 792, Charles-le-Chauve en 877, Charles III en 880, Henri IV en 1077, Frédéric Barberousse en 1167 et 1174, pour ne parler que des empereurs d'Occident, se succèderont sur ce col historique (2), où un hospice était établi dès le VIII° siècle pour le réconfort des voyageurs. Cette route servit non seulement aux conquérants mais aux pèlerins allant à Rome ou en Terre-Sainte, suivie par exemple en 689 par ce Ceduald, roi d'Angleterre, qui passa par la Maurienne pour se rendre dans

---

(1) AMMIEN MARCELLIN, livre XV, chapitre 10. — Cet usage de marquer les chemins des cols avec des perches est stipulé dans les franchises de St-Germain-sur-Séez, au pied du Petit-Saint-Bernard (1258). — Les habitants de Lans-le-Bourg, au pied du Mont-Cenis, furent exemptés d'une partie de leurs impôts à condition « d'ensevelir les morts qui se trouveront dans la montagne et de planter des croix pour enseigner le chemin aux passants » (1594). Cf. *Mém. de la Société de Val d'Isère*, tome III, p. 8 et *Mém. de la Société de St-Jean-de-Maurienne*, t. V, p. 7.

(2) OEHLMANN, *Die Alpenpasse im Mitelalter* dans *Yahrbuch fur schw. geschichte* 1789. p. 318.

la ville des papes. Au Moyen-Age l'Alpe homicide était encore préférée à la vague perfide :

Mers et montagnes, ce sont deux fléaux, dira avant l'an mil Flodoard : toutes deux réunissent contre le pauvre voyageur tempêtes et corsaires ; mais les dangers se peuvent encore mieux soutenir sur terre que sur mer et s'il ne faut point se mettre en route sans avoir donné son âme à Dieu, toutefois les entrailles de la terre doivent être moins redoutées que la profondeur des eaux.

Et cependant, à l'époque où écrivait cet annaliste, les dangers de l'Alpe étaient doublés par la crainte des Sarrazins pillards que Charles-le-Chauve avait vainement essayé de chasser, succombant au poison dans un pauvre chalet d'Avrieux, sur la vieille route de St-Jean-de-Maurienne à Lans-le-Bourg (877). Les cols escarpés des Alpes, tout d'abord le Mont-Cenis, avaient paru d'excellents postes d'observation pour dévaliser les voyageurs. Et durant près d'un siècle, jusqu'en 975, les chroniques contemporaines rappelleront les exploits des voleurs détroussant les pèlerins, dévastant les abbayes, rançonnant les caravanes, notamment celle du vénéré abbé de Cluny, Saint-Mayeul et l'escorte de Robert, archevêque de Tours (2).

L'insécurité des routes de la Savoie frappera tant les esprits que, près de trois cents ans après le départ des Sarrazins, aux environs de Chambéry, l'engloutissement de la ville de Myans, sous la chute du Mont-Granier (1248), sera considéré par un contemporain anglo-saxon comme un châtiment des crimes des habitants coupables, d'après son imagination trop inventive, d'égorger les voyageurs et les pèlerins qui passaient dans le

---

(2) LE FORT, *les Sarrazins dans les Alpes*, dans *Echo des Alpes*, 1879, n° 3.

voisinage (3). Cette fâcheuse réputation des Alpes obligea les princes de Savoie, entre autres moyens de protestation, de recourir à l'autorité d'une étymologie qui ne satisferait point nos modernes philologues mais qui a eu un grand succès il y a quelque cinq cents ans dans nos vallées. Leur chroniqueur officiel, Cabaret, dans les premières années du xv° siècle, sous la rubrique *Comment le comte Amé mit à sûreté son pays de Savoie*, raconte comme quoi l'un des souverains de cette illustre maison « fit ordonner de châtellenie en châtellenie gibets, fourches, plots et piloris pour faire justice des larrons et meurtriers et pilleurs qui dérobaient pèlerins, voyageurs, marchands, traficants, nobles, ainsi que des vagabonds et autres manières de gens semparant du bien d'autrui. Et de fait, en brief temps, il réduisit le pays en telle sûreté et sécurité que en lieu du nom de MALE VOIE, le pays fut appelé SAUVE VOIE. » (4)

---

(3) Chronique de Mathieu Paris citée dans WURSTEMBERGER, *Peter des Zweite*, t. IV, p. 113.

(4) *Monumenta historiæ patriæ, scriptores*, I col. 105. — A rapprocher ce texte de ce préambule d'une charte de la comtesse de Savoie en faveur de l'abbaye d'Aulps datée de 1398 : « Cupientes ut felix illud nomen sabaudiæ quod interpretatur SALVA VIA suum incorruptibiliter effectum habeat ». SONNAZ, *Studi storici sul contado di Savoia*, p. 17. Un autre chroniqueur du xiv° siècle met dans la bouche d'Amédée II de Savoie dans une entrevue avec l'empereur les paroles suivantes : « Domine mi, si michi detur illa regio, credo quod, Deo dante, illam ad tantum reducerem ut non amplius vocetur MALA VOYA, id est malum iter, sed SALVA VOYA, id est salvum iter. Hec audiens imperator, libenter dixit dicendo : si majora postulasses, ea obtinuisses. Et dixit comiti : comitem te constituo sabaudie. » Chronique publiée par le baron BOLLATI dans les *Miscellanea di storia italiana*, t. XXII, p. 313.

Il serait bien difficile de pouvoir, pour cette époque reculée, citer des impressions de voyage, littérature qui n'apparaîtra guère qu'avec la diffusion du livre par l'imprimerie. Mais, à défaut de cette source d'information, un chroniqueur allemand nous a conservé le récit des tribulations d'un empereur à travers les Alpes de Savoie au moment où il se rendait à Canossa pour attendre pieds nus pendant trois jours, à la porte du château pontifical, la levée de l'excommunication fulminée contre lui : c'est l'un des épisodes les plus saisissants de l'une des premières luttes entreprises par le pouvoir civil contre le pouvoir religieux, cette vieille *querelle des investitures* engagée entre Henri IV et le pape Grégoire VII. L'empereur n'avait pas d'autres moyens pour se rendre en Lombardie auprès de son adversaire que de passer par la Savoie, tous les autres passages étant aux mains des ennemis. On verra, note prise sur le vif malgré son exagération, comment les princes de Savoie, portiers des Alpes, surent profiter de leur situation stratégique, pour arrondir leur patrimoine :

Après la solennité de la Noël (de l'an 1076), quand le roi (d'Allemagne) Henri IV, partant pour l'Italie, fut arrivé dans la région du Mont-Cenis, sa belle-mère (Adélaïde, marquise de Suse) avec Amédée (comte de Savoie) son fils, souverains dont l'autorité et la renommée bien établies s'étendaient dans cette région sur de vastes possessions, vinrent à sa rencontre et le reçurent en grand honneur. Toutefois, ils refusaient de le laisser passer à travers leurs états s'il ne leur abandonnait, pour prix de passage, cinq évêchés italiens contigus à leurs domaines. Cette condition parut intolérable à tous les conseillers du Roi. Mais devant l'inéluctable nécessité d'acheter le passage, les parents du souverain n'ayant été émus ni par les liens du sang ni par le spectacle d'un si grand malheur, après une délibération longue et pénible, il fut décidé qu'on céderait, pour passer une belle province (du royaume) de Bourgogne, riche de toutes sortes de biens, largesse que l'on daigna accepter en faisant encore des difficultés. C'est ainsi que le courroux de Dieu avait éloigné du prince (excommunié) non seulement ceux qui lui avaient prêté le serment de fidélité et lui devaient de nombreux fiefs, mais encore ses amis et ses proches parents. La difficulté de l'autorisation de passage fut aussitôt suivie d'une autre difficulté. L'hiver était très rigoureux, il fallait traverser des montagnes dont les sommets, dressés dans l'immensité, touchaient presque les nuages ; elles étaient couvertes d'une masse de neige durcie par un froid glacial sur laquelle ni cavalier ni piéton ne pouvait s'aventurer sans glisser et être en grand péril de tomber. Mais l'anniversaire du jour où le roi avait été excommunié approchait et ne permettait aucun retard dans le voyage, parce que, si l'anathème n'était pas levé avant cette date, le souverain savait qu'à la suite d'un commun accord, les princes lui feraient perdre sa cause et son royaume à tout jamais sans espoir de restitution. Aussi emmena-t-il avec lui, moyennant salaire, quelques habitants ayant l'expérience des lieux et l'habitude des cols escarpés des Alpes, pour le précéder lui et son escorte à travers les précipices et les neiges de la montagne et aplanir la route à sa suite par tous les moyens possibles. Après être arrivés avec le concours de ces guides non sans de grandes difficultés au sommet du col, il semblait qu'il n'y eut plus moyen d'avancer parce que la pente de la montagne était si forte et rendue si glissante par le froid glacial dont on a parlé que toute descente paraissait impossible. Là les hommes mettant toute leur énergie à vaincre le danger, tantôt rampant sur les pieds et sur les mains, tantôt appuyés sur les épaules de leur guide, parfois tombant sur un endroit glissant et roulant plus loin, parvinrent enfin à la plaine non sans peine et sans danger de mort. La reine, ainsi que les femmes de sa suite, enfermées dans des peaux de bœufs, furent tirées jusqu'en bas par les guides qui conduisaient la caravane. Quant aux chevaux, les uns furent trainés avec des machines, les autres furent attachés par les pieds ; beaucoup pendant cette descente succombèrent, d'autres furent estropiés, peu en vérité purent échapper au danger sains et saufs. (5)

III.

Comment Eustache Deschamps ne saurait être considéré comme un préroussauiste.

L'effroi de la montagne, qui se dégage du récit de la traversée des Alpes de Savoie par l'empereur Henri IV, c'est, au moyen-âge comme à l'époque romaine, l'impression générale des contemporains. Sans doute on pourra citer, au XIV° siècle, parmi les précurseurs de l'alpinisme, Pétrarque ascensionnant le Mont-Ventoux pour chasser le souvenir de l'immortelle Laure, ou ce Bonifacius Rotarius qui escaladera les pentes de Rochemelon, à huit heures de Bessans, sur le revers du Mont-Cenis, en 1358, pour y placer une madone, conservée aujourdhui dans la cathédrale de Suse,

---

(5) *Annales Lamberti,* à l'année 1077, dans PERTZ, *Scriptores,* t. v, p. 255. Certains historiens ont pensé qu'il s'agissait du Grand-Saint-Bernard. L'hypothèse du Mont-Cenis est plus vraisemblable. La meilleure identification de la localité *Cinis,* citée dans ce texte, a été proposée dans la *Revue Savoisienne,* 1889, p. 11 il s'agit de Chignin.

et portée religieusement chaque année au sommet de Rochemelon, le 5 août, anniversaire de la fête de Notre-Dame-des-Neiges. Ce sont là des cas curieux, mais isolés.

Eustache Deschamps, à la fin de ce même XIVe siècle, traduira bien l'opinion la plus accréditée en déclarant que la meilleure manière de punir un grand pécheur est de le condamner à vivre dans les montagnes sans espoir de retour :

> Là sont glaces et neiges
> Grandes froidures par tous les douze mois
> Et abimes jusqu'en terre profonde
> Et ne croit fort que sapins et buissons.

Le gracieux poète traverse la montagne avec le regret des vignes et des blés, des cerfs, des biches et des oiseaux qui égaient les bois de la Cour des Valois, et cette vision de la vie facile des plats pays le fait maugréer contre l'aridité de la montagne où il ne voit guère pour l'habiter que des ours et des chamois :

> Le pays est un enfer en ce monde.

Dans une ballade connue, il a raconté d'une façon amusante sa traversée du Mont-Cenis avec le concours de ces guides montagnards appelés « marrons » dans les vieux textes :

> Il a grand faim d'être chétif
> De chevaux et corps estropier
> De gâter argent et habits
> De sentir pleuvoir et neiger
> De vivre et gêsir à danger
> Qui part du doux pays de France
> A grands frais et à grandes dépenses
> Pour voir Milan et Pavie.
> Quand profit n'y a ni vaillance
> Eustache dit que c'est folie.

Depuis Aiguebelle au Mont-Cenis
Faut entre roches chevaucher
Quatre à six jours, très dur pays,
Et en pauvres logis loger,
Avoir peu à boire et manger
Et payer tout à l'ordonnance
Des paysans. Outrecuidance
Fait homme aller en Lombardie.
Sans grand besoin qui là s'avance
Eustache dit que c'est folie.

N'est-ce pas bonnes villes Paris
Reims et Rouen pour soi aiser
Amiens et Arras et Senlis
Où les vivres ne sont pas chers ?
Là ne faut ni marrons ni étranger,
Ni sur la neige avoir doutance
Ni à la Ferière (1) déplaisance
Où, par choir, l'on perd la vie
Souventes fois. Qui suit tel danse
Eustache dit que c'est folie (2).

IV.

Les grandes routes de la Savoie féodale.

Montez au dernier étage de la Cour d'appel de Turin, pénétrez aux archives camérales, installez vos pieds sur un de ces tabourets si employés dans les maisons piémontaises pour se défendre contre le froid du pavé à la vénitienne, et là, dans la paix amie de la *Sala di studio*, déroulez discrètement, sans trop faire crier le parchemin, les

---

(1) Village piémontais au pied du Mont-Cenis.
(2) Œuvres d'Eustache DESCHAMPS, édit. de la Société des Anciens textes, t. VII, p. 66 et t. V, p. 129. Cf. Ritter dans « Revue Savoisienne », 1892, p. 108.

innombrables rouleaux des trésoriers et châtelains de nos anciens princes, c'est la façon la plus commode et la plus instructive de courir les vieux chemins de la Savoie féodale.

Dans les Etats de Savoie, à cheval sur les arêtes des Alpes, le relief du sol, le mauvais état des routes, le danger des crues torrentielles rendaient les voyages particulièrement pénibles. Les difficultés des anciens chemins, comparées aux facilités des communications actuelles, semblent aujourd'hui décourager les efforts. On a peine à s'imaginer ces longues files de mulets, de bêtes de somme, de gens de pied, de cavaliers, franchissant le Grand-Saint-Bernard ou le Mont-Cenis en hiver. La nature était-elle plus clémente, la route meilleure que nous l'imaginons ? Non, sans doute, puisque nous voyons au contraire l'homme arrêté par la tempête ou les accidents du chemin. Mais l'entraînement et la nécessité surmontaient la fatigue. Il fallait passer les monts parce que l'on ne pouvait faire autrement, et les messagers d'Amédée VIII s'en tiraient si bien que l'un d'eux n'était plus connu que sous le nom significatif de Tranche-Montagne. C'était, au moyen-âge, un va-et-vient constant entre le Piémont et la Savoie, le Val d'Aoste et le Valais réunis sous un même sceptre. Ces déplacements étaient nécessaires dans des temps où il n'y avait pas de capitale, où le centre administratif suivait le prince. D'ailleurs, les services de la trésorerie et des approvisionnements, la correspondance diplomatique, ne pouvaient être interrompus.

Les chemins étaient alors d'autant plus scabreux que leur entretien était à la charge des particuliers. Quand il s'agissait d'une grande route, deux fois l'an, en mars et en septembre, le châtelain passait l'inspection, faisant aux riverains des observations qui étaient enregistrées. La largeur des routes était fixée à huit pieds dans les parties en ligne droite et devait être du double aux détours. Le zèle des châtelains — fonctionnaires chargés, dans l'étendue de cette circonscription administrative qu'on appelait la châtellenie, de l'exécution des ordres du souverain — se trouvait stimulé par la crainte de l'amende, surtout dans les endroits fréquentés par la Cour. La réparation des ponts était aussi laissée à l'initiative privée ; des enquêtes faisaient connaître les voisins intéressés, que l'on contraignait ensuite à l'entretien. Dans quelques cas, le prince dut construire et réparer de ses deniers certains ponts. Mais il préférait, pour ménager sa cassette, après avoir fait appel aux particuliers, provoquer une autre intervention, celle du clergé, et c'est là un des traits caractéristiques de la Savoie médiévale ; ces grands travaux d'utilité publique, que l'on entreprend maintenant aux frais de l'Etat, des départements ou des communes, étaient autrefois des œuvres privées, nécessairement éphémères, en raison des faibles ressources dont disposait l'entreprise.

La réparation d'une route ou la construction d'un pont devenant œuvre pie, étaient exécutées grâce à des indulgences pontificales, avec des moyens infimes, par des gens du pays. C'est pourquoi l'on voit si souvent des religieux à la tête de ces travaux. Quand un éboulement emporta, à quelques kilomètres en amont de l'estuaire de la Dranse, la paroisse et le pont de Notre-Dame-du-Pont, en contrebas de Marin, un moine fut chargé, au XVe siècle, de la reconstruction de ce pont, qui fut dès lors placé en aval du précédent. Un autre religieux, qui se disait ermite, frère Laurent de Saint-Martin, reçut quelques subsides, en 1413, pour l'entretien des chemins du Faucigny. Un troisième moine, André de Sailly, en 1424, avait entrepris la réparation du chemin et du pont des Usses, près de Sallenôves.

Comment voyageait-on sur ces mauvaises routes ? Le cheval était le meilleur moyen de transport, non seulement pour les hommes, mais aussi pour les dames. Toutefois le protocole, sinon le souci du confort et la crainte de la fatigue, exigeait que les princesses fussent distinguées de leur suite par un autre mode de locomotion. Bonne de Bourbon se servait de « litières » c'est-à-dire de chaises à porteurs, parfois aussi portées par des chevaux. On se servait aussi de voiture, tel ce

« charriot » tout capitonné de tapis et de velours broché d'or, traîné par huit chevaux dont les attelles portaient les armoiries de la princesse Marie de Savoie, qui quittait les bords du Léman, en 1428, dans ce bel équipage, pour rejoindre son mari le duc de Milan.

Quand on arrivait au pied des cols, il fallait abandonner tout ce luxe pour se confier aux guides. Les voitures étaient démontées et portées par les mulets. Les voyageuses qui craignaient la marche à pied s'asseyaient dans de « grandes chaises à porter dames par les montagnes », siège sous lequel se trouvaient des anneaux où les guides engageaient des bâtons placés horizontalement et portaient ainsi la personne juchée sur leurs épaules.

Le Léman, le Bourget, le Rhône étaient aussi des moyens de locomotion très appréciés. Quand « Borée le permettait », suivant l'expression des comptables du temps, on se rendait en bateau de Thonon ou d'Evian sur l'autre rive du lac, ainsi qu'à Genève et au Bouveret, quand on avait à faire route dans le pays de Vaud, ou à se rendre dans le Val d'Aoste par le Grand-Saint-Bernard, ou à Chambéry par la route de Genève. Et, bien que la route ordinaire de Genève à Chambéry, au moyen-âge, passât par Sallenôves, on empruntait volontiers, surtout pour les bagages de la Cour, le Rhône et le Bourget, en acheminant les chars jusqu'au Regonfle, près Seyssel, et en les amenant par bateau de là au Bourget, en suivant le canal de Savières. Les bateaux de la Cour étaient assez spacieux pour permettre aux princes de se distraire en nombreuse compagnie : c'est ainsi que le 27 avril 1391, le Comte Rouge, laissant sa suite à Rossillon en Bugey, emmena dîner avec lui, sur son bateau, à Chanaz, l'évêque de Maurienne et six autres membres de son conseil, descendant le Rhône jusqu'aux environs d'Yenne.

Quand la Cour quittait les bords du Léman, sa résidence habituelle au XIV et au XV° siècle pour se rendre en Piémont, la route suivie habituellement, moins dangereuse mais plus longue que celle du Grand-Saint-Bernard (qui quelquefois en trois jours, mais plus souvent en quatre, pouvait conduire un cavalier consommé de Thonon à Aoste), était celle de la Maurienne. Malgré sa facilité relative, elle n'était point exempte de dangers. Pendant la mauvaise saison il fallait, pour franchir le Mont-Cenis, faire ferrer les chevaux à glace, se munir de chaussons pour ne pas glisser, prendre garde aux crues, se faire indiquer les gués par les gens du pays, s'assurer surtout de la solidité des ponts, qui étaient très rudimentaires, même aux passages les plus fréquentés. Montmélian, malgré son importance, n'avait sur l'Isère qu'un mauvais pont emporté souvent par les grandes eaux.

Par la Maurienne, il fallait compter ordinairement une semaine pour se rendre, sans se presser, de Thonon à Turin. Voici quelles étaient les étapes habituelles : dans la première journée on allait coucher à Genève, au couvent des Cordeliers de Rive ; le second jour permettait aux voyageurs de gagner Chambéry par Saint-Julien, Sallenôves et Rumilly ; le lendemain on couchait à Aiguebelle, à l'entrée de la Maurienne, que l'on mettait deux jours à remonter, en couchant d'abord à Saint-Michel, puis à Lanslebourg ; la sixième journée était la plus pénible : il fallait monter le col du Mont-Cenis pour se rendre à Suse ; la septième et dernière étape amenait enfin la caravane à Turin.

Les pentes douces de la Tarentaise désignaient, ainsi qu'on l'a déjà vu à la période romaine, le Petit-Saint-Bernard comme la communication la plus facile entre le Piémont et la Savoie, ce fut aussi une route très suivie au moyen-âge. La coutume de Bourg-Saint-Maurice, obligeant les habitants à offrir un dîner au prince, après la traversée du col et les franchises du bourg voisin de « Saint-Germain au pied de la colonne Joux » prouvent l'importance de ce passage. On pouvait l'atteindre du Léman par deux routes, celle du Faucigny et celle du Genevois. En 1391, le Comte Rouge quitta Genève le 9 juin pour aller dîner à Bonneville et coucher à Sallanches ; le 10, il dînait à Ugines et reposait le soir à Conflans, près

Albertville ; la journée du 11 était passée à Moûtiers ; le 12, il dînait à Aime et couchait à Bourg-Saint-Maurice. La grosse fatigue était réservée pour le lendemain avec l'ascension du col du Petit-Saint-Bernard, le dîner à La Thuile et le coucher à Aoste par Genève, le Faucigny et la Tarentaise. La route du Genevois était un peu plus courte, mais la traversée des Usses, près de Cruseilles, et le voisinage du lac d'Annecy la rendaient difficile ; de là, on atteignait la route de Tarentaise à Ugines.

Nous n'avons parlé jusqu'ici que des grandes routes, mais il y avait un infini réseau de chemins plus ou moins pénibles qui desservaient les différentes paroisses du diocèse. C'est ainsi qu'en suivant les gens d'église qui firent, en 1411, la visite pastorale du diocèse de Genève, nous les voyons aller de Gruffy à Duingt par Leschaux et Saint-Eustache, de Faverges à Thônes par Serraval, Les Clefs, Manigod, La Clusaz, le Grand-Bornand et Saint-Jean-de-Sixt, de Servoz à Vallorcine par Chamonix et le col des Montets, de Taninges à Abondance par Les Gets, Saint-Jean-d'Aulps et Le Biot (1). Ce n'étaient point sans doute ces beaux

---

(1) A titre de curiosité, voici quelques étapes de la caravane épiscopale, d'après le Reg. des visites pastorales de 1411 conservé aux archives de Genève. 12 juin, Valleiry, Dingy-en-Vuache, Vulbens ; 13 juin, Chevrier, Arcine, Clarafond ; 14 juin, Chêne, Vanzy ; 15 juin, Eloise, Franclens, Saint-Germain, Challonges. 7 juillet, Alby, Balmont, Viuz, Mûres, Gruffy ; 8 juillet, Allèves ; 13 juillet, Lescaux, Saint-Eustache ; 14 juillet, Duingt, Saint-Jorioz ; 21 juillet, Veyrier, Menthon ; 22 juillet, Montmin, Talloires ; 28 juillet, Saint-Ferréol, Serraval, Les Clefs ; 29 juillet, Manigod, La Clusaz, Grand-Bornand, Saint-Jean-de-Sixt ; 30 juillet, Thônes ; 25 août, Servoz ; 26 août, Vallorcine, Chamonix ; 27 août, Saint-Nicolas-de-Véroce, N.-D. de la Gorge, Saint-Gervais ; 28 août, Megève, Flumet ; 31 août, Saint-Martin, Sallanches ; 1er septembre, Arâches, Saint-Sigis-

chemins vicinaux que la Savoie n'a guère connus que depuis l'annexion de 1860. c'étaient plutôt des sentiers muletiers que ne rebute aucune pente et qui permettaient, somme toute, de passer, des sentiers que l'on ne peut gravir, a-t-on dit un jour en Sorbonne, « sans éprouver quelque sentiment d'admiration pour l'industrie de ces montagnards qui, par eux-mêmes, ont dû créer à leur usage ce multiple réseau. »

Les malheureux en détresse sur les routes de Savoie pouvaient être secourus dans les nombreux hôpitaux qui jalonnaient les grands chemins au XVᵉ siècle et même avant. Rien que sur l'étendue du diocèse de Genève-Annecy, on trouvait à cette époque, sur la route de Thonon à Chambéry, les hôpitaux de Thonon, de Genève, de Saint-Julien, de Viry, de Marlioz et de Rumilly. En Faucigny, on rencontrait ceux de Bonne, Bonneville, Cluses, Sallanches, Flumet et Ugines. Pour aller de Genève en Tarentaise par le Genevois, on passait par les établissements hospitaliers du Mont de Sion, d'Annecy, de Talloires et de Faverges. Il y en avait aussi dans des endroits moins fréquentés, à La Roche, à Thônes, à Annemasse, à Chilly et même dans les hautes vallées, à St-Jean-d'Aulps, presque dans des cols bien déchus aujourd'hui de leur importance, celui de Couz, qui conduit de Samoëns à Champéry, à une altitude de 1.927 mètres, passage si fréquenté au XIVᵉ siècle qu'il y avait alors un péage.

A défaut d'hôpitaux, il y avait encore le presbytère. Si le précieux registre des visites pastorales de 1411, que tant d'érudits sont allés consulter à Genève, contient tant d'injonctions aux curés d'avoir à ne plus tenir taverne dans leur maison, c'est qu'il y avait là tout au moins une nécessité pour le secours des voyageurs. Il n'y a pas bien

---

mond ; 2 septembre, Sixt ; 3 septembre, Samoëns ; 4 septembre, Taninges ; 5 septembre, Les Gets ; 6 septembre, Saint-Jean-d'Aulps ; 7 septembre, Le Biot ; 8 septembre, Abondance.

longtemps, aux portes d'Annecy, dans une jolie vallée d'où l'on découvre la Tournette écrasant Taloires, qu'un fonctionnaire en détresse, faute de cabaret, avait dû demander l'hospitalité à un bon curé, qui a continué en le recevant des traditions cinq fois séculaires.

Cependant, aux endroits les plus fréquentés, il n'était pas besoin de recourir à la maison curiale, car le souverain autorisait là l'installation d'hôtelleries : toutefois elles devaient être propres, bien approvisionnées et modérées dans leurs prix. Le sage Amédée, qui a prévu tant de choses, avait pris pitié du voyageur écorché et il n'est point sans intérêt, dans un pays de touristes, de rappeler comment, au bon vieux temps, l'Etat intervenait pour faire reviser d'office par les municipalités les notes déraisonnables ; c'est un curieux passage des *Statuta Sabaudiae* que le premier duc de Savoie édicta en 1430, dans la pleine maturité de sa remarquable expérience :

Livre III, Chapitre XXXI : Des hôteliers.

« Les hôtels, écuries et dépendances devront être tenus proprement et suffisamment approvisionnés de lits, de meubles et de vivres pour loger et nourrir les voyageurs et leurs montures. Les domestiques devront être bons et loyaux, avoir des antécédents connus, et les servantes seront honnêtes. Les objets en or et argent, les joyaux et autres choses précieuses confiés en dépôt, seront conservés par les hôteliers en lieu sûr, à charge de les rendre fidèlement, à leurs risques et périls. Les voyageurs devront être nourris décemment : les prix varieront en raison de l'abondance ou de la disette des victuailles, mais toujours établis équitablement et modérément. Et si par hasard il arrive que l'on exige des voyageurs des prix excessifs, nous voulons que la note soit taxée par les châtelains et autres fonctionnaires locaux, sur l'avis des maires, toutes les fois qu'il y aura opportunité. Ceux qui transgresseront ces prescriptions encourront un châtiment laissé au jugement desdits fonctionnaires. » (2)

V.

Le commerce à travers les Alpes au Moyen-Age.

On n'aurait que l'embarras du choix si l'on voulait extraire des comptes des trésoriers de Savoie des documents curieux sur les voyages de nos anciens princes à travers les Alpes. Ce serait d'ailleurs une intéressante étude sur la situation économique de cette région au Moyen-Age. Malgré le mauvais état des routes, on serait frappé de la célérité de certains voyages, surtout quand les messagers, comme ceux de François Sforza, en 1455, étaient charitablement avertis qu'ils devaient, sous peine de la hart, voler nuit et jour pour transmettre les missives d'un maitre impatient. *Presto, presto, presto, volando giorno e notte, a pena della forca.* On serait plus surpris encore du grand mouvement commercial qui reliait l'Italie à la France et des recettes considérables des péages, notamment de ceux de Pont-de-Beauvoisin, de Montmélian, du Mont-Cenis et de Suse. En 1301, Pont-de-Beauvoisin enregistrait l'entrée de 2.404 ballots de marchandises et de 1.826 charges de bêtes de somme ; la même année, Montmélian, rien que pour les riches étoffes de Florence, déclarait 967 charges. Au Mont-Cenis, du 1ᵉʳ janvier 1341 au 1ᵉʳ septembre 1344, on constate le passage de 1.237 bœufs, 6.212 porcs et 41.791 moutons. En 1353, le péager de la « Dace de Suse » perçoit les droits sur 30 chevaux, 1.230 moutons, 80 milliers de harengs saurs, 47 barils de sardines, 100 anguilles, 130 livres de safran, 9 charges d'amandes, 114 charges de toile, 15 charges de futaine, 122 ballots de drap de France, 93

---

(2) *Decreta Sabaudiae*, édition de 1586, fol. 88 verso.

paquets de clous pour ferrer les chevaux, sans compter quantité d'autres marchandises.

Cette importance de trafic commercial à travers les Alpes s'explique par les soins que les comtes de Savoie prenaient à garantir aux marchands la sécurité des routes. En 1336, les négociants de Milan reçurent l'assurance de pouvoir, en toute sécurité, suivre la route du Simplon jusqu'à Genève et Seyssel, moyennant des péages (1) dont la taxe serait fixée d'avance ; en cas de vol, le commerçant était indemnisé dans les vingt jours qui suivaient sa réclamation ; ces privilèges, confirmés en 1349, furent étendus à la Maurienne, à Chambéry, au Mont-Cenis et au Val de Suse (2).

Parmi les objets d'exportation figurent avec succès les fromages de Savoie, si appréciés déjà du temps des Romains que l'empereur Antonin-le-Pieux serait mort d'indigestion pour avoir abusé, si l'on en croit Pline, d'un vacherin de la Tarentaise. Et, de fait, au Moyen-Age, sur la table des Visconti, des Monferrat et des Saluces, sur celles des doges de Gênes et de Venise figuraient avec honneur les cadeaux des princes de Savoie

---

(1) On conserve, aux Archives camérales de Turin, les comptes des péages suivants : Saint-Maurice-en-Valais (1280-1450), Chillon (1282-1457), Evian (1293-1301), Montmélian (1294-1602), Pont-de-Beauvoisin (1301-1531), Ternier et Pont-d'Arve (1325-1488), Mont-Cenis (1341-1427), Clermont (1342-1349), Rumilly (1423-1428), La Chambre (1423), Châtelard-en-Bauge (1425-1433), Cruseilles (1426-1431), Seyssel (1335-1589).

(2) Voir le texte de l'accord passé en 1336 avec le comte de Savoie, publié par Cibrario dans le t. XXXVI, 2ᵉ partie, p. 249 des *Mémoires de l'Académie des Sciences de Turin*. Cf. des conventions analogues antérieures du 14 fév. 1301 aux Arch. de la cour de Turin. *Commerce*, cat. 3, paquet 1, n° 1.

(3), Entremont, Abondance, Samoëns, Peisey surtout étaient renommés par la qualité de leurs produits. Et quand à l'Elysée, dans un dîner diplomatique, il y a quelques quinze ans, du temps du président Carnot, qui avait pu apprécier pendant ses six ans de résidence en Savoie les vacherins des Bauges et de la Tournette, le nonce apostolique dégustait pieusement le délicat produit qu'un ami désintéressé avait envoyé à l'ancien ingénieur de l'arrondissement d'Annecy, il ne pensait point continuer les traditions de la cour romaine, dont le souverain pontife, déjà en 1301, acceptait aussi du comte de Savoie ce gracieux et savoureux hommage. Martin V, l'élu du Concile de Constance, put aussi apprécier les productions de la Savoie quand, chassé de Genève par la peste, il regagna l'Italie à petites journées, passant par Cruseilles, et séjournant quatre jours à Annecy, cité qui pourra inscrire sur le livre d'or de ses visiteurs, avant les noms d'Altesses Sérénissimes, de Majestés Royales et Impériales, le séjour du souverain pontife, qui logea dans ses murs du 5 au 9 septembre 1418. Par Talloires, Faverges, Tournon, Aiguebelle, La Chambre, Saint-Michel et Le Bourget en Maurienne, le pape arriva le 16 septembre à Lans-le-Bourg, puis au Mont-Cenis, où Sa Sainteté écouta favorablement les suppliques que lui firent deux ermites : frère Augustin, qui habitait la maison de la *Ca d'Ast* au-dessus de Lans-le-Bourg, et frère Jean, qui résidait dans celle des Echelles de Suse, précieux refuges pour

---

(3) « 19 marrons, 2 besties et duoz valez ont « passé et pourté oultres la montaigne de Mont- « cenix les fromages, nombles et vacherins que « Monseigneur ha tramis à Pavie, Milan et en « Lombardie. Les dict marrons ont fait despeins « à Lanz le Bourg et la Ferriere par trois jours « par cause qu'il n'on pouest passer la montai- « gne par le maltemps du mois de decembre l'an « 1380. » (Arch. de Turin, C. du trés. gén. 34, fol. 142.)

le réconfort des voyageurs pris par la tourmente avant d'avoir pu atteindre l'hôpital du Mont-Cenis (4).

Ce que l'on s'étonnera peut-être le plus de rencontrer dans les neiges des Alpes, détail qui a paru caractéristique pour montrer le mouvement qui animait les grandes routes de la Savoie en plein Moyen-Age, ce sont les fauves qui furent déjà si à la mode au xiv° siècle. Et de fait nous suivons, sans frayeur mais non sans surprise, dans les précieux registres des archives camérales, au Mont-Cenis et au Petit-Saint-Bernard, les traces d'un guépard, d'un tigre, d'un lion et même d'un éléphant. En 1368, le lion que le Comte Vert avait ramené de sa croisade en Orient passa le Petit-Saint-Bernard, porté dans sa cage par six hommes (5) ; en 1418, Rumilly put admirer le guépard de chasse qui, au mois de novembre, avait traversé le Mont-Cenis emmitouflé dans sa pelisse (6) ; un peu plus tard, « certains hommes de

---

(4) « Cum... propter ibidem confluentes valde
« sit necessarium in dictis duobus locis habere
« receptaculum, cum ipsi montes tempore yemali
« valde sint variis et tenebrosis ob ventorum et
« grandinum... habundanciam nimiam... evidenter
« que V. S. visis locis dictorum montium in hoc
« jocundissimo adventu et transitu vestro poterit
« se informare » MILFENBERGER, *Das itinerarium Martin V* dans *Mittheilungen des instituts fur œsterreichische Gesch*, t. XV, Vienne 1894. Cf. VACCARONE, *La Casa d'Asti* dans *Principi di Savoia altraverso le Alpi*, p. 73 ; CAMUS, dans *Revue Savoisienne*, 1901.

(5) « In expensis octo hominum portancium
« leonem versus Papiam (Pavie), domino Leo-
« nello (Lionel, fils du roi d'Angleterre Edouard
« III), cui dominus ipsum donavit et quem dictus
« baillivus fecit portari a Tuyllia usque in Ypori-
« giam. » (Citation d'après VACCARONE, p. 15.)

(6) CAMUS, dans *Revue Savoisienne*, 1901.

Grèce », allant de cour en cour, tendaient leur escarcelle aux princes de Savoie en leur montrant « deux bestes sauvaiges, c'est assavoir un elephan et un tigre ».

A titre de curiosité, il a paru intéressant de reproduire l'un des nombreux comptes qui permettent de suivre, à travers les Alpes, les péripéties des voyages de nos anciens princes : il s'agit, dans cet exemple, d'un prince de dix-neuf ans, le fils du Comte Vert, qui deviendra dans la suite l'énigmatique Comte Rouge.

« Ci-dessus se contiennent les dépenses extraordinaires faites par Amé Monseigneur au chemin qu'il fit en allant à Pavie et en retournant, et furent faites l'an 1379...

« Premièrement... pour un étui pour porter le chapeau de perles d'Amé Monseigneur, le lundi 3 d'octobre, demi franc d'or.

« Item, le 4° jour dudit mois... Amé Messire a donné aux frères mineurs de La Chambre, pour Dieu, 1 florin vieux.

« Item, audit lieu... au Rachatz et à Maltemps, valets de la bête de somme d'Amé Monseigneur, pour deux paires de souliers, 4 deniers gros tournois.

« Item, livré le 5° jour dudit mois, à Saint-Michel-de-Maurienne, à une folle femme dudit lieu... qu'Amé Monseigneur lui a donné pour Dieu, 2 deniers gros tournois.

« Item, livré ledit jour à un muletier qui menait deux bêtes à bât pour porter le bagage d'Amé Monseigneur, dès les Fourneaux jusqu'à Lans-le-Bourg... 4 deniers gros tournois.

« Item, livré le 6° jour dudit mois... à deux muletiers qui menaient quatre bêtes à bât pour porter le bagage et les malles d'Amé Monseigneur, du seigneur de Fromentes, de maître Bon (médecin), de Guy de Grolée, de Pierre de Malmont et de Guillaumet de Challes, dès Lans-le-Bourg jusqu'au Mont-Cenis, 16 deniers gros tournois.

« Item, livré le 7ᵉ jour dudit mois... pour donner pour Dieu et offrir au Mont-Cenis à Nostre Dame et à San Antonio di Ranverso... 12 d. gros.

Dépenses du retour.

« Item, livré à Suse, le 15ᵉ jour dudit mois de novembre 1379... pour un gant de chamois... 13 s. 4 deniers viennois esperonnés.

« Item, livré ledit jour, donné pour Dieu par Amé Monseigneur... 2 sous 8 d. viennois esperonnés.

« Item, livré ledit jour à La Ferriere... pour 5 paires de chaussons de blanchet... 5 den. 3 quarts gros.

« Item, livré en Lans-le-Bourg, le 16 dudit mois, à deux hommes envoyés de nuit de Lans-le-Bourg jusqu'en Aussois pour faire demeurer Pierre Dorier en Aussois pour appareiller le diner qu'il allait faire preparer aux Fourneaux, ce fut propos changé par cause qu'Amé Monseigneur était fatigué.

« Item, livré à Jean Brutin, de Lans-le-Bourg, pour le transport du bagage d'Amé Monseigneur, la vaisselle, les harnais et les malles de ses gens apportés de Suse jusqu'à Lans-le-Bourg, 16 den. gros.

« Item, livré ledit jour, par le commandement d'Amé Monseigneur, donné pour Dieu en l'hôpital, 2 den. gros tournois.

« Item, livré ledit jour à 18 marrons qui ont passé la montagne avec Amé Monseigneur et pour ses gens... 2 s. gros.

« Item, livré le 19ᵉ jour dudit mois à Amé Monseigneur, pour offrir ès reliques de Saint-Jean-de-Maurienne, inclus 2 deniers gros donnés au petit chanoine, 1 ducat 2 den. gros (7).

---

(7) Arch. cam. de Turin, compte du voyage d'Amé, de Chambéry à Pavie, 1379.

VI.

*Les pèlerins à travers la Savoie.
Le mystère de saint Bernard de Menthon.*

La Maurienne ne fut pas seulement le passage des armées, des négociants et des gens du duc de Savoie, ce fut aussi une voie particulièrement recommandée aux pèlerins, suivie par eux déjà à la fin du VIIe siècle. Albert de Stade, l'écrivain qui nous a laissé son itinéraire pour la Terre Sainte, remontant au XIIIe siècle, énumère ainsi les étapes de la route depuis Lyon jusqu'à Turin

Liun sur Rone (*Lyon*).
Ayri (*Heyrieux*), 4 milles.
Tur Despine (*La Tour du Pin*), 5 milles.
La Kebele (*Aiguebelette*), 3 milles.
Mons Katus (*Le Mont du Chat*), 3 milles.
Chameri (*Chambéry*).
Mons Milian, Isara fluvius (*Montmélian*), 2 milles.
Akebele (*Aiguebelle*), 3 milles.
Aypere (*Epierre*), 2 milles.
Chambri (*La Chambre*), 3 milles.
Ermelion (*Hermillon*), 1 mille.
San Michel (*Saint-Michel*), 3 milles.
Furneanus (*Les Fourneaux*), 4 milles.
Termenion (*Termignon*), 4 milles.
A Land, finis vallis Mauriana (*Lans le Bourg*), 1 mille.
Mons Sinisius (*Mont-Cenis*), 3 milles.
Secutia (*Suse*), 1 mille.
Avilian (*Avigliana*), 10 milles.
Turing (*Turin*), 10 milles. (1)

Au siècle suivant, Mgr d'Anglure, en 1395, dans son *Saint Voyage de Jérusalem*, recommande encore la route de la Maurienne par Yenne, le

---

(1) OEHLMANN, *o. c.*

Mont-du-Chat, Chambéry, Montmélian, Aiguebele, La Chambre, Saint-Jean-de-Maurienne, St-Julien, Saint-Michel, les Fourneaux, Lans-le-Bourg, le Mont-Cenis, la Ferrière et Suse (2).

A la fin du XVe siècle, un évêque de Genève, Jean-Louis de Savoie, se joignit aux pèlerins de Terre Sainte. Tout alla bien jusqu'à Venise, mais quand il fallut aller par mer de la ville des Doges à Jaffa, la présence des flottes turques dans l'Adriatique et dans la mer Egée jeta l'alarme parmi les passagers. A Corfou, on tint conseil. Les gens de l'évêque de Genève passaient leur temps à jouer, à jurer ou à quereller les pèlerins allemands. Jean-Louis de Savoie renonça à pousser plus avant. Un clerc du diocèse de Paris fut plus courageux et nous a laissé dans son *Voyage de la Saincte Cyté de Hierusalem fait l'an 1480* (3), une curieuse description des lieux parcourus. Il remarque entre autres choses l'usage de compter les distances en lieues dans les Etats de Savoie jusqu'à Suse, et le changement du cadran des horloges à partir de cette même ville ; cet homme d'église a même regardé avec quelque intérêt la coiffure des dames. Au surplus, voici son itinéraire et ses observations pour la Maurienne :

SAVOIE.

La Guilleberie (*Aiguebelette*), grande montagne et la première de Savoie, 3 lieues.
Chambéry, bonne ville, 2 lieues.
Montemilian (*Montmélian*), ville et château-fort sur la rivière de l'Isère, 3 lieues.
Aiguebelle, 3 lieues.
La Chambre, 3 lieues.

---

(2) Le pape Innocent IV, en novembre 1244, se rendit de Piémont à Lyon, par la Maurienne et Chambéry. Mais, au lieu de passer le Mont-du-Chat, il alla à Hautecombe et gagna le Rhône par le canal de Savières. *Mém. Soc. Savoisienne*, XXIX, 205.

(3) Edition SCHEFER, Paris 1882.

Saint-Jean-de-Maurienne, ville et cité, et en l'église cathédrale d'icelle est le doigt de S. Jean-Baptiste dont il montra Notre-Seigneur, 2 lieues.
Saint-Michel, château, 2 lieues.
Saint Andry (*Saint-André*), 2 lieues.
Hourse (*Le Bourget*), 3 lieues.
Lanebourg (*Lans-le-Bourg*), 3 lieues.

Ci-après s'ensuit le commencement de la montagne du Mont-Cenis, qui dure à monter une lieue et deux lieues de long, qui souvent est enclose et couverte de moult grant abondance de neiges qui, par temps venteux, cheent et descendent impétueusement sur les chemins et tuent ceulx qui sont esdits chemins ; et après que les neiges sont consumées par pluie ou chaleur, on trouve les morts et les porte-t-on en la logette que l'on appelle la chapelle des transis du Mont-Cenis ; et de là descendis jusqu'à Suse, bonne ville, 5 lieues.

Suse est le commencement du Piémont, là où on commence à compter les chemins par milles ; aussi les horloges commencent à sonner autrement qu'en France, car ils sonnent pour midi XIV (4) heures, et aussi ledit lieu passé, les femmes ne portent plus de chaperons, mais seulement coiffes et couvre chiefs.

Un anonyme savoyard nous a laissé, dans une œuvre bien curieuse de cette époque, le *Mystère de saint Bernard de Menton* (4 bis), des pages qui évoquent les longues théories de pèlerins sur nos vieilles routes de Savoie. On lira sans doute avec

---

(4) A cette époque, en Italie, on comptait les heures à partir du soleil couché. Au temps du solstice d'été, midi se trouvait ainsi à quatorze heures.

(4 *bis*) Edité en 1888 par M. Lecoy.

intérêt l'honnête discussion des voyageurs avec leur hôtelier avant l'ascension de l'un des cols où le saint établit ses célèbres hospices.

Premier pèlerin :
    Avez-vous bon vin et bon pain,
    Seigneur hôtelier ? Dieu vous bénisse.

L'hôtelier du Bourg-Saint-Pierre : (5)
    Bienvenue soit la compagnie.
    Vous aurez des biens largement,
    Bon vin et bon pain de froment,
    Bonne chair salée et chair fraîche,
    Et d'autres vivres à largesse
    Selon le pays de montagne.

Premier pèlerin :
    Par mon serment, c'est très grande peine
    D'aller à pied par ces pays.

L'hôtelier :
    Asseyez-vous, puis serez servis ;
    Largement aurez à manger.

Deuxième pèlerin :
    Aussi nous voulons bien payer
    Mais que bien aise nous teniez.

L'hôtelier :
    Mangez fort et aussi buvez
    A l'avenant ; il est bien frais ;
    C'est du vin rouge de Valais ;
    D'autre il y en a de Val d'Aoste.

Troisième pèlerin :
    Hélas ! je vous prie, mon hôtelier,
    Y a-t-il rien de vin muscat ?

L'hôtelier :
    Oui, certes, de bon et de bel,
    Qui est de la terre de ci.

Quatrième pèlerin :
    Or, buvons fort ; bois, mon ami ;
    Qu'il est bon et doux à passer.

---

(5) Dernier village valaisan avant le Grand-Saint-Bernard.

Cinquième pèlerin :
   Enfants, pensons de nous hâter ;
   Nous avons mauvais chemin à faire.

Sixième pèlerin :
   Nous avons assez peine et douleur,
   Donnons-nous maintenant du repos.

Septième pèlerin :
   Par ma foi, il serait bien fol
   Qui ne redouterait ce passage.
   J'ai grand peur que ne laissions gage.
   Ne prendrons-nous pas des guides ?

L'hôtelier :
   Vous êtes gentils compagnons
   Et gaillards ; ne vous faut rien redouter.

Huitième pèlerin :
   Ici, ne nous faut plus rester ;
   Monter nous faut sans plus tarder.

Neuvième pèlerin :
   Notre Seigneur nous veuille aider
   Et Notre Dame, s'il lui plaît

Dixième pèlerin :
   Compagnons, je vois tout ce que c'est.
   Vous avez peur, je le vois bien.
   Il ne vous faut redouter rien.
   Je veux être le plus hardi
   De tous. Je veux être celui
   Qui viendra en dernier, pour éprouver
   Si trouver le diable je pourrai.
   Avez-vous peur, méchantes gens ?

Premier pèlerin :
   Enfants, or soyons diligents
   De partir ; le soleil est haut.
   Or, hôtelier, combien vous faut ?
   Comptez et puis serez paié.

L'hôtelier :
   A deux gros est fait le marché.
   C'est la coutume de céans.

Deuxième pèlerin :
    Hôtelier, êtes-vous hors de sens
    De nous faire payer deux gros ?
    Par tête il suffirait 3 sols.
    Gardez-vous de nous compter trop.
L'hôtelier :
    Vous pourrez boire encore un coup
    Puis payerez autant que je dis,
    Deux gros pour homme, avez-vous ouï.
    Je n'en saurais rien rabattre.
Troisième pèlerin :
    Il ne faut avec lui discuter.
    Tenez, 20 gros, c'est pour nous dix.
L'hôtelier :
    Je prie Dieu de Paradis
    Qu'il vous accorde à tous de bien partir
    S'il lui plaît, aussi de revenir
    Tous ensemble joyeux et sains.
Quatrième pèlerin :
    Vous êtes gracieux, compagnon,
    Adieu vous dis, jusqu'au retour.
L'hôtelier :
    Messeigneurs, Dieu vous donne le bon jour
    Et vous garde de male aventure.
Cinquième pèlerin :
    Que chacun de nous se mette en cure
    De cheminer légèrement.
Premier pèlerin :
    Enfants, allons doucement,
    Tous ensemble, aussi de bon cœur,
    Et requérons Notre Seigneur
    Qu'en sa garde nous puisse avoir.

VII.

Les pérégrinations d'un bourgeois flamand à travers les montagnes terribles en 1518.

C'est un pèlerin du xvie siècle qui a écrit l'une des plus curieuses relations de voyage qui prendront place dans ce recueil. Toutefois ce n'est pas la plus ancienne. Un gentilhomme italien, Sforza de Bettinis, chargé d'accompagner en France, en 1481, Claire Gonzague, la fiancée du dauphin d'Auvergne, a laissé aux archives de Mantoue le récit des incidents de la mission. La personnalité de la princesse, le souci de rendre compte bien minutieusement des honneurs rendus par la Cour de Savoie à la fille du marquis de Mantoue, la description du banquet donné au château de Chambéry ont surtout retenu son attention (1). La descente de la Maurienne s'était faite sans mésaventure, la route ayant été réparée à l'intention des voyageurs : un pont notamment avait été refait à Saint-Jean-de-Maurienne, faute de quoi il aurait fallu escalader une montagne « pire que le Mont-Cenis ». Mais Sforza de Bettinis, dans sa narration, manque de pittoresque. Sa missive a plutôt le caractère d'une relation diplomatique que d'un récit de voyage. Il vaut mieux, si l'on veut du pittoresque et de la couleur locale, suivre de plus humbles compagnons, tel le pèlerin Lesage.

Le 19 mars 1518, Jacques Lesage quitta sa bonne ville de Douai, où il tenait boutique de drapier, pour se rendre en Palestine : à la Noël de cette même année, il était de retour dans son logis, après bien des vicissitudes, se rappelant notamment avec terreur la traversée du Mont-Cenis,

---

(1) « Volle il prefato illustr. signor duca che Sua Signoria jer (sic) sera cenasse seco con tutta la sua comitiva, cioè gentiluomini e gentildonne. Nè avrei creduto che di quà si fosse saputo far un si ordinato e degno pasto ; chè per mia fè fu copioso di molte, varie e suntuose vivande ; e ciascuna con diversi animali, castelli che ardevano ed altri personnaggi molte bene acconci ed ornati in vivanda tutte da mangiare. Duro la cena poco manco che due ore ; e dopo cena poi per due altre ore o piu si attese a danzare con mistura di due belle moresche differenziate d'abbigliamenti l'una dall'altra che fu bel vedere. » CIBRARIO, *Opuscoli*, (Milan 1835), p. 161.

surtout cette marche périlleuse sur des crêtes rocheuses, longeant des précipices « plus bas trois fois que le beffroi de Douai n'est haut ». A un moment donné, à la descente de La Ramasse sur Lanslebourg, le bon flamand, effrayé par la rapidité de la pente, trainé sur un fagot de genêt en manière de luge, abandonna la corde et tomba sur le bord d'un abime, sans lâcher toutefois les précieuses feuilles de palmier qu'il avait cueillies en Palestine, aux environs de Jaffa. Il en fut quitte pour la peur, mais quel émoi ! Aussi, pour commémorer les dangers du voyage d'Outre-Mer, fit-il peindre au-dessus de sa boutique une belle enseigne aux armes du royaume de Jérusalem, avec cette devise significative : *Loué soit Dieu, j'en suis revenu !* Tant il est vrai, aujourd'hui comme au bon vieux temps, qu'il est des choses que l'on est content d'avoir faites, mais que l'on ne referait pas.

Cet excellent Lesage a eu, entre autres bonnes idées, celle de nous narrer ses petites tribulations dans un petit in-4° gothique rarissime qui atteint maintenant au feu des enchères un bon billet de mille. Laissons-lui la parole :

Cy s'ensuivent les gites, repas et dépenses que moy, Jacques Le Saige, marchand de draps de soie, demeurant à Douai, ai fait de Douai à Jérusalem... l'an 1518 (2).

Du pont de Biauvoisin (*Pont-de-Beauvoisin*), au pied de la montagne de Lesclebellette (*Aiguebelette*), il y a deux lieues qui valent plus de trois heures, car c'est un long chemin où les chevaux ont bien de peine, car ce sont tous cailloux et roches ; et il y a de côté en bas un torrent qui bruit de la force de l'eau qui descend

---

(2) Publié en 1520 aux frais de Le Saige. Une nouvelle édition a été imprimée par M. Duthilleul, à Douai, en 1852. Des extraits de cette relation ont été publiés dans la *Revue Savoisienne*, 1888, p. 15, et dans l'*Annuaire du Club-Alpin*, 1898.

de ladite montagne. On est tout étonné, et est terrible chose à regarder. Nous nous repûmes un peu au pied de la montagne, et je dépensai 5 gros.

Du pied de la montagne à Chambéry, il y a deux grandes lieues ; la montagne est si roide, si haute et si mauvaise à la montée et à la descente que nous y mîmes cinq heures, et cependant nous dépassâmes les mules qui allaient bon pas. Nous demeurâmes là au gite au dit Chambéry le 7 avril (1518). C'est une bonne ville et marchande. Il y a une église au château où le Saint Suaire de Notre Sauveur repose, et le montre-t-on le jour du bon vendredy (3), et aussi le 4 de may. Il fut dit en soupant que deux jours auparavant, le duc de Savoie avait bouté dedans Genève 18.000 hommes pour se venger d'aucuns bourgeois. Cette dite vesprée dudit Chambéry j'ai dépensé 12 gros.

De Chambéry à Montmélian, il y a deux grandes lieues. C'est une petite ville où il y a un fort château, assis sur une roche bien haute. Nous avions beau chemin, et tant de vignoble que c'est belle chose. On nous dit qu'il y avait bon vin : aussi nous demeurâmes au diner audit Montmélian, mais c'était du vin aussi bon que possible (4), et je dépensai 8 gros.

De Montmélian à Ecquebelle (*Aiguebelle*), bonne bourgade, il y a trois grandes lieues. On va toujours le long d'une petite rivière, et l'eau est noire (5). On passe des prés largement et il

---

(3) Vendredi saint.
(4) *Texte* : c'estoit le possible du vin.
(5) Confusion : de Montmélian à Chamousset on suit l'Isère, et de Chamousset à Aiguebelle l'Arc.

y a du mauvais chemin. D'Acquebelle à Argentine, il y a une lieue ; nous demeurâmes là au gîte et furent bien traités, et fut le 8 avril, et je dépensai 12 gros .

D'Argentine à La Chambre, il y a trois grandes lieues ; c'est une bonne bourgade et il y a un couvent de cordeliers. Ce sont montagnes d'un côté et d'autre de ladite bourgade. Et nous avons trouvé pénible chemin pour les chevaux et plein de pierres et plusieurs eaux à passer, venant des montagnes. Nous demeurâmes au dîner audit La Chambre, et je dépensai 8 gros.

De La Chambre à Saint-Jean-de-Maurienne, il y a deux grandes lieues et pénible chemin, aussi plein de pierres. Ledit Saint-Jean-de-Maurienne est une petite ville assez peuplée, et il y a en la maîtresse église deux doigts de Monsieur Saint Jean-Baptiste, et ce sont ceux de quoy il enseigna *Ecce Agnus*. Ce sont rien que prés alentour de la ville. On ne boit point bon vin. De là à Saint-Michel, il y a deux grandes lieues. C'est une bonne ville, bonne bourgade. Mais nous fûmes mal traités et chèrement au souper, qui était le 9 d'avril, car je dépensai 14 gros.

De Saint-Michel à Saint-Andry (*Saint-André*), il y a deux grandes lieues, et de là au Bourget deux grandes lieues et pénible chemin de pierres, et monts et vallées, et toujours neige d'un côté et de l'autre. Il nous fallut passer plusieurs eaux. Nous demeurâmes au dîner audit Bourget qui est un village, et portent les femmes des alentours rouges chapeaux (6), et je dépensai 5 gros.

Du Bourget à Tresmignon (*Termignon*), il y a trois grandes lieues et tel chemin que devant : et alors nous vint tout plein de compagnons

---

(6) *Texte :* chaperons.

qui étaient de Lainebour (*Lans-le-Bourg*), qui est au pied du mont de Senis (*Mont-Cenis*), et y a une grande lieue de Termignon. Lesdits compagnons étaient venus pour nous livrer un mulet ou quelque jument pour monter ledit mont, car il dure bien cinq lieues, et on nous conta à chacun, pour monter seulement une lieue, quatre gros. Nous vînmes à Lans-le-Bourg au gîte le 10 d'avril et fûmes mal traités, et je dépensai 16 gros, mais ce n'est environ que 13 gros de notre monnaie, car l'argent est plus haut.

De Lans-le-Bourg, qui est au pied du Mont-Cenis, jusques en haut, il y a une lieue ; et faisait bien périlleux monter à cause des neiges. Toutefois j'avais une bonne jument et forte et j'avais un fort homme qui me tenait par la robe de peur que ma jument ne tombât ; il m'eût tiré du côté d'en haut ; sans cela j'eusse eu bien peur, car j'allais sur une petite crête dont, de côté, faisait plus bas trois fois que le beffroy de Douai n'est haut, à ce qu'il me semblait. Mais venus sur ladite montagne, ce qui fait une lieue, nous trouvâmes une maison, et là je descendis de ladite jument et j'allai à pied, et je menai mon cheval par la bride de peur qu'il n'allât en quelque abîme. Nous trouvâmes des mules chargées, lesquelles nous firent grand mal à tenir nos chevaux de côté, car le chemin n'a environ que trois pieds quand les neiges y sont, et là, sur lesdites neiges passant, fait dur ; mais de côté, un cheval ne saurait s'en tirer. Il y eut deux des chevaux de mes compagnons qui se démarchèrent un peu trop, à cause qu'ils heurtèrent contre quelque fardeau des dites mules : je pensais qu'ils y resteraient. Nul ne peut le concevoir s'il ne voit cela par un pareil temps. Toutefois, il était le 11 d'avril, et la saison était assez belle en pays de plaine, car nous eûmes bien chaud le lendemain. Pour abréger et dire la façon du pays, il y a environ deux lieues de plat pays en haut, où il y a deux chapelles : l'une est appelée la *Chapelle des Transis,* à cause qu'il en meurt tant en hiver ; et quand ils sont trouvés morts, on les rue par une fenêtre dedans ladite chapelle : c'est le fossé qu'ils ont. Et en temps d'été, on dit la messe à toutes les deux, les dimanches et fêtes, pour les gens qui viennent séjourner là en la dite saison et y amènent plusieurs bêtes comme vaches, brebis, et font là gros amas de beurre et de fromage. Il y a sur ladite plaine, à côté du chemin, un lac qui contient environ trois lieues de tour et il y avait d'habitude tant de poissons que c'était merveille ; et il appartient en commun à ceux de deçà la montagne et à ceux de delà. Mais, par envie, s'y fit si grosse tuerie de gens que le fait fut rapporté au pape ; en conséquence ledit Saint-Père a maudit le lac et oncques depuis n'y eut poissons. Un peu outre ledit lac, on commence à descendre et on trouve un bon petit village nommé La Ferrière, et de là on commence à descendre bien raide, et est merveilleux à regarder en bas : et dure une lieue et sont pierres et roches. Il semble qu'on va se perdre. Quand nous eûmes tous descendu, nous trouvâmes un village nommé Nouvelle Aize (*Novalaise*). Nous demeurâmes là au dîner, car nous avions mis six heures à passer la montagne, car elle contient cinq lieues. Nous fûmes bien traités et y dépensai 8 gros.

(*Son pèlerinage fini, Le Saige revint en France en repassant encore par la Maurienne. Sa description de la traversée du Mont-Cenis en plein hiver est un curieux document :*)

Le 24 de novembre (1518) au matin, partîmes de Villaie (*Avigliana*) et vinmes dîner à Saint-Jorre (*San Giorio*), et fûmes bien traités, et y dépensai audit dîner 8 gros.

De Saint-Jorre partimes l'après-dîner et vînmes à Suse, et là achetâmes tous des moufles (7) et quelques-uns des chaussons, à cause que nous approchions les montagnes terribles ; et après, vînmes au gîte cedit jour à Nouvel Aize (*Novalaise*), qui est au pied du mont de Senis (*Mont-Cenis*), et y despensai 13 gros 4 deniers.

Le 24 de novembre, bien matin, nous primes chacun un mulet ou une forte jument pour monter ledit Mont-Cenis et fimes monter nos chevaux par quelques garçons : dont ils eurent et nous aussi de la peine, car il neigeait fort et ne pouvait-on aller s'il n'y avait quelqu'un qui fît la voie, et me coûta pour mon mulet et pour mener mon dit cheval jusqu'à un logis tant amont et aussi pour un guide à me tenir aux mauvais lieux, me coûta 20 gros.

Nous, venus à ladite maison, trouvâmes un cardinal qui allait à Rome, et avait bien cent ou cent vingt chevaux de son train. C'était une pitié de les voir, car la neige était gelée contre leurs yeux et ne voyaient quasi goutte. Les hommes avaient des bésicles de verre, ceux qui n'en avaient pas avaient coupé leurs bonnets et coiffures comme un masque, qui était bien étrange à voir. Nous qui étions environ seize, si nous les eussions rencontré demi-lieue plus deçà ou plus delà, je crois que un de nous y fût demeuré mort de froid. Car c'est la manière, comme j'ai écrit à l'aller, que la compagnie se tire de côté pour faire passer la grande, car il vaut mieux perdre vingt hommes que cent, et audit chemin en avions trouvé plusieurs, ci trois, là quatre à la fois, et fallut

---

(7) Gants rembourrés, sans séparation pour les doigts.

qu'ils se détournassent ; j'en avais pitié, car leurs chevaux étaient jusqu'à la panse dans les dites neiges. Quand le cardinal fut tout passé, j'étais descendu de mon mulet, et je pris mon cheval par la bride, pensant le mener tout bellement pour me réchauffer. Mais il faisait si grand vent et de telle sorte qu'il semblait que tout dût finir ; et me crevait la neige les yeux, et je ne savais me tenir ; et quand je vis que ledit vent m'enfourchait, je me laissai choir par derrière, et encore m'emportait-il, car j'étais sur un lieu si raide que je crois que Dieu m'aida fort. Et pendant que j'étais ainsi en cette peur, vint accourant un ramasseur (8) qui m'avait vu partir et me cria que je m'arrête, si je ne voulais mourir, et besoin m'était de me faire ramasser. Mais voyant que je n'en pouvais plus, et aussi que mon cheval tremblait de froid, je l'abandonnai ainsi que deux sacoches, dont l'une était de mon compagnon Jean du Bos, qu'il rapportait à sa femme, et où il y avait maintes belles bagues. Et il y avait aussi sur ledit cheval une besace où étaient mes chemises et autres choses. Mais, loué soit Dieu, je ne perdis rien, car un autre homme accourut et mena mon dit cheval jusqu'en bas. Et ledit ramasseur me fit asseoir sur sa ramasse, qui n'est autre chose qu'un fagot de genêts dont le gros bout est lié par une corde que tient le ramasseur et qui lui sert à tirer ladite ramasse, et il a un bâton ferré avec lequel il s'appuie, et il va si raide que l'on perd sens et entendement. Et, pendant que le ramasseur allait raide sur une pente, je culbutai dehors en abandon-

---

(8) Individu tirant son nom de La Ramasse, hameau de Lanslebourg, et faisant métier de descendre les voyageurs sur des traineaux dits « ramasses ».

ladite ramasse, car j'étais à moitié mort. Toutefois, j'avais toujours tenu mes deux palmes. Je ne mis pas ensuite beaucoup de temps pour parvenir au village de Lanslebourg ; quand j'y fus arrivé, je ne savais si je voulais me chauffer ou panser mon cheval, qui arriva à l'instant, et il était si chargé de neige gelée que je ne le pouvais monter. Aussi je me dévêtis, je le couvris et je le frottai fort, encore tremblait-il. Je lui fixai sur les jambes, avec une sangle, un torchon de paille (9), car je l'avais vu faire autrefois ; puis je m'en vins payer mon ramasseur, et cela me coûta, à cause que le temps était si terrible, 20 gros, et je dépensai audit dîner 10 gros.

L'après-dîner, nous partîmes dudit Lans-le-Bourg et vînmes coucher au Bourgiet (*Villarodin-Bourget*), dont je dépensai 15 gros.

Le 25 de novembre, jour de sainte Catherine, après avoir ouï la messe, nous partîmes dudit Bourget et vînmes dîner à Saint-Andrieu (*Saint-André*), et vînmes au gîte à Saint-Jean-de-Maurienne, et là nous laissâmes un de nos compagnons, lequel nous pria tous à souper à sa maison. C'était le gentilhomme de Savoie à qui j'avais acheté à Rhode les quatre camelots (10) devant dit, et pour qui nous avions eu tant de peine à les ravoir à Venise, comme ai écrit ci-devant. Ainsi, nous cinq fûmes souper à la maison dudit Savoien. Mais, Dieu sait que nous fûmes bien étonnés, car je crois que ce que nous eûmes aurait fait la portion d'un seul ; et même, quand le souper fut fini, il nous fit demeurer au gîte en sa maison nous deux

---

(9) *Texte* : dont luy liay une jambe a se chaingle d'une torque des rains.

(10) Riche étoffe de soie.

nant la petite corde à laquelle je me tenais et dégringolai plus de dix pieds, dont nul ne croirait comment j'échappai, car j'étais sur un abîme de plus de 600 pieds de profondeur. Je m'étais recommandé la matinée à Madame Sainte Catherine, dont la fête se trouvait cette nuit, dont je crois qu'elle avait prié pour moi. Pour faire court, mon ramasseur me remit sur nous priâmes le trésorier de nous montrer les reliquaires ; il nous mena en une chapelle haute, du côté du chœur de l'église, et alors nous montra les doigts de Monsieur Saint Jean-Baptiste, lesquels étaient tout noirs d'avoir été au feu ; mais le benoît Créateur avait permis qu'ils ne fussent pas brûlés ; et nous dirent les religieux que c'étaient les deux doigts avec lesquels le benoît saint avait montré le Sauveur quand il dit : *Ecce Agnus Dei*. Après avoir fait nos dévotions, nous voulûmes aller pour déjeuner au logis où étaient nos chevaux. Mais notre hôte, c'est assavoir notre compagnon Savoien, nous pria tant que nous venions déjeuner en sa maison et qu'il nous y ferait manger de la viande que nous ne connaissions point : il ne mentit mie, comme vous entendrez. Par force qu'il nous pria, nous y allâmes. Mais je fus plus honteux que le soir, car ce fut le bâton de Flandre pis que devant. Quand nous voulûmes manger, ce fut des aulx et oignons hachés bien menu avec du vinaigre et de l'huile d'olive. Et après, pour le second service, nous eûmes des tranches de bien maigre fromage, que l'on nomme audit pays Seret à cause qu'il se fait après le bon fromage. Et notre dit hôte mangeait avec de la moutarde. J'eusse volontiers ri. Car il semblait que lesdits gentilshommes d'Angleterre « *simplassent* ». Ainsi, comme j'ai écrit, ne mentit mie ledit Savoien. Nous le remerciâmes et vînmes au logis où étaient moi et Jean le Danois. Les trois autres étaient gentilshommes d'Angleterre ; ils vinrent coucher au logis où étaient nos chevaux.

Le lendemain, qui était le 26ᵉ de novembre, nous nous levâmes bien matin Jean le Danois et moi et allâmes ouïr la messe à la grande église nommée Saint-Jean, et là trouvâmes les trois Anglais de notre compagnie. Adoncques, nos chevaux, et vint ledit Savoien, car il nous les avait fait loger là ; je crois que c'était à lui : c'était *Au Chapeau Rouge...* (11), dont l'hôtesse nous fit payer à chacun de nous 10 gros, et cependant nos chevaux n'avaient eu que trois petites mesures d'avoine ; ainsi nous fûmes menés à la duperie. Je ne saurais dire vraiment où je n'en ai point trouvé.

Après ledit déjeuner, nous partîmes de Saint-Jean-de-Maurienne et vînmes coucher à Argentine et fûmes bien traités, et aussi nos chevaux de trois bonnes mesures, et n'y dépensâmes, bien en riant de la bonne chiere de notre compagnon devant dit, que 12 gros.

Le 27 de novembre, nous partîmes d'Argentine et vînmes ouïr la messe à Esquebelle (*Aiguebelle*), pour ce qu'il était dimanche, et puis y dînâmes. Après, partîmes et prîmes congé hors de ladite ville de trois desdits gentilshommes d'Angleterre, à cause que c'était pour eux le chemin le plus direct pour Lyon. Mais nous deux, Jean le Danois dessus dit, avions promis faire le voyage à Monsieur saint Claude (12), et ce fut quand nous nous aperçûmes que nos

---

(11) *Voici le passage complet, dont le sens n'est pas clair :* « Ce fut au chapeau rouge tenant le porte ainsi que etiesmes venus de Venise, dont l'hôtesse... »

(12) Saint-Claude (Jura).

compagnons mouraient dans notre nef, comme l'ai écrit devant. Et pour cette cause nous laissâmes les trois Anglais et pensions bien les retrouver à Paris. Et je leur avais baillé par écrit le logis où j'avais appris à loger. Mais quand nous fûmes retournés audit Paris, les Anglais étaient partis la matinée ; ce nous en fit bien mal, car c'étaient gens de bien. Aussi nous deux, ledit Danois, nous mimes à chemin dudit saint. Mais Dieu sait la peine que nous eûmes. Je me repentis maintes fois d'avoir promis le voyage. Car nous trouvâmes le pire chemin du monde, toutes montagnes et vallées, et plut tout le jour et il n'y avait nuls villages où savoir où bouter nos chevaux, et nous trouvâmes tant de pierres audit chemin que fûmes bien sept heures à cheval depuis le départ d'Aiguebelle jusqu'à une petite ville nommée Fauberge (*Faverges*), et n'y compte-t-on que trois lieues, dont quand nous y arrivâmes estions tout perclus. Nous demeurâmes là au gîte et je dépensai, y compris le diner d'Aiguebelle, 21 gros.

Le 28 de novembre, au matin, partimes nous deux de Faverges et vinmes à Duingt, et y compte-t-on deux grandes lieues. Je cuidais là trouver Madame la vicomtesse (13), belle-sœur à Monsieur le cardinal du Mans et tante à Monsieur le cardinal de Fienne. Mais elle était bien loin, car je la trouvai dès que je fus arrivé en notre pays entre Saint-Adrien et la ville de Gand. Et ainsi nous deux, ledit Danois, allâmes voir le château de ladite dame, lequel

---

(13) Louise, fille de Janus de Savoie, comte de Genevois, mariée en secondes noces à François de Luxembourg, vicomte de Martigues, morte en 1530.

est sur une haute roche, et y a au pied un lac qui commence à la ville de Nichil (*Annecy*). Après, vinmes dîner au village en bas et dépensai 8 gros.

L'après-dîner, partimes de Duingt et vinmes audit Annecy et y a deux grandes lieues. C'est une petite ville où s'y fait largement épées et couteaux et sont de bonnes estoffes. Nous demeurâmes là au gite pour être bien traités, dont y dépensai 12 gros et demi.

Le 29 de novembre, partimes tous deux d'Annecy et trouvâmes mauvais chemin jusqu'à un gros village nommé Croisille (*Cruseille*), et y a d'Annecy trois lieues. Nous demeurâmes là au dîner, car c'était l'heure, ainsi appert que les lieues en valent bien deux. J'y dépensai 8 gros.

L'après-dîner, partimes dudit Cruseilles et cheminâmes tant qu'il était presque nuit quand vinmes à la ville de Genève, et ne s'y compte-t-on que trois lieues. Mais nous avions eu mauvais chemin plein de pierres, et faut en plusieurs lieux monter et descendre et fûmes fort mouillés. Nous fûmes bien traités au souper audit Genève, car c'est une bonne ville et marchande, et là commence la rivière du Rhône qui descend de l'eau du lac de Lausanne.

VIII.

Comment l'an de grâce 1520 le révérendissime abbé de Clairvaux visita en Savoie quelques couvents de dames.

Dom Edme, quarante-et-unième abbé de Clairvaux, entreprit un jour, avec sept de ses religieux, le voyage de Rome, en s'arrêtant aux monastères cisterciens situés sur son passage pour en faire la visite. A l'aller et au retour, la petite caravane traversa la Savoie ; l'un de ses membres, Jean Gallot, qui faisait l'office de valet de chambre auprès de l'abbé, a rédigé le journal de la route avec assez d'humour (1). C'était un excellent homme qui ne manquait ni de philosophie, ni d'esprit, et dont la plume était alerte. Ses silences même sont significatifs, et quand il nous raconte l'arrivée à la Grande-Chartreuse, où les voyageurs furent « monastiquement traités de beaux œufs », le bon religieux laisse supposer qu'après une pareille ascension « par monts, rocs et cailloux », il eût volontiers supporté une petite défaillance à la règle.

Le couvent de Bonlieu, près Sallenôves, et celui de Sainte-Catherine, près Annecy, Tamié, en Savoie, le monastère de Betton, à l'entrée de la Maurienne, figurent parmi les établissements qui attirèrent l'attention de dom Edme de Clairvaux. Saint-Jean-d'Aulps, qui se trouvait aussi sous son obédience, fut laissé de côté, sans doute à cause de son éloignement. Hautecombe, sur le lac du Bourget, laissa au révérend père visiteur l'impression d'une abbaye relâchée où il dut sévir pour une petite rébellion soulevée vraisemblablement par son désir de ramener les moines à la stricte observation de la règle. Il put constater, malgré l'abstinence dont il donna lui-même l'exemple, que les religieux étaient fort peu soucieux de faire maigre et de suivre l'exemple ascétique des premiers cisterciens. Aussi, après avoir vu la célèbre source intermittente qui portait déjà en ce moment son nom de *Fontaine des Merveilles*, l'abbé de Clairvaux quitta-t-il fort marri les bords du Bourget.

On trouvera dans la relation de son voyage, entre autres choses inattendues, de précieux détails sur l'exposition du Saint-Suaire, cette célèbre relique dont naguère, à l'occasion d'une pho-

---

(1) *Relation d'un Voyage à Rome... par révérend père à Dieu Monseigneur dom Edme*, 41e *abbé de Clairvaux*, édition HARMAND, Troyes, 1850.

tographie devenue historique, prise lors de l'exposition de Turin, en 1898, l'authenticité, niée par un membre du clergé, fut défendue au contraire par un docteur ès-sciences de l'Université de Paris (2). On sait que cette relique, déposée d'abord dans la Collégiale de Lirey en Champagne, devint au milieu du XV siècle la propriété de la Maison de Savoie, qui la conserva à la Sainte Chapelle du château de Chambéry. Quand on apprit que saint Charles-Borromée, archevêque de Milan, se proposait de venir à pied depuis sa ville épiscopale pour la vénérer, le duc de Savoie fit transporter solennellement l'image miraculeuse au-devant du saint prélat jusqu'à Turin, où elle arriva le 14 septembre 1578, et où elle est restée depuis, abritée à la cathédrale de cette ville dans la chapelle dite du Saint-Suaire.

La vision du Saint-Suaire fut une des principales préoccupations des religieux cisterciens, lors de leur séjour en Savoie. Voici d'ailleurs le récit de leur voyage depuis leur arrivée dans notre pays par Genève :

Le 10 [septembre 1520] matin, Monseigneur [Edme, abbé de Clairvaux], fut dire messe en la grande église qui est en haut (3), puis alla par devers le commandataire de Bonmont (4), et là nous déjeunâmes, et Monseigneur y demeura à dîner, et *prandio facto et carta data pro nichilo,* sommes partis d'icelle ville et vinmes passer le Rhône (5) qui prend là nom et coucher à Bonlieu, *monasterium monialium* (6).

─────────

(2) Chanoine CHEVALLIER. *Le Saint-Suaire de Turin est-il l'original ou une copie. Etude critique.* Chambéry, 1899.
(3) Eglise cathédrale de S. Pierre de Genève.
(4) Abbaye cistercienne, près de Nyon (Vaud).
(5) Confusion, il s'agit de l'Arve.
(6) Bonlieu, « monastère de nonnes », près Sallenôves, sur la route d'Annecy à Frangy, fondé en 1165 par Amé, comte de Genevois.

Le lieu est pauvre, situé entre grosses montagnes. Monseigneur visita, et nous fit-on bonne chère. Il y avait une jeune abbesse et douze religieuses, toutes bien accoutrées, mais peu savant de religion. Et elles furent assez humbles, et promirent de bien vivre, selon qu'elles devaient.

Le 12, partimes fort matin et vinmes passer parmi la ville de Nicey (*Annecy*), et de là monter au monastère de religieuses de Sainte-Catherine.

Ce monastère est situé *in medio ascensus montis* (7). Monseigneur visita tout ce dit jour, et y avait une bonne abbesse et douze religieuses assez de bonne sorte.

Le 13 après diner, sommes descendus à pied sans lance (8) (car descendre à cheval n'y fait pas bon), et venus repasser à Annecy et de là, toujours le long du lac, passer par un château nommé Douyn (*Duingt*), qui est au bout dudit lac. Puis, toujours entre terribles montagnes, jusqu'en un bourg dit Faulverge (*Faverges*), auquel nous trouvâmes le procureur d'Estamy (*Tamié*). Nous bûmes, puis [partimes] à cheval et vinmes toujours montant *inter montes asperrimos* (9) au gîte audit Tamié, bon monastère où l'on nous fit bonne chère.

Monseigneur visita là, et y avait pour lors deux abbés et douze religieux assez bien faisant

---

(7) « A mi-chemin de la montagne » ; cette abbaye, aujourd'hui détruite, située dans le val de Sainte-Catherine, sur les flancs du Semnoz, près Annecy, fut fondée au commencement du XIIIe siècle.

(8) Au XVIIe siècle, Madame de Sévigné employait encore l'expression « arriver à beau pied sans lance », dans le sens de venir à pied.

(9) « Entre de très dures montagnes. »

l'office, mais ors (10) et sales en leurs habits, ignorant l'ordre et les cérémonies pour les commendes precedens. Nous vimes audit monastère de l'éponge de Notre-Seigneur.

Le 15, sommes partis et venus passer la rivière appelée Ysca (*Isère*) et une autre nommée Morienne (*Arc*), fort dangereuse en temps d'hiver, et aussi passer par devant un château nommé La Chambre, puis coucher à Betton (11), auquel lieu il y avait une bonne et maitresse abbesse avec vingt ou vingt-deux religieuses, assez bien chantant, mais mal accordant, témoin les répons des matines.

L'abbesse reçut Monseigneur et traita beniment et doucement durant la visitation, et il trouva les religieuses aucunement disposées à bien.

Le 17, partîmes et vinmes dîner à Montmélian, bonne et grosse ville et clef de Savoie.

Après diner, partîmes et vinmes boire à La Marche (12) et était avec nous le procureur de la Grande-Chartreuse.

De ladite Marche commençâmes à monter une terrible montagne, laquelle nous ne pouvions monter ni à pied ni à cheval, et n'était pas sans souffler ; et d'icelle montagne, par un diable de chemin, vinmes par auprès d'un château nommé Apremont (13) et de là coucher à Saint-Pierre (14), un bon gros bourg.

---

(10) Malpropres.

(11) Abbaye située sur la commune de Betton-Bettonet, canton de Chamoux, dépendant du diocèse de Maurienne.

(12) Les Marches, canton de Montmélian.

(13) Commune du canton de Montmélian où se trouvait le château des comtes de Montmayeur.

(14) S. Pierre de Chartreuse, où la caravane dut arriver par le col du Frêne et Entremont.

Nous fûmes assez mal traités de vivres, mais bien logés sur de beaux lits de parlement, et pour plus honnêtement parler, sur lits de feuilles de châtaigniers.

Le 18, vînmes par mont, roc et cailloux, dîner en la Grande Chartreuse, où nous fûmes volontiers vus et monastiquement traités de beaux œufs.

Donné à Monseigneur, auprès d'icelle Chartreuse, pour donner à notre guide, en un teston 10 sous tournois.

Après que mondit seigneur eut dit messe, diné et nous avec, le père Dom vint pour nous conduire par les lieux réguliers (15) et mêmement dans la chambre où se tenait S. Bernard (16) quand il passait par là. Le cloître est le plus long que je vis jamais, car il a 282 passées de long et 30 de large, et moi qui parle l'ai mesuré, à telle enseigne que, pendant que je le mesurais, Monseigneur me vint très bien tancer et m'appela gros fou. En somme, c'est une belle maison et une merveilleuse situation, et toutefois n'ai volonté d'y retourner.

Le 19, vînmes par neige d'environ deux pieds qui était tombée la nuit, descendre en une belle maison de ladite Chartreuse nommée la Corroierie, où est tout leur domaine, qui est une chose bien ordonnée. Puis, par neiges, montagnes et vallées, et quasi sans voie, descendîmes en la belle vallée de Grenoble.

(*Les religieux vont ensuite en Italie, puis reviennent en France encore par le Mont-Cenis.*)

... Après qu'eûmes bien folâtré, gambadé et fait soubresauts par la neige étant dessus ledit

---

(15) Locaux occupés par les religieux ou réguliers.

(16) S. Bernard, fondateur de Clairvaux.

Mont-Cenis (17), nous vînmes refaire nos
« osserios » en un bon village dit Nolembourg
(*Lans-le-Bourg*), qui est au pied dudit mont, du
côté de notre pays, où nous trouvâmes Monseigneur [l'abbé de Clairvaux] qui s'en était
venu tout seul et nous avait fait faire du feu
et préparer le souper, car de ce avions nous
bien besoin. En somme, ce mont est une terrible chose et indicible. Qui ne l'a vu à peine
le peut croire.

Le 24, partîmes fort matin et vînmes, toujours suivant la rivière et entre terribles montagnes, dîner à S. Andrie (*Saint-André*), où
nous dînâmes mal et payâmes bien.

En ce chemin, nous trouvâmes une croix
de bois qui est érigée sur un roc rond, et dit-on
qu'elle a été mise là miraculeusement, car il n'y
a point d'accès au lieu où elle est (18).

---

(17) Ici le texte est savoureux : « Après que
heusmes bien triboullé, gamboyé et faict soubresaulx par la neige estant dessus ledict mont de
Signy, nous veinmes refaire nos osserios en un
bon village dict Nolembourg. »

(18) La difficulté d'accès de certains rochers,
où les habitants de la Savoie plaçaient des croix,
avait déjà frappé un dominicain du XIIIe siècle,
qui raconte l'anecdote suivante à propos de Chevron, près Mercury-Gémilly : « Item, in dyocesi
Tharantasiensi, supra quoddam castrum quod dicitur Chirum, est quoddam saxum eminentissimum altitudine, quod non videtur esse ascensibile, adeo est altum et arduum ; ubi, ut audivi,
tanta et tam frequens videbatur ibi congregacio
demonum et ludificacio, aliquando videbatur ignes
succendere, flamina vibrare, castra construere et
videbatur quod totam patriam deberent succendere. Homines loci, habito consilio quid contra
hoc facere possent, laboraverunt aliqui adeo quod
montem illum ascenderent et crucem ligneam in

Après dîner, nous vînmes par chemins moult terribles et difficiles descendre bien tard en la cité de Saint-Jean-de-Maurienne.

Le 24, jour de Pâques fleuries, Monseigneur dit messe, fit l'eau bénite, bénit des rameaux pour nous en l'église cathédrale. Après dîner, vînmes, suivant la vallée assez bonne, au gîte à Aiguebelle, bon bourg au fond d'un grand val.

Le 25, par pluie et vents, nous vînmes dîner au monastère de Betton, où la bonne abbesse nous traita bien et nous retint ce jour.

Le 26, vînmes coucher à Montmélian, où nous demeurâmes ce jour, attendant le vieux et le jeune abbés de Tamié, lesquels vinrent là le soir.

Le lendemain partîmes ensemble audit Montmélian et vînmes à Chambéry de bon matin. Incontinent que fûmes débringués, allâmes au château de Monseigneur le duc de Savoie pour lui faire la révérence, Monseigneur dit messe en l'église des chanoines dudit château, où pose le Saint-Suaire de Notre-Seigneur Jésus-Christ.

Le 28, jeudi saint, Monseigneur fait dire messe en la sacristie des Jacobins, puis il fit le lavement de pieds à 13 pauvres (19), et ses deux religieux à deux pauvres, et puis furent traités aussi bien ou mieux qu'ils l'eussent été à Clairvaux.

Le 29, jour de vendredi saint, Monseigneur se leva matin, et dîmes nos heures et le psau-

---

cacumine posuerunt ; et ex tunc nunquam ibi postea demones aut illa incendia aut ludificaciones comparuerunt. » (*Anecdotes... d'Etienne de Bourbon, dominicain du* XIIIe *siècle*, édit. de la Société de l'Histoire de France, p. 87.)

(19) *Texte :* Faict dire messe en la secretairerie des Jacobins, puis il fit le mande à 13 povres.»

tier tout d'un train. Après qu'il fut jour, sur les six heures, nous allâmes au château prendre place pour voir le Saint-Suaire, qui était la cause pourquoi nous séjournions tant audit Chambéry. Mais on ne montra pas ledit Saint-Suaire pour cedit jour, à cause des pluies, neige et grands vents ; toutefois, pour nous réconforter, Monseigneur le duc, de sa grâce, dit à Monseigneur qu'il le verrait, et le montrerait-on au peuple le jour suivant.

Le 30 matin, le samedi saint, Monseigneur fit l'office aux Jacobins, puis vinmes au château. Après l'office, trois évêques revêtus prirent le Saint-Suaire, enveloppé en soie rouge, et le portèrent en procession en une chambre où l'on avait fait un échafaud dehors les fenêtres, pour le montrer au peuple qui était en bas. Quand vint sur les dix heures, Monseigneur l'évêque de Belley, commandataire au monastère de Hautecombe, et Monseigneur de Saint-Claude sortirent sur cet échafaud et là déployèrent le précieux Saint-Suaire. Et y en eut plusieurs qui ne virent point, mêmement nous autres qui étions dedans ledit château. Et en allant sur ledit échafaud, Monseigneur le duc tenait Monseigneur par la main ; en retournant, Monseigneur lui dit que ceux de dedans ne l'avaient pas vu.

Le bon seigneur duc dit à ceux qui portaient ledit Saint-Suaire qu'ils le montrassent en l'église dessus l'autel. Ce qui fut fait, et est la chose la plus imposante et la plus apitoyante que je vis jamais, et n'est pas chrétien, à mon avis, qui, en le voyant, n'a crainte en soi, et plus rien dis [20]. Ce dit jour, partimes et

---

[20] *Texte* : « Ce qu'il fut faict ; et est la chose la plus digne et la plus piteuse que je veis jamais, et n'est pas crestien à mon advis que en la voyant na cremeur en soi et plus nen dis. »

vînmes passer par le Bourget, puis commençâmes à monter le Mont du Chat, le pire chemin qui fut oncques, par mont et vallées, jusque dessus l'abbaye de Hautecombe, et au descendre, y eut un terrible tintamarre, car il n'y avait gens ni bêtes qui en pûssent venir à bout. Toutefois nous vînmes en bas, et trouvâmes le couvent qui reçut Monseigneur comme leur père abbé.

Ledit monastère est assis sur le bord d'un lac et, d'autre côté, le roc y est bien fort. En somme, la situation est terrible, combien qu'il ne laisse pas à être bon de rente au commandataire.

Incontinent, nous fûmes déshabillés et subitement Monseigneur tint chapitre et visita les sacrements et autres lieux.

Le jour de Pâques, Monseigneur fit le service, fut dîner au couvent, et ne mangeait, ainsi que ses religieux, autrement qu'à Clairvaux, bien que les religieux dudit monastère mangeâssent chair, de quoi mondit seigneur fut fort marri. Il y avait audit monastère 34 religieux, tous peu savants et assez ingrats, à ce que j'en sus connaître. Et ce dit jour, après dîner, Monseigneur mena le couvent jouer et voir une fontaine nommée la *Fontaine des Merveilles*; aussi certes elle est merveilleuse, car visiblement elle tarit, et tout subitement elle court en grande abondance.

Le second jour [d'avril 1521], il tint chapitre et fit lire sa charte, puis nous dînâmes, et *iterum* fut à chapitre pour quelque rébellion qui était survenue ; puis partîmes dudit monastère et vînmes passer par Hyenne (*Yenne*), petite ville, de là par auprès d'une maladrerie bien belle (21) qui est assise sur le bord de la

---

(21) Léproserie d'Entresaix, fondée en 1120, par le prieur de la Grande-Chartreuse.

rivière du Rhône, et entre deux rocs, un lieu fort dangereux.

De ladite maladrerie, nous voyons un monastère de Chartreux (22) au-dessus d'un gros roc, une terrible situation ; puis nous vinmes environ demi-lieue entre lesdits Rhône et roc, et au gîte à S. Genis, petite ville, laquelle avait été brûlée du tout n'y avait que deux ans, et *restabant vestigia* (23), et était la dernière ville de Savoie.

Nous fûmes logés *taliter qualiter* (24) chez de bonnes pauvres gens, et fût été dommage s'ils fussent été riches.

Le 3 matin, montâmes à cheval et passâmes une grosse rivière qui est fort dangereuse (*Le Guiers*), laquelle divise les pays de Dauphiné et de Savoie, et alors fûmes en France.

IX.

Greffin Affagart, pèlerin de Terre-Sainte, aux abîmes de Notre-Dame de Myans, en 1533.

Vêtu pauvrement « en façon d'ermite » pour éviter d'être « molesté des chrétiens sur la mer et des Turcs en leur pays », Greffin Affagart, puissant seigneur manceau dont les fiefs s'étendaient encore dans le Perche et dans la Normandie, fit humblement son second voyage à Jérusalem à une époque où « depuis Luther et Erasme », les caravanes de pèlerins n'avaient plus leur régularité antérieure : chose d'autant plus fâcheuse, déclare-t-il, qu'il fallait désormais pour visiter les lieux saints non seulement « bonne intention, bon cœur et bonne bouche », mais encore « bonne bourse et pleine de finance ».

---

(22) Chartreuse de Pierrechâtel.
(23) « Dont les traces étaient encore visibles. »
(24) C'est-à-dire à la fortune du pot.

Le pieux gentilhomme avait un docte compagnon de route, frère Bonaventure Bouchard, l'érudit auteur d'une *Chronographie de la Syrie et des deux Palestines*, qui ne manqua point, dès son arrivée en Savoie, de parler d'un couvent célèbre dans l'ordre de Saint-François-d'Assise, celui de Notre-Dame de Myans, épargné le 24 novembre 1248 par l'éboulement du Mont-Granier, dont le bruit retentissant trouva un écho jusqu'en Angleterre, en Italie et en Allemagne, et fut consacré par la gravure, dès 1493, dans la *Chronique de Nuremberg*.

Les deux pèlerins quittèrent quelques instants la grande route d'Italie pour visiter le couvent, où ils furent d'autant mieux accueillis que le frère Bouchard était lui-même franciscain. Les religieux leur racontèrent comme quoi la catastrophe était un châtiment de la justice divine, accusant les anciens habitants des plus noirs forfaits, s'inspirant inconsciemment du chroniqueur anglais Mathieu Paris qui, au XIIIe siècle, attribuait méchamment aux malheureuses victimes les atrocités commises trois siècles auparavant par les Sarrazins. Il y avait cependant déjà dans ce même siècle une autre tradition répandue non seulement en Savoie, mais encore en France, par le dominicain Etienne de Bourbon, considérant la catastrophe du Mont-Granier comme une punition des envahisseurs des biens ecclésiastiques. Le Père Fodéré, qui fut novice à Myans trente ans après le passage de Greffin Affagart dans ce couvent, nous a conservé dans sa langue pittoresque cette seconde version. Le lecteur pourra plus loin la comparer avec le récit de notre pèlerin, qui raconte ainsi son passage en Savoie dans un manuscrit de la Bibliothèque nationale de Paris (1) :

De Lyon nous allâmes à S. Laurens (*S. Lau-*

---

(1) Fonds français, 5642. Communication obligeante de M. Chavanon, archiviste-paléographe.

rent de Mure), puis à La Verpillerye (*La Verpillière*) et de là à la Tour du Pin et au Pont Beauvoisin. Par là passe une grosse rivière qui est le département de Savoie et de Dauphiné. Du Pont Beauvoisin, nous vinmes à Aiguebelette, la première et l'une des grandes montagnes qui sont en Savoie, laquelle montée en grand travail et misère, arrivâmes à Chambéry, qui est cité capitale de toute la Savoie, auquel lui soulaient être les foires qui de présent sont à Lyon.

En ce lieu aussi était l'une des belles reliques du monde c'est assavoir le Saint-Suaire où le précieux corps de Notre-Seigneur fut ensépulturé. Mais aucuns disent qu'il a été brûlé, et de fait nous vimes les vestiges et apparences du feu qui avait été mis à la chapelle. Les autres disaient que la duchesse l'avait pris pour porter en Espagne et, pour couvrir son fait, avait fait mettre le feu en ladite chapelle, et comment que soit, depuis n'a été montré (2).

Partant de Chambéry, cheminâmes environ une lieue le long d'une grande vallée et trouvâmes un monastère de S. François, dont l'église est fondée de la Vierge Marie et s'appelle ce lieu Notre-Dame de Myans, auquel lieu, par les suffrages de la mère de Dieu, se font continuellement beaux miracles. Les religieux nous

---

(2) Le 4 déc. 1532, un incendie qui éclata dans les stalles de la Sainte-Chapelle de Chambéry, faillit détruire le Saint-Suaire. Des doutes ayant ensuite circulé sur l'identité de la relique, le duc Charles II en fit faire la reconnaisance par le cardinal Gorrevod, le 15 avril 1534. Deux ans après, Charles III, chassé de Chambéry par l'occupation française, l'emporta en Piémont. Le Saint-Suaire revint à Chambéry en 1562, et fut transporté définitivement à Turin en 1578.

racontèrent comme le temps passé il soulait avoir en cette vallée une grosse ville, mais pour les énormes péchés qui s'y commettaient, la divine justice la fit fondre tellement qu'il ne demeura en toute la vallée aucune habitation, excepté le lieu de Notre-Dame, qui était pour lors une chapelle dédiée en son nom ; et encore de présent se montrent de l'autre côté de la vallée, contre les montagnes, les vestiges et signes apparents comme les diables débrisaient les roches pour jeter et détruire la ville. Et n'y a plus autres apparences, sinon buttes et fosses. Cela est authentiquement rédigé par écrit audit monastère (3). De là, on vient à Montmélian,

---

(3) Voici la tradition de Myans à la fin du XVIe siècle (1585), d'après le père Fodéré : « Or est à noter qu'à la plaine, au pied de la grand'montaigne de Grenier, à une lieue de Chambéry, tirant en Dauphiné, environ près de là où est à présent l'église parocchiale d'Aspremont, y avait une petite ville nommée S. André, et au voisinage d'icelle cinq paroisses distinguées en seze villages, ladite ville de S. André faisant pour une, ainsi que le sieur Draqui, secretaire de l'officialité de Grenoble, m'a fait voir dans un manuscript où sont enregistrées les visites des anciens evesques de Grenoble. Hors ceste ville S. André, sur un costau qu'on croit estre là où est de présent le chasteau des seigneurs d'Aspremont, à un bon quart de lieue de Notre-Dame de Myans, y avoit un fort riche prieuré de l'ordre Saint-Benoist. dependant de l'abbaye S. Rambert en Bugey, lequel ledit Bonivard [favori du comte de Savoie] avait aurefois tenu à ferme. Et d'autant qu'il sçavoit le revenu estre bon, et d'ailleurs les possessions, rentes et censes dudit prieuré meslangées et entrelassées avec les siennes, il desiroit fort d'avoir ledit prieuré en propriété pour faire (comme l'on dit) son pré quarré. Et pour ce, se voulant servir

forte place, et puis à Aiguebelle, et dudit lieu l'on passe par une vallée assez épouvantable, car l'on voit des deux côtés les montagnes grandes à merveille, et en tous temps sont couvertes de neige. Et est la vallée assez étroite jusqu'à La Chambre, et de La Chambre nous vinmes à S. Jean de Maurienne, évêché, et en l'église est le doigt de monsieur saint Jean-

---

de la faveur que ce bon office luy avoit acquis envers le pape, il le va treuver à Lyon, luy demande ce prieuré avec priere de placer les moynes aux autres monastères de leur ordre. Et quoique la demande fut fort incivile, neantmoins trop importunement poursuivie, le pape ne la luy peut bonnement refuser, crainte qu'il ne defit ce qu'il avoit fait pour luy. Jaques Bonivard s'en revint donc avec une bonne bulle à la ville sainct André où, ayant prins asses grande compagnie tant d'officiers qu'autres, s'en va audit prieuré le 24 novembre 1249 [ou plutôt 1248], en chassa avec toute rigueur et violence les religieux, lesquels ne sçachant quelle brisée prendre se vont rendre à N.-D. de Myans, où ils arrousoient le pavé de chaudes larmes et remplissoient l'air de soupirs, recommandant leur fortune aux merites de la Vierge glorieuse, et non sans effect : car le soir du mesme jour, sur les huict heures, ledit Bonivard ayant invité tous ses parents et les principaux habitans de Sainct André à souper dans ledit prieuré, le temps estant serain, calme et la lune bien claire, en un instant environ le milieu du soupper ils entendirent des vents espouvantables et du tout extraordinaires, ils voyent l'air troubler et par le ministaire des diables furent causées gresles, tempestes et tremblement de terre si estranges que le sommet du rocher de ladicte montagne de Grenier tomba en des prodigieux cartiers au moyen desquels le prieuré, la ville de S. André, les seize villages, ensemble hommes, femmes et enfants, jusques au nombre de cinq

Baptiste avec lequel il montra Notre-Seigneur en disant : *Ecce Agnus Dei*. De Saint-Jean nous allâmes à Saint-Andry (*Saint-André*), et finalement à Tresmignon (*Termignon*), à Laignebourg (*Lans-le-Bourg*), par un terrible et âpre chemin le long d'une rivière fort impétueuse et terrible à voir. Et généralement tout le chemin de Savoie serait fort fâcheux si n'était que l'on trouve assez gens qui s'offrent à conduire les passants sur leurs chevaux ou mulets. Laignebourg est au pied de la montagne de Mont Senis. Là est besoin de prendre

---

mille personnes, furent entierement abismez dans tere, et s'espancha ledit abisme une grande lieue de large et de long, jusques aux talons des pauvres religieux qui estoient en devotion devant l'image de la Vierge où ledit abisme s'arresta tout court, sans pouvoir passer plus outre et sans faire mal ausdits religieux, lesquels entendoient les derniers demons qui crioient aux premiers : *Passons outre, passons outre*, ausquels ceux-cy respondoient : *Nous ne pouvons, car la brune, c'est-à-dire la noire, nous empesche*... Ceste subversion de cinq paroisses fut si prodigieuse et abismerent si profondement en terre qu'il ne resta aucune marque sinon des monticules qui sont encore de present par cy par là aux endroits où estoient les villages et plus grandes maisons qui furent bouleversées ce dessus dessous ; et entre ces monticules y a plusieurs petits lacs d'eau vive si profonds qu'en la pluspart on ne peut treuver le fonds, ainsy que moy mesme ay voulu sonder et faire l'essay avec de grosses plombées attachées au bout des cordes de six vingts toises : et qui est digne de remarque, est que la terre en toute l'estendue de ces abismes a demeuré quarante ans tellement sterile qu'elle n'a jamais produit un seul poil d'herbe. » FODERE, *Narration historique des convens de l'ordre de S. François*, p. 793.

guides, car les chemins sont chargés de neige jusqu'en juin. Il convient monter bien une lieue ou plus quasi tout droit, et pour sa grande hauteur le soleil y a peu d'activité, par quoi la neige y est ordinaire ; et quand il fait vent ou qu'il dégèle, ils tombent à si grande impétuosité qu'ils couvrent et tuent les gens qui sont alors par les chemins. Et après que les neiges sont fondues, on trouve les corps et les porte-t-on à la chapelle des Transis, qui est à la plaine sur la montagne, laquelle plaine dure bien deux lieues.

De là, on descend à Suse, qui est le commencement du Piémont, et commence-t-on à compter les chemins par milliaires, et aussi les horloges sonnent autrement qu'en France, car d'un soir à l'autre ils nombrent vingt-quatre heures et commencent une heure à jour faillant, quelque temps qu'il soit. De là, nous allâmes à S. Georges et puis à S. Ambroys (*San Ambrogio*) et à Villaine (*Avigliana*), puis à Turin, bonne cité archiépiscopale et y a université. Les gens sont fort curieux en habillements, spécialement les femmes, car elles commencent soi d'orner à la façon d'Italie. Là, on voit les jeunes dames d'état porter robes de velours, les manches de drap d'or ou d'argent chiquetées sur le taffetas bouffant, les esmouchetes en la main, le poignard d'or derrière le dos, la toque de velours sur l'oreille au plumart blanc, les unes à la Guelphe, les autres à la Gibeline, mieux en habit d'homme que de femme encore bien dissolu, laquelle chose me semble être bien déplaisante à Dieu. Il y a de Lyon à Turin 50 lieues.

X.

Les tribulations des Clarisses de Genève fuyant les gens de la Religion.

Pour conquérir son indépendance dans la lutte

héroïque entreprise contre le duc de Savoie, Genève avait eu recours à Leurs Excellences de Berne, qui mirent comme condition à la continuation de leurs bons offices l'adoption de la Réforme par leurs chers confédérés.

Les syndics de Genève furent assez embarrassés. Farel et Saunier, les premiers protestants qui propagèrent publiquement dans cette ville les idées nouvelles, avaient dû s'enfuir, en septembre 1532, sous le coup d'un arrêt du Conseil épiscopal. Froment, qui avait provoqué quelque tumulte sur la place du Molard du haut d'un banc de revendeuse, où il avait harangué une foule enthousiaste, avait été décrété de prise de corps par la Municipalité. Ces premiers actes, dictés par la crainte du duc et de l'évêque, émurent Messieurs de Berne, qui menacèrent les Genevois de les laisser à leurs propres forces. Le désir de la liberté dicta la religion des citoyens. L'évêque dut abandonner la ville en 1534, et l'année suivante, le 27 août, les syndics décidèrent que le protestantisme serait la religion d'Etat.

Parmi les monastères qui florissaient dans la cité épiscopale, celui des sœurs de Sainte-Claire avait déjà négocié avec le duc de Savoie pour préparer son exode, qui s'effectua le 29 août 1535, à cinq heures du matin. Les syndics de Genève et trois cents archers escortèrent les religieuses jusqu'aux limites de la ville, au Pont d'Arve, où se trouvait sur la rive savoyarde l'hôtellerie Burdet, qui marqua la première étape des Clarisses. L'une d'elles, Jeanne de Jussie, nous a conservé, en ces termes, le récit naïf des péripéties de la caravane s'acheminant sur Annecy par Saint-Julien et Sallenôves (1) :

---

(1) *Le levain du calvinisme* ou *commencement de l'hérésie à Genève faict par reverende sœur Jeanne de Jussie, lors religieuse à Saincte Claire de Geneve, et après sa sortie abbesse au Couvent d'Anyssi.* Chambéry, 1611.

Pendant que les religieuses étaient en cette hôtellerie, Notre Seigneur fit entendre leur départie à un bon père, député à leur service, nommé frère Thomas Garnier, bon et dévot religieux, qui se promenait par les villages d'alentour Genève pour voir ce qu'il adviendrait des pauvres sœurs ; et tant chemina qu'il les vint trouver en cette hôtellerie, dont elles furent bien joyeuses et lui aussi, rendant grâce à Dieu quand il sut que toutes étaient sauves sans violence de leur personne, ce que nul ne pouvait estimer. Le pauvre frère convers avait tant cherché qu'il trouva pour argent un chariot pour mettre les pauvres anciennes et malades, qui défaillaient en chemin, de quoi furent bien joyeuses, car elles ne demandaient que d'avancer chemin, pour s'éloigner de leurs ennemis, et disaient : « Mère Vicaire, puisque Dieu nous a donné aide, hâtons nous, car il ne serait pas sûr ni honnête de séjourner à la taverne, encore que l'hôte soit homme de bien, et nous a fait grande miséricorde, que nous ne devons pas oublier. » Et en le remerciant, voulaient prendre leur chemin à Saint-Julien, et en sortant aperçurent bien deux cents hommes en armes, de mauvais Luthériens, qui épiaient ce qu'elles feraient : il fut dit qu'ils cherchaient de dérober les sœurs, qui les rendit fort épouvantées, ainsi qu'il est pieusement à croire que Notre Seigneur les garde, qu'ils ne purent venir plus avant : toutefois les jeunes sœurs furent mises tout devant, et les anciennes et pauvres malades sur le char, cheminant le plus hâtivement qu'il leur était possible, accompagnées seulement du bon père et d'un jeune garçon, fils du sire Amy de la Rive, apothicaire, qui menait par dessous le bras une pauvre malade, et une bonne femme de village, nommée Louise des Hermites, et le charretier.

Le frère convers se mit devant pour aller annoncer leur venue à Saint-Julien.

C'était chose piteuse de voir cette sainte compagnie en tel état, tant affligée de douleur et de travail que plusieurs défaillaient et se pâmaient par le chemin, et avec ce qu'il faisait un temps pluvieux et le chemin fangeux, et n'en pouvaient sortir, car toutes étaient de pied, hormis quatre pauvres malades qui étaient sur le chariot : il y avait six pauvres anciennes qui avaient demeuré plus de seize ans en la religion, et les deux passé soixante-six ans sans avoir jamais rien vu du monde, qui s'évanouissaient coup-à-coup, et ne pouvaient porter la force de l'air, et quand elles voyaient quelque bétail ès champs, cuidaient des vaches que fussent des ours, et des brebis lainues que fussent des loups ravissants. Nul ne rencontraient en la voie, que mot leur put dire, tant étaient surpris de compassion, et combien que Mère Vicaire avait fait donner à toutes de bons souliers pour les garder de fouler les pieds, la plupart n'y savaient cheminer, mais les portaient attachés à leur ceinture, et en tel état cheminèrent jusque près de la nuit, depuis cinq heures du matin qu'elles sortirent de Genève, jusqu'à Saint-Julien, qui n'est qu'une petite lieue loin.

Et le héraut de Monseigneur le Duc, nommé Monsieur Jean Faulcon, Monsieur le Châtelain, son frère, étant avertis par le convers de leur venue, firent hâtivement assembler le Clergé, et toute la Paroisse, qui étaient belle compagnie, pour ce qu'ils faisaient la fête, et solennité de Monsieur saint Félix, et y avait grand peuple venant avec la croix, et le confaron, et clochettes sonnant en grande dévotion processionnellement au devant des sœurs, et lesdits sieurs Hérauts firent disposer leurs maisons, et vinrent au-devant à faire les harangues pour leur paroisse, et faire la révérence avec leurs femmes honorables Dames, et autres nobles gentilles femmes, et leurs serviteurs menant de beaux chevaux bien ornés pour faire monter dessus celles qui voudraient ; ils avaient déjà fait retourner le convers hâtivement mandant qu'elles attendissent la Paroisse qui leur voulait faire honneur et révérence, suivant l'intention de Monseigneur le Duc, qui avait donné commandement par tous les mandements et paroisses de son pays que, si le cas advenait qu'elles sortissent de Genève, qu'elles fussent reçues et recueillies comme Son Excellence en personne en toute dévotion, processionnellement ; mais quand les virent en tel point, se cuidèrent pâmer de pitié. Il y eut un tel cri que le Clergé perdait l'usage d'élever leurs voix pleureuses.

Et les pauvres sœurs, comme revêtues d'une nouvelle lumière, se vont toutes retirer en terre à deux genoux, les mains tendues au Ciel, et adorèrent la sainte Croix en regrâciant Notre Seigneur Jésus-Christ, qui les avait réduites entre les bons chrétiens, et furent grand pièce sans pouvoir mot dire d'une part ni d'autre, et le Hérault, honorable seigneur, prit la mère Abbesse, son frère, mère Vicaire, et puis conséquemment les autres Seigneurs et Dames, d'une part et d'autre conduisirent les Sœurs, les soutenant par dessous les bras, suivant la procession jusque dans la maison desdits messieurs Faulcons, qui les reçurent en grand honneur et révérence, et les logèrent et prièrent reposer cette nuit en la chambre qu'ils avaient fait céans, seulement pour l'Excellence de Monseigneur le Duc de Savoie, et firent faire grand feu pour la récréation des Sœurs, et furent fort bien traitées de vivre et de toute récréation, et puis les deux messieurs vinrent seuls en la chambre avec les deux Dames leurs femmes, demandant la manière de leur sortie, et si Dieu leur avait fait grâce de sortir toutes sans violence de leur personne, de quoi rendirent grand grâce à Dieu, car le monde le tenait à chose impossible, vu le mal talent que les hérétiques avaient sur elles : après, interrogèrent ce qu'elles délibéraient de faire : « Seigneurs, dit mère Vicaire, nous pensons aller jusqu'à la première maison de Monsieur le baron de Viry, mon cousin germain. Je me confie tant de sa bonté qu'il nous laissera le château, qui est bonne forteresse, pour un peu de temps, et y pourrons faire le divin service de la Chapelle, qui est tant belle ; et cependant nous ferons savoir à Monseigneur le Duc notre défortune, afin qu'il lui plaise nous faire conduire en son monastère d'Anyssi (*Annecy*), qu'il nous a présenté autrefois. — C'est très bien avisé, dit le Héraut, faites ici vos lettres narrant à Monseigneur toutes vos intentions, et mettez-y aussi comme nous vous présentons cette maison et tous nos biens, comme à Son Excellence, et comme suivant son bon plaisir et commandement cette Paroisse et tout son mandement de Ternier vous a reçues en tout honneur et dévotion, et conduit honorablement jusqu'à ce que vous soyez hors de ce mandement ; et étant faite votre lettre, je dépêcherai une poste de grand matin pour la porter à Monseigneur en Piémont. » Et ainsi fut fait cette nuit sans dormir. Sœur Jeanne de Jussie l'écrivit, qui toutefois était fort malade de fièvre, et sortie d'une maladie mortelle, et narra en cette lettre tout le procès de leur douloureuse départie, et comment la divine bonté miraculeusement les avait toutes préservées de toutes violences de corps et d'âme et n'y avait demeuré que la seule fille de perdition, la fille de Dominique Varembert, qui a été pervertie et déçue. Et aussi par le menu tout fut écrit à Madame la Duchesse Béatrix de Portugal (2), qui portait grand amour et dévotion à la religion ; et les lettres faites et examinées par les dits seigneurs (qui les trouvèrent belles, et bien couchées et les lisant répandaient abondance de larmes de pitié et dévotion) furent envoyées.

Le lendemain, qui était le dernier jour d'août, les dits messieurs Faulcons firent préparer six chariots bien honnêtes et des bons guidons, et fut mandé par le mandement de Ternier que tous du Clergé et d'autre état vinssent processionnellement accompagner ces pauvres Dames, et qui pourraient faire du bien, et furent menées à l'église honorablement pour ouïr messe, et puis furent contraintes à dîner encore chez les dits Faulcons, et firent cuire deux coupes de froment pour leur porter après pour les garder de malaise, et d'autres biens. Et puis furent montées sur les chariots et très honorablement accompagnées de toutes manières de gens en belle procession et dévotion jusqu'à ce qu'ils rencontrent une autre paroisse qui leur vint au-devant, et ainsi firent de paroisse en paroisse, jusqu'à ce qu'ils vinrent au château de La Perrière, et là le bon sieur baron de Viry les reçut en grande dévotion et larmes et, ainsi qu'il descendait, sa cousine, mère Vicaire, la première le salua, disant : « Mon cousin, j'ai présumé de vous adresser ces pauvres désolées, pour avoir meilleur repos de sûreté. »

Adonc le bon Baron prit les clefs du château et les lui donna, disant : « Madame ma

---

(2) Femme de Charles III, duc de Savoie.

cousine, vous êtes de céans avant que moi, je vous abandonne la maison et tout mon bien, et je veux que personne n'y entre que par votre congé, et ne redoutez rien, car le château est bien fourni de bonne artillerie, et moi et mes gens ferons bonne garde. » Il fit sortir tous ses gens et allèrent loger en la ville, et lui-même dormait bien peu sur du foin dans une grange, et faisait faire bon guet, dont bon besoin en était, car incontinent que ceux de Genève aperçurent l'honneur que chacun faisait à ces pauvres sœurs, et qu'ils étaient joyeux de ce qu'elles étaient hors de leur infection se repentirent de les avoir déchassées, et proposèrent de sortir une nuit en armes, et de les reprendre, de quoi le Baron fut averti, et faisait si bonne garde que de fait il fit justice de plusieurs espions qu'il trouvait la nuit environnant le château, combien qu'il n'en faisait aucun semblant aux sœurs.

Il fit crier par toute la baronnerie de Viry, que chacun de son pouvoir aidât à vivre aux suivantes et serviteurs de Notre Seigneur qui étaient là retirées, destituées de tous biens ; incontinent chacun y accourut de toutes parts, et furent visitées par la Noblesse d'environ.

Les Sœurs prirent avis entre elles de tenir forme de religion à leur possible. Mère Vicaire ordonna les portières à la porte, pour recevoir les aumônes et pour contenter les gens, et fut ordonné de chanter le divin office dans la Chapelle qui était fort dévote : et fut ordonné que les sœurs ne se trouveraient point devant les gens séculiers, s'ils n'étaient gens d'apparence, commandés par les Prélats. Et se réglaient et composaient de tout leur pouvoir, de sorte que personne ne les vit en face découverte, sinon quelques-unes par ordre de l'Abbesse, à la demande de leurs parents et amis.

De jour se tenaient ensemble en une chambre, et de nuit se couchaient six en une chambre et six en une autre, car il y avait en ce château 36 excellentes chambres à faire feu, et garnies de beaux lits bien garnis de courtines de beau satin blanc et rouge, et de bonnes couvertes, car ce château avait été fait tout neuf du vivant du père dudit seigneur, oncle charnel de Mère Vicaire, et y avait un logis spécial pour recevoir tous les princes du monde, garni de tous meubles ; mais hélas ! bientôt après fut brûlé par les hérétiques allemands.

En cette manière, se maintenaient les Sœurs, en se réconfortant l'une l'autre tant qu'il leur était possible, moyennant la grâce et la miséricorde de Notre Seigneur, et le bon plaisir de Monsieur le Baron, et vivaient toujours en crainte ; le Père Confesseur et ses compagnons étaient retirés à part, de l'autre côté du château, et tous les jours disaient messe devant les sœurs. Les servantes rendues se tenaient de l'autre côté, et les sœurs préparaient les vivres comme faisaient en leur couvent.

Le jeudi après, le Juge de Gex, Noble François Barret, reçut lettres de Monseigneur le Duc, comme il était averti du bannissement des pauvres religieuses, lui mandant de les faire amener et conduire honorablement comme en personne de Son Excellence jusqu'en Anyssi, en son monastère de Sainte-Croix, lequel il leur abandonnait pour s'y retirer et faire le divin service, priant aussi le Président d'Anyssi, et toute la ville, de les recevoir en dévotion et honneur comme sa personne. Incontinent, le Juge manda son frère, Monsieur le Secrétaire, par une missive, qu'il vînt hâtivement trouver les sœurs. Et quand il eut déclaré pourquoi il venait, il fut mis dedans, et toutes les sœurs présentes, il fit son salut : puis par grande compassion, se prit à pleurer tellement qu'il ne pouvait proférer sa charge et commission, mais mit ses lettres entre les mains de Mère Abbesse, qui ne les put lire, tant elle était saisie d'angoisse. Le Père Confesseur fut appelé pour les lire, mais quand il entendit la cause, il perdit le parler aussi bien que les autres. Finalement le Secrétaire reprit cœur, et lut les lettres patentement, avec la commission qu'il avait de Monseigneur de les conduire à Anyssi. Sur ce, eurent avis les Sœurs entre elles, qu'elles reçussent ce bon vouloir, et que plus sûre et honnête chose serait d'être en un monastère qu'en un château ; puis mandèrent audit Juge qu'elles se contentaient bien d'être conduites de lui, et quand il lui plairait les ôter de là, lui seraient obéissantes.

Le vendredi assez matin, ledit sieur Juge arriva avec son dit frère, et le Châtelain de Gaillard, dit M. Seruant : et quand ils furent devant les Sœurs, il déclara derechef sa commission, avec ses lettres patentes de Monseigneur, qui contenait la matière pitoyable de leur départ.

Le samedi matin vint ledit Monsieur le Juge avec sa compagnie, et firent déjeuner les sœurs pour mieux porter la peine du chemin, cependant le Baron lui-même dressait les chariots et ordonnait ses gens. Il fit préparer les plus beaux chevaux qu'il eût, et vêtit ses plus beaux accoutrements et ses gens aussi. Et tous ainsi bien en ordre entrèrent en la chapelle, et le bon seigneur alla ouvrir un coffre là où il y avait une belle pièce de chair du précieux corps de Saint Romain, qui était fraîche et odoriférante, et le bon Père Antoine Garin la bailla à baiser aux sœurs, et puis en donna la bénédiction à toute la compagnie.

Et moi qui écris ceci étais là détenue d'une mauvaise fièvre, et par les mérites du glorieux Chevalier de Dieu (duquel je baisais les saintes reliques) fus guérie, et en mémoire de ceci, je laissai le bâton sur quoi je m'appuyais dans ladite chapelle, et les dites reliques demeurèrent sur l'autel tant que les sœurs furent au château ; car, comme il est dit, il avait donné ses clefs à Mère Vicaire ; et durant le peu de temps qu'elles furent là, Monsieur le Baron leur fit tout l'honneur et consolation qu'il put, je vous supplie à toutes à l'avenir de l'avoir en bonne souvenance et recommandation.

Adonc sortirent les sœurs et firent révérence à la Sainte-Croix, et à tout le clergé et peuple qui les attendait, et prenant congé, furent répandues grande abondance de larmes. Les bonnes gens criaient : « Hélas ! à Dieu les saintes Dames, le pauvre pays perd sa lumière, et qui nous consolera dorénavant ? Car jamais créature ne parlait à elles que n'en rapportât consolation, tant désolée fût-elle, et Dieu par leurs saints mérites nous a toujours gardés », et aussi pitoyables complaintes faisaient ; et quand elles furent montées dedans les chariots, que le bon Baron lui-même couvrit de belles couvertures rouges et blanches, firent marcher la procession en belle ordonnance, puis les chariots étaient conduits par ordre, chacun par quatre honorables hommes, et il y avait huit chariots, puis d'un côté et d'autre marchaient bellement les seigneurs, bien montés. Ledit seigneur et son train, et Monsieur le Juge avec sa compagnie, et ainsi cheminant bonne pièce de chemin, survint nouvelle audit Baron de certaine hâtive affaire, à laquelle en ce jour il lui fallait entendre, qui le contraignit de prendre congé avec grandes larmes et sanglots, Mère Vicaire le remerciant pour toutes ; et pria de faire retourner la procession, et toutes les bonnes gens qui tant se travaillaient, car il était temps pluvieux, et nous aurons bonne et noble compagnie. Et ils retournèrent en leur paroisse, et les sœurs demeurèrent en la garde de bons conducteurs, et cheminèrent tant qu'elles approchèrent l'abbaye de Bonlieu, et les bonnes Dames Religieuses leur vinrent au-devant en belle procession et dévotion, et les reçurent volontiers et descendirent pour héberger, car il était tard sur la nuit, et fut donné congé à leurs bons charretiers de Viry de s'en retourner, de quoi furent marris, car ils avaient grande dévotion de les mener jusqu'à Anyssi. Mais Monsieur le Juge avait commandement de les faire mener de mandement en mandement.

On pensait que Monsieur de Salleneuve ferait comme le bon Baron, mais il fut autrement, car il se tint méprisé que les sœurs n'étaient allées descendre à son château, et comme mal content, manda son fils, Monsieur de Saint-Denis, avec un flacon de vin et un plat de raisins, pour ses deux tantes, Mère Vicaire et sa sœur, mandant que le château était bien fourni de vivre pour faire bonne chère dedans, mais non pas pour mander dehors, et pour ce, ne voulut pas faire autre aide ; cette nuit, les sœurs hébergèrent en cette abbaye en une chambre assez mal disposée, reposant leur chef l'une sur l'autre.

Le dimanche, ouïrent la messe dévotement, et les matines des Dames, puis leur fut donné à dîner, et Monsieur le Juge paya la dépense qui était grande, car elles étaient environ cinquante personnes, et plus de trente bêtes, tant bœufs que chevaux ; après dîner, leur fut amené d'autres chariots, et ceux qui les conduisaient étaient fort rudes et mal gracieux, et leurs chariots mal en ordre ; et toutefois, pour le désir qu'elles avaient d'être tantôt en lieu de repos, et hors d'entre les séculiers, prirent bien à gré le tout, combien qu'il pleuvait et n'avaient rien pour s'affubler, et les chariots n'étaient couverts que de draps que l'Abbesse de bonlieu leur avait prêtés.

Departant donc dudit Bonlieu pour aller à Anyssi, elles eurent tant de défortunes qu'elles y arrivèrent bien tard. Par tous les villages où elles passaient, on les recevait en dévotion, processionnellement à cloches sonnantes, et tous les chemins pleins de monde qui couraient devant et derrière pour les voir. Quand furent à La Balme, une lieue d'Anyssi, était soleil couchant ; elles y furent reçues en grand honneur.

Les Seigneurs et Dames (3) leur présentèrent de dormir là cette nuit, mais Monsieur le Juge ne voulut, disant qu'il avait donné le jour à Anyssi, et qu'il n'y voulait faillir, de quoi furent marris, et par force firent arrêter les chariots et contraignirent les sœurs de boire, et leur donnèrent de bon pain et du fromage vieux, et du bon vin blanc et rouge, et de bon cœur, c'était plaisir de les voir servir.

Après, cheminèrent contre Anyssi en grande diligence, mais quand elles furent à Cran, la rivière était grande, et menait si grand bruit que jamais cheval ni bœuf ne voulut passer par dessus le pont, et firent la grande pause, et les fallut passer l'une après l'autre, et y en avait plusieurs qu'il fallut porter entre les bras ; puis à bras d'hommes fallut passer les chariots par dessus le pont, qui fut cause de les mettre du tout à la nuit.

---

(3) Il s'agit ici de propriétaires du château de La Balme-de-Sillingy.

Messieurs d'Anyssi mandaient luminaire et gens jusque là au-devant pour les hâter, disant que la ville les avait attendues toute la journée. Depuis Anyssi jusqu'à Cran, le chemin était plein de gens portant lumières, torches et falots, toutes les cloches sonnaient mélodieusement, tous les hommes sortirent de la ville pour leur aller au-devant, les dames bourgeoises et autres femmes étaient toutes par ordre par les rues avec de la lumière, et aux fenêtres de chaque maison y avait une torche allumée, et semblait la ville toute en feu, et chacun était marri qu'il était si tard, car ne pouvaient voir et révérer les sœurs selon leur bon vouloir, ni les sœurs leur rendre leur salut ; mais toutes étaient à genoux, les mains jointes tendues au Ciel, et non sans larmes, et les conducteurs allaient d'une part et d'autre, remerciant les bonnes gens ; et en telle manière cheminèrent chez Monsieur le Président.

Noble Ancelin de Ponvoire, seigneur de Chaveroche, qui les attendait devant sa maison avec grande noblesse, adressa d'abord son salut en courroux à Monsieur le Juge, disant qu'il avait trop tardé et qu'il n'était pas heure convenable pour faire entrer de telles dames en ville de prince. Puis il s'écria : « Sœur Pernette de Châteaufort, ma maîtresse, où êtes-vous. Autrefois vous m'avez tenu en votre sujetion ; or, maintenant, vous serez à ma merci. » Et ce disant, la descendit et l'embrassa tendrement en pleurant, car il l'aimait d'amour cordial, et disait qu'elle était cause de son bien, car lui étant jeune page de Monsieur de Châteaufort, elle l'endoctrinait et lui remontrait ses légèretés, de quoi lui savait très bon gré.

Après, descendit la révérende Mère Abbesse et puis toutes l'une après l'autre, en leur souhaitant la bienvenue et consolant. Le Juge étant d'une part à les descendre, en les remettant toutes par la main, disait : « Monsieur, je vous rends le nombre de celles que j'ai pris en charge, qui sont vingt-trois, lesquelles je vous recomande, car quand à moi, en les vous remettant, j'ai accompli la charge et commission que j'avais de Monseigneur au mieux qu'il m'a été possible... »

Et en ces propos, furent les sœurs introduites dedans la maison de Monsieur le Président. Mais plusieurs étaient tant malades de la force de l'air et du travail du chemin qu'il les fallut porter sur le lit. Elles furent très bien reçues, car il y avait bon feu pour les chauffer, et force viande préparée pour souper. Et quand furent toutes assemblées en une chambre, à la requête de Mère Vicaire, le Président fit retirer de là toute la multitude des gens, et puis à leur privé les fit asseoir et servir honorablement de toutes délicieuses viandes, sans chair, et de plusieurs sortes de bon vin blanc et rouge, et furent bien couchées sur de bonnes coutres ; mais elles étaient tant malades et fatiguées du chemin qu'elles ne pouvaient manger ni boire ; mais néanmoins elles avaient consolation d'être en lieu de sûreté. Et cette nuit dormirent là (4).

---

(4) Le lendemain, 6 septembre 1535, les Clarisses furent installées dans le Couvent de Sainte-Croix, qui s'appela Couvent Sainte-Claire et donna son nom à la rue. L'ancien Couvent de Sainte-Claire, nationalisé à la Révolution, est devenu depuis 1804 une filature dirigée aujourd'hui par M. Laeuffer. A part quelques colonnettes du cloître, un arc en tiers-point, la retraite des Clarisses n'offre pas grand intérêt pour les archéologues.

XI.

*Des timidités amoureuses de Clément Marot
auprès d'une dame des environs d'Annecy
et de la réclame faite à un hôtelier de Chambéry
par Rabelais, à l'occasion de la
merveilleuse cure de messer Pantolfe de la Cassine.*

L'occupation française de la Savoie par les armées de François Ier et de Henri II attira dans les Alpes quelques-uns des plus glorieux humanistes de la Renaissance, tels Clément Marot et Rabelais.

Au cours de ses innombrables disgrâces, chassé de France, expulsé de Genève, ayant toujours quelque affaire politique ou religieuse sur les bras, Clément Marot erra quelque temps sur les chemins de Savoie, à l'affût d'une place que le président du Parlement de Chambéry ne lui donna pas, malgré une touchante épître où le solliciteur raconte qu'il a quitté la France

Pour voltiger et voir nouveaux pays.

D'autres vers à un magistrat, pour demander de beaux écus, n'eurent pas plus de succès. Les dames furent-elles plus sensibles au malheureux poète ? Il semble tout au moins qu'elles ne se déplurent point en se galante compagnie, à juger par la place qu'elles tiennent dans ses souvenirs. Le familier de la cour de François Ier paraît avoir été d'ailleurs plus hardi par la plume que par la parole, si on lit deux quatrains qui évoquent, sur la route d'Annecy à Frangy, dans un castel depuis longtemps détruit, celui de La Balme-de-Sillingy, les timidités amoureuses du traducteur des *Psaumes* :

EPIGRAMME

à Madame de la Barme, près de Necy en Genevois (1543).

Adieu ce bel œil tant humain,
Bouche de bons propos armée,
D'ivoire la gorge et la main.
Taille sur toutes bien formée.

Adieu douceur tant estimée,
Vertu à l'ambre ressemblant ;
Adieu de celui mieux aimée
Qui moins en montra de semblant.

Il ne faudrait point chercher cette fleur de poésie dans la grasse anecdote que l'auteur de la *Vie de Gargantua et de Pantagruel* nous conte après l'un de ses séjours à Chambéry.

Rabelais traversa souvent la Savoie appelé à Turin par Guillaume du Bellay, gouverneur du Piémont, auprès duquel il remplissait les fonctions de médecin et de secrétaire à partir de 1538. Il comptait d'ailleurs à Chambéry quelques bons amis, notamment un conseiller au Parlement, Jean de Boissonné, qui se consolait, dans le commerce des lettres humaines, des lenteurs de l'avancement. Boissonné réconfortait Rabelais (1), alors éprouvé par la mort d'un enfant — le jeune Théodule, décédé on ne sait trop dans quelle ville des Alpes, en attendant qu'un paléographe élucide cette énigme douloureuse de la vie d'un grand homme — et Rabelais égayait Boissonné, lui narrant, avec sa verve truculente, quelque histoire dans le goût de celle que nous empruntons à sa *Briefve declaration d'aucunes dictions* en lui laissant toute sa crudité :

Messer Pantolfe de la Cassine, sienois, lequel en poste passant par Chambery et chez le

---

(1) Voir les vers *ad Theodulum Rabalæsum* publiés par M. Mugnier dans *Jean de Boissonné*. Cf. sur l'intimité de Rabelais avec ce personnage cette lettre du magistrat au domestique de G. de Bellay écrite en janvier 1541. « Rabalaesus his diebus hac iter fecit meque invisit. Nescio si per hanc ipsammet viam ad vos redibit nam incertus erat quid ageret cum hinc abiit. » HEULHARD, *Rabelais, ses voyages en Italie*, p. 138.

sage ménagier Vinet descendant, prit une fourche de l'étable puis lui dit : *Da Roma in qua, io non son andato dal corpo. Di gratia, piglia in mano questa forcha e fa mi paora* (2). Vinet avec sa fourche faisait plusieurs tours d'escrime, comme feignant le vouloir à bon escient frapper. Le Sienois lui dit : *Se tu non fai altramente, tu non fai nulla. Pero sforzati di adoperarti piu gagliardamente* (3). Adonc Vinet de la fourche lui donna un si grand coup entre col et collet qu'il le jeta par terre, à jambes rebidaines (3 bis). Puis, bavant et riant à pleine gueule, lui dit : *Peste Dieu Bayart, cela s'appelle Datum Camberiaci* (4). A bonne heure avait le Sienois ses chausses détachées, car soudain il fianta plus copieusement que n'eussent fait neuf buffles et quatorze archiprêtres d'Ostie. Enfin le Sienois gracieuseemnt remercia Vinet et lui dit : *Io ti ringrazio, bel messere, cosi faciendo tu m'hai esparmiata la spezia d'un servizial* (5).

XII.

Du danger des marches d'hiver dans la montagne même au bon vieux temps.

Pendant l'occupation de la Savoie par les armées françaises, Claude d'Annebaut, le favori

---

(2) Depuis Rome jusqu'ici je ne suis allé à la garde-robe. De grâce, prends en main cette fourche et me fais peur.

(3) Si tu ne fais autrement, tu ne fais rien. Efforce-toi donc de besogner plus gaillardement.

(3 bis) Les jambes en l'air.

(4) Donné à Chambéry.

(5) Je te remercie, beau seigneur, ainsi faisant tu m'as épargné le coût d'un clistère.

que François Ier avait nommé maréchal, puis amiral de France, reçut l'ordre de diriger les opérations militaires en Piémont. A la fin de l'automne de l'an 1542, il disloqua son armée à Carmagnole et décida de repartir en toute hâte pour la France, en plein cœur de l'hiver ; il laissa à Turin, comme gouverneur, Martin du Bellay, qui nous a conservé dans ses *Mémoires* le récit émouvant de la marche de l'armée de M. d'Annebaut à travers les neiges de la Maurienne (1).

Puis M. d'Annebaut partit pour retourner devers le Roy environ le premier jour de janvier, prenant le chemin du Mont-Cenis.

Arrivant à la Nouvalaize, on lui fit entendre que la tourmente était sur la montagne ; ce nonobstant, on ne lui sut dissuader de passer ce jour-là, pensant corrompre le temps, contre l'opinion de tous les marrons qui sont ceux qui connaissent les tourmentes de la montagne, comme font les mariniers celles de la mer. Mais étant à un chemin de la montagne, entre la Ferrière et la plaine de l'Hospitalet, la tourmente survint si extrême que la plupart de ceux qui étaient en sa compagnie furent en hasard d'être péris, quelques bons guides qu'ils eussent ; il s'en perdit bon nombre sous les neiges, et entre autres le seigneur de Carouges, jeune homme de bonne maison ; autres y perdirent la vue, autres les pieds et la plus grande part depuis ne fut en santé. Semblablement plusieurs soldats allemands et autres, lesquels, sous espérance qu'un tel personnage que M. l'Amiral ne s'était mis en chemin sans avoir consulté du

---

(1) *Les Mémoires* de messire Martin du Bellay, sire de Langey. Paris, 1588, folio 521.

passage, l'avaient suivi qui se perdirent. Quant à lui, ayant gagné la plaine, il demeura si perdu lui et ses marrons qui le conduisaient que, sans des hommes qui étaient dedans des tavernettes (2), qui sont au haut de la plaine, lesquels sortirent à son secours, indubitablement il eut fait pareille fin que les autres. Le sieur de Maugiron, connaissant la nature du pays, même que la tourmente venait, demeura à l'Hospitalet, au pied des échelles, jusques à lendemain, ayant retiré quelques gentilshommes passant par là, demi-gelés, lesquels furent sauvés par son moyen.

Ce danger procède à cause qu'à main droite de ce passage, montant de la Ferrière pour venir à Lans-le-Bourg, il y a une haute montagne et une autre à main gauche qui font le chemin étroit, lequel est entre deux, et quand la tourmente se lève sur icelles, vous verriez des pelotes de neige que le vent pousse contrebas qui se font étant amassées au haut de la montagne fort petites (se monstrent-elles), mais avant qu'arriver au passage se font aussi grosses qu'une montagne, tellement qu'elles perdent tout ce qui se trouve en ce détroit en temps de tourmente ; même si la plaine est couverte et mènent leur suite périr dedans les ravins remplis de neige. Ledit sieur Amiral échappé de cette fortune, dès qu'il fut arrivé à Lans-le-Bourg, au pied de deçà la montagne, prit la poste parce qu'il avait eu nouvelles du Roi pour le venir trouver...

---

(2) Petite taverne. (Voir au chapitre XIV la description très précise de Minucci.)

XIII.

Comment, à Saint-Jean-de-Maurienne, la meilleure manière de recevoir un roi de France fut de se montrer ours.

Un autre épisode curieux de l'occupation française de la Savoie au XVI° siècle est la réception faite, en 1548, par les gens de Saint-Jean-de-Maurienne, à Henri II.

Le roi de France, se rendant en Piémont pour examiner l'armée, arriva dans la capitale de la Maurienne au mois d'août 1548. Il fut reçu solennellement et prit possession à la cathédrale du canonicat des ducs de Savoie que les souverains français avaient remplacés par la force des armes. Il y eut à cette occasion une petite mascarade curieuse dont le récit a déjà frappé de notoires voyageurs, tels le grand Schiller et l'astronome Lalande. Voici ce texte, d'après les mémoires du maréchal de Vieilleville, qui accompagnait Henri II dans sa campagne (1).

Les autres villes de Savoie, par le chemin de Chambéry tirant au Mont-Cenis, ne méritaient pas qu'un si grand Roi se dût parer en sorte quelconque. Aussi il les passa en chasseur, sa trompe en écharpe. Il est vrai qu'à Saint-Jean-de-Maurienne, pour ce qu'elle porte titre d'évêché, il fut prié par l'évêque et les habitants de les honorer de quelque forme d'entrée, et l'assurèrent de lui donner le plaisir de quelque nouveauté qui le contenterait et qu'il n'avait encore jamais vue. Sa Majesté, pour ne perdre sa part de cette nouvelle invention, à lui

---

(1) Livre III, chap. IX, p. 251 de l'édit. *Petitot*. Cf. M. Gorré dans les mém. de la *Société d'Histoire de Maurienne*, 1904, p. 6.

toutefois inconnue, les en voulut bien gratifier et se présenta le lendemain à la porte de Maurienne en équipage assez royal pour une telle ville, accompagné des princes et seigneurs de sa suite, semblablement de toute sa maison, et entra sous le poêle à lui préparé. Mais comme il eut marché environ deux cents pas en belle ordonnance, voici une compagnie de cent hommes, vêtus de peaux d'ours, têtes, corps, bras et mains, cuisses, jambes et pieds, si proprement qu'on les eût pris pour des ours naturels, qui sortent d'une rue, tambour battant, enseigne déployée, et chacun l'épieu sur l'épaule, et se vont jeter entre le Roi et sa garde de Suisses, marchant quatre par rang, avec un ébahissement très grand de toute la cour et du peuple qui étaient par les rues, et amenèrent le Roi, qui était merveilleusement ravi de voir des ours si bien contrefaits, jusque devant l'église, qui mit pied à terre, suivant la coutume de nos rois, pour adorer : auquel lieu l'attendaient l'évêque et le clergé, avec la croix et les reliques en forme de station, où fut chanté un motet en fort bonne musique, tous en chappes assez riches et autres ornements.

L'adoration faite, les ours dessus dits ramenèrent le Roi en son logis, devant lequel ils firent mille gambades, toutes propres ou approchantes du naturel des ours ; comme de lutter et grimper le long des maisons et des piliers des halles ; et (chose admirable) ils contrefaisaient si naturellement, par un merveilleux artifice en leurs cris, le hurlement des ours, que l'on eût pensé être parmi les montagnes : et voyant que le Roi, qui déjà était en son logis, prenait un grandissime plaisir à les regarder, ils s'assemblèrent tous cent, et firent une chimade ou salve à mode de chiorme de galère, tous ensemble, si épouvantable qu'un grand nombre de chevaux sur lesquels étaient valets et laquais attendant leurs maistres devant le logis du Roi, rompirent rênes, brides, croupières et sangles, et jetèrent avec les selles tout ce qui était dessus eux et passèrent (tant fut grande leur frayeur) sur le ventre de tout ce qu'ils rencontrèrent, qui fut le comble de la risée, non pas pour tous, car il y en eut beaucoup de blessés ; mais pour le désastre ils ne laissèrent une carole (2) ou danse ronde, leurs épieux bas ; parmi laquelle les Suisses s'abandèrent, (3) car ils sont comme patriotes des ours, d'autant qu'il s'en trouve en leurs montagnes, comme en celles de Savoie, étant toutes nommées Alpes ; où le Roi confessa n'avoir reçu en sa vie autant de plaisir pour une drôlerie champêtre, qu'il fit lors, et leur fit donner deux mille écus.

Finalement le Roi passa le Mont-Cenis, Suse, Villiane (*Avigliana*), et vint à Turin, première ville et place de renom de tout ce qu'avait conquis en Piémont, autrement de là les monts, le feu roi son père, François-le-Grand.

XIV.

Le voyage du médecin vénitien André Minucci à travers la Maurienne, en 1549.

Un commandeur de l'ordre de Malte, le futur cardinal Alvise Corner, qui appartenait à la célèbre famille patricienne illustrée par plusieurs doges de Venise, entreprit le voyage de Paris en prenant comme compagnon de route un médecin vénitien, André Minucci qui devait devenir plus tard archevêque de Zara en Dalmatie. Très ob-

---

(2) On trouve souvent ce mot dans les textes du xvi° siècle, pour désigner une danse en rond.
(3) Se réunirent à la bande.

servateur, Minucci rédigea un carnet de route, particulièrement intéressant pour la traversée du Mont-Cenis, qu'il fit au mois d'octobre 1549 : Voici ses impressions : (1)

Partis de Suse le matin avant l'aurore, après 5 milles de route pierreuse et difficile, nous arrivons pour dîner *a mezza terza* à Novalaise, pauvre village placé au pied du Mont Cenis. Là, il n'y eut pas besoin de prendre des chevaux pour les voitures, devant gravir une montagne très rapide et alpestre ; pour notre sûreté et celle des animaux, les habitants du lieu tiennent pour cet usage des chevaux et mulets qui vont à travers ces rochers aussi sûrement que les nôtres en plaine, tant ils sont habitués à ces chemins de jour et de nuit. Ayant ainsi dîné, nous commençâmes à monter. L'ascension fut à la vérité difficile et fastidieuse, tant à cause de la raideur du chemin taillé pour ainsi dire dans la pierre vive que par la crainte de l'un des précipices sur lesquels nous passions. Vers le milieu de la montée, il y a un pauvre village appelé La Ferrière avec un bout d'hôpital pour quelque pauvre voyageur. Vers le sommet de la montagne, la route est plus droite et plus difficile, entièrement taillée à même le rocher. Elle s'appelle l'*Echelle* ; c'est la fin du Piémont et on commence là à entrer en Savoie. Après avoir monté cette échelle, on pénètre dans une vaste plaine ; à l'entrée, il y a deux petites maisons que l'on appelle *la Taverna*, sorte de pauvre auberge ; il y a aussi dans cette plaine quelques mauvaises cabanes (2) où s'abritent les bergers qui font pâ-

---

(1) Traduction d'après le texte italien publié par l'abbé BERNARDI dans le t. I, p. 79, des *Miscellanea di storia italiana*.
(2) Capannucie.

turer le bétail l'été. Au milieu de ce pâturage, qui, comme je l'ai dit, est très spacieux, il y a un lac large et profond : chose incroyable et pourtant vraie que l'on puisse trouver un lac sur le sommet d'une si haute montagne. La plaine du Mont Cenis mesure environ deux lieues françaises, la lieue correspondant à 3 milles italiens. On descend ensuite environ une autre lieue pour arriver dans la vallée. A l'endroit où l'on commence à descendre se trouvent des paysans qui paraissent noircis par la fumée (3) ; on les nomme marrons et ils sont toujours prêts avec leurs sièges de bois appelés par eux *ramasses* qu'ils tiennent là à la volonté des voyageurs désireux de descendre en évitant la fatigue et le danger de la route à cheval, ressemblant à nos *liezzole* sur lesquels le voyageur s'asseyant commodément est descendu pour son grand agrément par ces marrons qui font cette route avec une adresse et une incroyable rapidité. Tous ceux qui veulent peuvent avoir ce plaisir avec peu d'argent. Arrivés en bas, on passe un pont de bois pour traverser de l'autre côté de la vallée. Le pont est sur un torrent qui court au fond plus rapide qu'un fleuve ; il prend naissance au milieu de ces montagnes et grossit à mesure que l'on s'avance et s'appelle Arc. Après le fleuve, on trouve un village assez habité mais privé de toute commodité, étant placé et pour dire enseveli sous les montagnes, entre des vallées et des forêts obscures et horribles (4). On appelle cet endroit Lans le Bourg. Ce fut pour moi une grande cause d'étonnement que de voir tant de

---

(3) Stanno di continuo apparechiati alcuni villani tutti affomati, i quali chiamano maroni.
(4) Tra valli e selve oscure e piene di orrore.

personnes réunies, comme nous le vîmes ce jour-là dans un lieu aussi sauvage et solitaire où l'on ne peut imaginer qu'il vienne du grain et du vin. Après avoir fait rafraichir nos chevaux, le soleil étant encore haut, nous allâmes coucher dans un village éloigné de deux lieues appelé *Usces* (5) ; ce fut comme l'on dit, tomber de la poele dans la braise. L'auberge était incommode et pleine de désagrément et surtout sale. La nuit, il y eut une très grosse pluie et le matin, nous vîmes les monts voisins tout chargés de neige. Aussi, par ce temps encore sombre et pluvieux, montés à cheval, nous allâmes vers St-Michel, qui est plutôt une pauvre maison entourée de murs qu'un château. Notre chemin, ce matin, fut de quatre lieues. Cette vallée, bien qu'elle soit étroite et basse, dominée par des montagnes très élevées et pauvre de soleil, est cependant assez habitée et à de faibles distances on y trouve des villages. Quant à moi, je ne sais comment on y peut vivre. Le pays est très froid. Ni le raisin, ni une autre sorte de fruit n'y pousse. Le blé qu'on y récolte ne suffit pas pour deux mois de l'année. Les gens ont un nombreux bétail et beaucoup de pâturages sur les monts voisins ; c'est là la base le leur vie. Vers St-Michel, la vallée s'élargit et devient plus riante et bien que l'on ait peine à s'en faire une idée, on commence à trouver des vignes basses à la manière de celles de Toscane et de Rome, en usage dans tout ce pays.

Après avoir dîné à St-Michel, on chemina le long du fleuve qui nous conduisit à un pays appelé St-Jean-de-Maurienne qui donne son nom à la vallée qui s'appelle ainsi la vallée

---

(5) *Usces* mauvaise graphie d'Aussois.

de la Maurienne. Le lieu semble être assez important ; nous le laissâmess à main gauche suivant le cours du fleuve qui s'augmente des torrents descendus des monts. Nous le passâmes deux fois près d'un petit village sur deux ponts de pierre et un peu plus loin, nous le traversâmes une autre fois sur un pont de bois très étroit. Et après avoir cheminé quatre lieues, à l'entrée de la nuit, nous arrivâmes à la Chambre, bourg avec des hôtelleries comme aussi Aiguebelle où nous allâmes diner le lendemain après avoir fait quatre autres lieues. Nous allâmes le soir coucher à Montmélian, tout mouillés par la pluie qui nous assaillit à plusieurs reprises ce jour. La route fut plus pierreuse et difficile, bien que la vallée soit plus large et ouverte ; on voit de chaque côté de bonnes cultures et beaucoup de maisons belles à voir et donnant l'impression que le pays est habité par des personnes ayant du bien-être (6). En entrant à Montmélian, on passe de nouveau le fleuve sur un pont de bois long d'environ 9 pas. Une lieue avant d'arriver dans ce pays, on laisse à main droite le débouché d'une grande vallée qu'on appelle Tarentaise qui fait aussi partie de la Savoie bien qu'elle soit entre les mains des Français. (7) Montmélian est un château placé entre la rive du fleuve et le sommet d'une colline, défendu d'un côté par le fort placé au sommet de cette éminence et de l'autre par la profondeur des eaux de sorte que l'on peut dire que cette forteresse est plutôt une œuvre de la nature que de l'art. La matinée du jeudi 24, nous arrivâmes vers

---

(6) Davano indizio che il luogo fosse abitato da personne civili.

(7) La Savoie fut occupée par les Français de 1536 à 1559.

Chambéry, qui est à deux lieues, mais en ces endroits les lieues sont un peu plus grandes que les précédentes. Nous eumes une route plate mais caillouteuse ; le temps était moins sombre mais pas serein, le pays plus travaillé et plus habité. On voyait des maisonnettes sur les monts voisins et tout partout beaucoup de vignes. Nous dinâmes à Chambéry et nous y demeurâmes tout le reste du jour que nous passâmes à voir la ville qui est la plus grande partie de l'année la résidence des serenissimes ducs de Savoie. Leur palais est tout en pierre de taille, entouré d'une cour en manière de théâtre : dehors, c'est une forteresse (8). A l'intérieur, il y a une chapelle faite avec beaucoup d'habileté, où officient des chanoines, habillés de blanc, appartenant, je crois, à l'ordre des *Umiliati* (9). Dans cette chapelle on conservait d'habitude le linceul dans lequel fut enseveli le Christ ; le duc de Savoie fuyant devant la *furia* française, l'emporta avec lui à Verceil où, à présent on le conserve en grande vénération. La cité est grande et assez peuplée. Il y a des boutiques et des marchandises mais très ordinaires ; il n'y a pas beaucoup d'amabilité (10).

(8) Vi è il palazzo tutto di viva pietra che cinge una corte a guisa di teatro e di fuorie come in fortezza.

(9) L'ordre des Umiliati avait des maisons très importantes à Florence, s'occupant particulièrement des tissus de soie. Lors de la suppression de l'ordre, plusieurs de ces religieux contribuèrent au développement de la soierie à Lyon.

(10) Cette critique parait d'autant plus surprenante que les voyageurs anciens font le plus souvent l'éloge des habitants de Chambéry. Voici d'ailleurs le texte : « La città e assai popolata e non e piccola. Vi sono delle botteghe con delle merci ma cose dozzinali. Non vi si vede molta civiltà. »

Les marchands de victuailles et les patissiers abondent ; il y a de bonnes maisons, mais elles ont des portiques comme à Suse qui enlèvent beaucoup de vue (11). Il y a un hôpital, un couvent de Cordeliers, bien triste chose, un autre de Dominicains, un peu mieux. En partant le vendredi matin, nous prîmes des chevaux à voiture près des marrons pour passer le Mont d'Aiguebelette dont la montée et la descente sont difficiles et dangereuses à se rompre col et jambes. Hors de la ville, peu loin, on voit le lac du Bourget (12) abondant en excellents poissons ; on monte la pente du mont par un sentier très droit, taillé dans le rocher vif ; c'est ce dangereux passage d'Aiguebelette au pied duquel est un village avec un lac à proximité. A présent, nous avions fini de passer les Alpes à travers lesquelles, soit en montée, soit en descente, nous avions déjà chevauché pendant cinq jours. Par une route plate, nous allâmes déjeuner au Pont de Beauvoisin ayant fait trois lieues ou un peu plus de chemin.

Pont de Beauvoisin a de bonnes maisons. Sur la place, il y a une construction couverte édifiée sur des colonnes de bois, qu'on appelle le pavillon, sous lequel, à notre passage, d'un côté on faisait le marché, de l'autre la boucherie et d'un autre côté on dansait bien que ce fut un vendredi. Leur façon de danser est beaucoup plus libre que la notre.

---

(11) Voici ce que dit Minucci à propos des arcades usitées à Suse, comme dans les autres villes des Etats de Savoie « I casamenti... hanno innanzi certi portici posticci appoggiati alle facciate delle case, che tolgono la visita di fuori e dentro le rendono oscure e tenebrose ; ma quesio costume di fabbricare mi pare che si usi in tutte le terre di *Savoia*. »

(12) Que l'auteur appelle « il lago di Chambery. »

XV.

La Guide des chemins de France.

L'un des premiers imprimés, — c'est presque un incunable —, où l'on cite deux des grandes routes de la Savoie c'est la *Totale et vraye description de tous les passaiges, lieux et destroicts par lesquels on peut passer et entrer des Gaules ès Ytalies* que Signot publia à Paris en 1507 à la suite de la *Chronique de Gennes*. A l'en croire, le meilleur chemin pour aller de Paris à Rome passait par Etampes, Orléans, Bourges, Moulins et Lyon. De là par la Tour du Pin, Aiguebelette « montagne fort haute », Chambéry et Montmélian, on s'acheminait en Italie par la Maurienne et le col du Mont-Cenis. Signot signale aussi l'intérêt du Petit-Saint-Bernard. « Le second passage, dit-il, est par le Val de Tarantaise et de là on va passer au *Mont-Jouvet* (1). Après on descend en la vallée d'Aoste ». Ces deux routes, à son avis, sont d'un accès moins facile pour les armées que le col du Mont-Genèvre en Dauphiné, par Briançon seul passage praticable à l'artillerie. C'était d'ailleurs à dessein que le duc de Savoie, désireux d'éviter une trop brusque apparition des troupes françaises en Piémont, évitait de rendre trop facile l'accès des routes d'Italie.

Malheureusement Signot manque de détails ; et cependant à la suite du mouvement créé par les guerres d'Italie et l'épanouissement de la Renaissance, le besoin se faisait sentir en France d'un guide pratique plus détaillé que les anciens itinéraires de Terre Sainte. C'est ainsi que Charles Estienne, imprimeur du roi, l'un des membres de cette famille célèbre dans les annales de la typographie, fut amené à publier à Paris en 1552 avec le plus grand succès *La Guide des chemins de France*.

---

(1) On sait que le Petit-Saint-Bernard s'appelait au moyen-âge *Columna Jovis*, allusion à la colonne dédiée à Jupiter qui s'y trouvait.

L'auteur, précepteur du fils de l'humaniste Lazare Baïf, fut appelé à beaucoup voyager et conçut ainsi l'idée de son livre. Ce précurseur de Baedeker a eu quelque mal à se documenter. Aussi prie-t-il humblement le lecteur de l'excuser sur l'orthographe des localités, « attendu que de divers auteurs comme messagers, marchands et pèlerins desquels lui a été forcé de s'aider ne peut sortir que grande diversité ». Sa grande préoccupation, c'est la bonne auberge. Il lui a semblé suffisant, dit-il, « de marquer les gites et repues, que chacun pourra partir à sa commodité, etant assuré que s'il loge ailleurs il pourra tomber en danger d'être mal traité ».

La route de la Maurienne est la seule qui ait attiré l'attention de Charles Estienne. Il en fait précéder la description par une note sur la Savoie que nous reproduisons textuellement en en respectant les fautes (2) pour montrer combien rudimentaires étaient encore, en pleine Renaissance, les connaissances topographiques sur cette région.

SAVOYE.

La duché de Savoye, dicte comme Saulvoye (à raison qu'au paravant et du temps des Allobroges, c'estoit un dangereux passage au pied des monts) ou bien du nom ancien *Sebusiani* (3), lesquels à présent on nomme Savoisiens,

---

(2) D'après l'exemplaire de 1552 conservé dans le fonds de la réserve à la Bibliothèque nationale de Paris sous la cote L. 25. 1 Réserve. Ce guide est reproduit avec toutes ses fautes dans de nombreuses éditions postérieures, notamment dans la *Nouvelle Guide des chemins... de France* publiée en 1583 à Paris.

(3) La peuplade gauloise des *Sebusiani* appelés aussi *Segusiani* s'étendait sur une partie des départements actuels de l'Ain, du Rhône, de la Loire. Bourg et une partie de la Bresse — propriété de la Maison de Savoie jusqu'en 1601 — ressortissaient de leur territoire.

commence à Lyon, en montant le long du Rosne d'un costé, jusques à Lozane, et de l'autre, costoyant les montaignes, jusques aux Alpes. Ha pour principale ville Chambery, la Tarentaise, Moutiers, Aisguebelle, Montbelial (*Montmélian*) et autres. Adhere au Dauphiné le long dudict Rosne, au rivage duquel est bornée de Pierre Chastel, abbaye de Chartreux. Ce pays est assis partie en montaignes, commenceant au pont Beauvoisin ; passée la riviere du Iart (*Guiers*), comprenant le val d'Otto que l'on dit Vauldauste (possible pour la ville d'Arste (*Aoste*)qui n'en est pas loing) par où traversa Hannibal aux Itales, la Tarentaise et autres ; et en partie en plaine, comprenant en haulte et basse Bresse, desquelles la principale ville est Bourg en Bresse.

Dans sa liste des étapes, Estienne donne non seulement l'indication des distances, des « repues » c'est-à-dire des endroits où l'on pourra se restaurer, des « gistes » ou couchers, des villes, des châteaux, des bourgs (4), il note aussi certains renseignements topographiques très précieux par leur précision, tel par exemple au-dessus d'Aiguebelette la mention de la chapelle de St-Michel qui au moyen-âge remplaça une mansion romaine, alors que la grande route d'Italie à Lyon franchissait en cet endroit les escarpements de la montagne de Lépine (5). Voici le texte d'Estienne :

---

(4) Estienne se sert d'abréviations : *R*. Repeue, *g*. gite, etc. Ces abréviations ont été résolues pour la facilité de la lecture.

(5) On passait par Chambéry, Cognin, Montfort, l'hospice St-Michel, les Allemands, Aiguebelette à Lépin. Le chemin d'Aigueblette fut abandonné à partir du dix-septième siècle depuis la création de la route de la Crotte qui permettait de se rendre de Chambéry à Lyon par les Echelles avec moins de fatigue.

CHEMINS (DE LA SAVOIE).

Le Pont Beauvoisin, sur la riviere du Iart (*Guiers*), laquelle en cest endroit fait separation du Daulphiné et Savoye. Montaignes.

Le Pin (*Lépin*), 1 lieue.

Aiguebelle (*Aiguebelette*), ville, 2 lieues. Lac dedans la ville. Monte montaigne haulte qui s'appelle Aiguebelette.

Saint-Michel, 1 lieue, repue, chapelle démolie. Voyage, descends la montaigne.

Le Lac du Bourget, demi lieue. (6).

Nostre Dame ne Chaulny (?) voyage, demi lieue.

Chambery, ville, château, demi-lieue, gite. Siege capital et parlement de Savoye.

Montmélian, ville, château, 3 lieues. Passe l'Isere ou Isere et monte la montaigne.

Ribault (*Rubaud*), château à main dextre, demi-lieue, repue.

Myrlans (*Miolans*), chasteau-fort à main gauche.

Chamenis (*Chamousset*), 2 lieues, repue, château de marbre noir sur le chemin.

Aiguebelle, ville, 1 lieue, sur la riviere d'Aire (*Arc*). Montaignes.

Argentine, 1 lieue. Forges à fer.

La Chapelle, montaignes, 2 lieues.

La Chambre, ville, château, 1 lieue, gite.

Pontregnard sur Aire (?), 1 lieue.

Pont a meufroi (*Pontamafrey*), 1 lieue.

Pont Armillon (*Pont d'Hermillon*), 1 lieue.

---

(6) L'auteur veut dire sans doute qu'on pouvait découvrir le lac du Bourget. Mais il était nécessaire de le laisser si l'on voulait aller directement à Chambéry. Il y a là une confusion explicable, ainsi que la mauvaise graphie de quelques noms de lieu impossibles à déterminer, par la manière dont l'auteur a recueilli ses informations.

S. Jean de Morienne, ville, chateau, demi-lieue, repue.

Et de là qui veult passer les monts pour traverser au Piedmont en Italie suyvra le chemin qui s'ensuyt à Turin, ville capitale, capitale du Piedmont.

S. Jean de Morienne, cy-dessus.
S. Julian, 1 lieue.
S. André, ville, château, 3 lieues, repue.
Bregarre (?), 1 lieue.
Bourget, à main gauche, 1 lieue.
Brasme (*Bramans*), 1 lieue.
Sollieres, 1 lieue.
Tresmignon (*Termignon*), 1 lieue.
Lasnebourg (*Lans le Bourg*), 2 lieues, gîte.
Le Mont Senis. Monte roide.
La Ramasse, 1 lieue. Nostre Dame des Neiges, à gauche.
La Chappelle des transis, 1 lieue demie. Au milieu de la place sur le Mont.
La Tavernette, 1 lieue, repue.
L'hospital, 1 lieue.
La Ferriere, bourg, 1 lieue.
La Novalese, ville, deux lieues, gîte.
Suze, ville, une lieue.
Borseling (*Bussoleno*), 1 lieue.
S. George, ville, demi-lieue, repue.
S. Ambroise, ville, 2 lieues.
S. Michel, 2 lieues.
Viglanne (*Avigliana*), ville, 1 lieue, gîte.
Resmiers (*Ranverso*), hospital S. Antoine, ville, 1 lieue.
Rivole (*Rivoli*), ville, chateau, 2 lieues.
Turin, ville, chateau, université, 2 lieues, repue.

Il ne faudrait point prendre à la lettre les indications de distance données par Estienne. Elles sont loin de concorder avec celles qu'un épigraphiste savoyard, Pingon a relevées dans l'un de ses manuscrits, peu d'années avant l'impression de la *Guide des chemins de France*.

Pingon, l'érudit auteur de l'*Augusta Taurinorum*, ce magistrat dont la maison subsiste encore à Annecy, rue J.-J. Rousseau avec son blason émoussé et sa porte discrètement flamboyante, entreprit à 20 ans, en octobre 1545, un voyage à Padoue pour étudier le droit dans cette célèbre université. Voici les stations de sa route dont les premières étapes diffèrent d'ailleurs de celles d'Estienne (7) : Chambery Montmelian 2 lieues, La Rochette 2 lieues, Chamoux 2 lieues, Aiguebelle 1 lieue, La Chambre 4 lieues, S. Jean de Maurienne 2 lieues, S. Julien 1 lieue, S. Michel 1 lieue, S. André 2 lieues, Modane 1 lieue, Le Bourget, 1 lieue, Aussois 1 lieue, Lans le Bourg 3 lieues, Le Mont Cenis Novalaise 5 lieues, Suse 1 lieue, « Mausselin S. Joyre » 4 milles (*en marge*) : un mille vaut demi-lieue), S. Ambrogio 7 milles, Avigliana Rivoli 6 milles, Turin 4 milles.

Pingon revint d'Italie cinq ans après en passant par le Val d'Aoste. Voici les étapes par lui notées pour la traversée de la Tarentaise : Aoste S. Pierre 1 lieue, Morgex 3 lieues, La Thuile 2 lieues, « Mont S. Bernard » 2 lieues, Bourg-S.-Maurice 3 lieues, Aime 3 lieues, Moutiers 2 lieues, Conflans 3 lieues, Montmelian 5 lieues, Chambery 2 lieues.

Enfin en 1552, le gentilhomme savoyard entreprenant un voyage dans la Suisse allemande et dans le duché de Bade, signale une route qu'Estienne a oublié de mentionner, celle de Chambéry

---

(7) « Viagi per me Philiberto di Pingon fatti da tutto il mio studio del 27 d'ottobrio che jo parteti da casa di Pingon per andar a Padoua 1545 col s^r de Belley », folio 136 du manuscrit original intitulé *Pingonii Antiquitates* conservé aux Archives de Cour à Turin (*Storia Real Casa, 2e categoria, mazzo 16*.)

à Genève dont voici les jalons : Chambery, Pingon, La Motte, Le Bourget 2 lieues ; « Mont du Chat, Gratta lou le petit et Grand Villars Flandre, Chaina 3 lieues » (*en marge cette note* meilleur le chemin S. Innocent *conseillant aux voyageurs la rive droite du Bourget*) ; Vion, Saviere flu (flumen, c'est-à-dire ici canal émissaire du Bourget), Serrieres, Chateaufort, Rhone fleuve, 3 lieues ; Seyssel, Frangy, Chaumont, Noveiry « Le Mont Syon », Léluiset, 4 lieues ; S. Julien, Geneve 2 lieues.

A part les inscriptions romaines — dont la substance a passé dans le célèbre *Corpus Inscriptionum latinarum*, le précieux manuscrit des antiquités de Pingon ayant été envoyé à Berlin pour être à la disposition de l'illustre Mommsen, — Pingon ne donne pas grands détails de route. Nous signalons aux méditations des pêcheurs et des naturalistes, en la reproduisant textuellement, cette savoureuse note de sa main qui soulève d'intéressantes difficultés sur les diverses espèces de poissons qui peuplaient le Bourget en l'an de grâce 1552 : « Poyssons qui se treuvent à lac du Borget : le lavaret, le brochet, la carpe, l'anguile, la sole, la truitte, la bisole, la lose, la larmoyse, la rosse, la latte, la tenche, le voyron, le barbeau, la perche, le umbres, la suyppe ; tortues, escrivisses (8).

---

(8) *Pingonii Antiquitates* folio 142. Il faut lire *l'alose* au lieu de *la lose*, *l'armoyse* au lieu de *la larmoyse*, *la lotte* au lieu de *la latte*. *La suyppe* est plus connue sous la forme *suif*. Tous ces noms sont encore usités en Savoie. La tortue pourrait être la *Cistudo europœa* L., très rare aujourd'hui en Savoie dont un exemplaire trouvé au Bois des Glaisins, à Annecy-le-Vieux, se trouve au musée d'Annecy à ce que nous a appris M. Marc Le Roux. La « sole » désigne encore aujourd'hui, dans les étangs de la Bresse, la brême.

XVI.

Les fâcheuses impressions d'un huguenot sur les populations papistes de la Savoie.

Jean Godefroy, un voyageur orléanais habitué aux routes et à la vie facile de son pays, rapporta de sa traversée de la Maurienne des impressions qui ne mériteraient guère d'être tirées d'un poudreux manuscrit de la Bibliothèque de La Rochelle (1) — bien qu'on puisse cependant les utiliser pour faire ressortir les progrès du bien-être et de l'hygiène dans cette région — si elles n'étaient accompagnées de curieuses remarques : Chambéry et Aix, toutefois, ainsi que Rumilly et le vignoble de Seyssel trouvent grâce devant ce protestant sévère qui se sentait peu à l'aise sur les terres du catholique duc de Savoie.

Le voyage de Godefroy s'effectua vers l'année 1568.

ROUTE DE LA MAURIENNE.

4 lieues de la Novalaise.. Lanebourg (*Lans-le-Bourg*), grande bourgade deçà le Mont Cenis, commencement du pays de Savoie, assis au pied de la montagne, pays étroit et peu fertile pour être situé entre ledit Mont Cenis et les montagnes de la Savoie.

4 lieues. Modane, petite ville de la duché de Savoie, pays étroit entre les montagnes, chemin facheux et dangereux le long d'un torrent descendant du Mont Cenis, peuple rude et la plupart sorciers par commun bruit, laides femmes et malpropres.

---

(1) Folios 16, 17 et 24 du manuscrit 3 (ancien 653) que M. Musset, bibliothécaire de La Rochelle a bien voulu copier à notre intention.

1 lieue. Saint André, petite ville de la duché de Savoie, pays étroit entre hautes montagnes, peuple rude et grossier et pauvre pays.

2 lieues. Saint Michel, petite ville du pays de Savoie, pierreux et facheux chemin qu'il faut suivre le long d'un torrent, passage trop étroit, peuples rudes, femmes malpropres ayant grosse gorge.

2 lieues. S. Jean de Maurienne, petite ville et évêché de pays de Savoie, assis entre les montagnes, mal peuplée et rudes gens malpropres, tant hommes que femmes, laides à outrance.

2 lieues. La Chambre, petite ville de la duché de Savoie, assise en pays étroit et facheux et non fertile, terre d'évêque et peuple papiste, robuste et grossier, spécialement les femmes laides et décrépitées.

4 lieues. Aiguebelle, petite ville au duc de Savoie, située en pays pierreux, près de laquelle passe une petite rivière sous un pont, chemin ordinaire pour aller en Piémont.

4 lieues. Montmélian, petite ville du pays de Savoie contre laquelle, sous un pont fort, passe une rivière venant du Mont Cenis, enrichie de nouveau d'un château qui avait été ruiné par les Français et depuis rebâti et fortifié par Son Altesse, contre les pactes faits avec le défunt roi Henri de Valois, par lesquels il était accordé que toutes forteresses démolies ne seraient point rebâties jusqu'à ce qu'il eût enfants de prince de Piémont et de Marguerite de Valois, son épouse en faveur de laquelle et par le mariage faisant les pays de Piémont et Savoie furent rendus à Son Altesse (2).

---

(2) GRILLET (*Dict. hist. du Mont-Blanc et du Léman*, III p. 112) affirme au contraire que Mont-

3 lieues. Chambéry, belle petite ville de de Savoie, belle ville et bien bâtie en laquelle se fait grand commerce, spécialement grand change au retour des foires de Lyon par les Lucquois et Genevois ; peuple honnête et propre en leurs habits ; grand chemin pour Lyon à passer par une montagne haute et fâcheuse appelée La Guibelette (*Aiguebelette*), et à trois lieues dudit Chambéry, vous allez au Pont de Beauvoisin, pays de Dauphiné....

CHEMIN DE CHAMBERY POUR ALLER A GENEVE.

2 lieues. Ees (*Aix*), belle petite ville de Savoie, dedans laquelle il y a de beaux bains chauds et froids, souverains et excellents pour se baigner pour la santé de l'homme, par commun bruit.

3 lieues. Romilly (*Rumilly*), belle petite ville en Savoie, place assez forte en laquelle y a un gouverneur pour Son Altesse, et à une lieue de là, du côté de Genève, en l'an 1568, y fut bâti en un détroit près d'une petite rivière une forte citadelle appelée La Nonciade (*L'annonciade*), tellement qu'il ne passe personne allant et venant qui ne soit enquis d'où il vient et où

---

mélian, qui fut pris par François 1ᵉʳ en 1535, loin d'être rasé lors de l'occupation française fut au contraire renforcé par Henri II. Le traité de Cateau-Cambrésis (1559) stipula, grâce à l'union d'Emmanuel-Philibert, duc de Savoie, et de Marguerite de France, sœur de Henri II, la restitution des états de Savoie et la fin de l'occupation française.

il va. Garnison mauvaise pour ceux de Genève. (3)

2 lieues. Salenôves, grand village et grand chemin de Genève auquel y a un château sur une roche au bas de laquelle, en chemin étroit et facheux, faut passer ; et a un autre chemin. Peuple rude et grossier, mauvais pour ceux de la religion....

CHEMIN DE LYON A GENEVE.

Seyssel, petite ville en Savoie contre laquelle la rivière du Rhône passe. Là descendent et déchargent tous les bateaux chargés de marchandises et de sel venant d'Esguemorte (*Aigues-Mortes*), et autres provinces pour aller en Savoie, et pays de Suisse ; assise en pays montueux, enrichi d'un grand vignoble. Chemin étroit et dangereux pour les gens de cheval et le charroi au moyen d'une rivière, qu'il faut passer à gué quinze ou seize fois en une heure. (4)

4 lieues. Léluiset, beau grand bourg en Savoie, terre des trois baillages dernièrement rendue par Messieurs de Berne, auquel il ne se fait aucune cérémonie papale, suivant les pactes avec Son Altesse et lesdits sieurs de Berne qui sont que l'exercice de la religion y sera prêchée. Chacun vivra en liberté de sa conscience tout ainsi qu'ils faisaient lorsqu'ils

---

(3) Le fort de l'Annonciade, à une demi-lieue au nord de Rumilly, fut construit de 1569 à 1574 par le duc Emmanuel-Philibert. Il fut détruit lors du siège de Rumilly par Louis XIII en 1630.

(4) Il s'agit de la rivière des Usses.

étaient sous l'obéissance de la Seigneurie de Berne. (5)

XVII.

Comment le poète Peletier peut être considéré comme un précurseur par les alpinistes savoyards.

La montagne, si redoutée au Moyen-Age, traversée par nécessité, allait être, sous la poussée de la Renaissance, un champ d'observation pour les humanistes du XVI° siècle. C'est l'époque où Conrad Gessner, le savant Zurichois, faisant près de Lucerne l'ascension du Mont Pilate, détrui-

---

(5) Léluiset faisait partie du bailliage de Ternier, occupé ainsi que le bailliage de Gaillard et le Chablais par les Bernois de 1536 à 1564. Ces territoires furent rendus au duc de Savoie par le traité de Lausanne du 30 octobre 1564. Les stipulations relatives à l'exercice du culte protestant font l'objet de l'article 1 dudit traité.

Godefroy, dans sa description de la route de Genève à Lyon par la rive droite du Rhône, donne à l'occasion de deux localités ces renseignements intéressants pour les anciens voyageurs :

« Nantua, petite ville au prince de Savoie, en laquelle y a ordinairement un fermier pour le péage de Suse, afin de savoir si toutes les marchandises qui passent allant à Lyon ont payé les tributs en Piémont, ensemble le demi pour cent (tant) des deniers qui se transportent de France que de ceux qui entrent en France, et là se faut donner garde d'être surpris pour éviter la confiscation de ses marchandises ou argent...

« Monluet (*Montluel*), petite ville appartenant au duc de Savoie et la fin du pays pour entrer en France, laquelle est du gouvernement de Bourg en Bresse, garnison ordinaire, beau pays, peuple assez bon, toutefois se faut donner garde d'être surpris portant ou sortant de l'argent de France en Savoie et de Savoie en France. »

sait la tenace légende qui voulait que l'ancien gouverneur de Judée reparût chaque année en cet endroit. A ce moment s'épanouit dans les officines littéraires des principaux pays, en Suisse, en Allemagne, en Hollande, en France, des *Cosmographie*, des *Topographie*, des *Théâtre du Monde* et autres encyclopédies géographiques. C'est alors que Forlani, en 1562, publie à Venise la première carte intéressante de la Savoie (1).

---

(1) Cette carte, intitulée *Descrittione del ducato di Savoia*, a été photographiée en 1899 pour les Archives de la Haute-Savoie, d'après l'exemplaire rarissime de la Bibliothèque du roi, à Turin. Malgré ses défauts de proportions et d'inévitables inexactitudes, elle contient une vue d'ensemble sur les principales vallées de la Savoie, que l'on chercherait vainement dans les Cosmographies antérieures. La carte de Forlani est même supérieure à celle qui fut publiée quelques années après, en 1570, dans le *Theatrum orbis terrarum*, d'Ortelius, par Bouillon, carte beaucoup plus connue et considérée à tort comme la plus ancienne de notre région.

Forlani n'a pas indiqué les divisions séparatives des provinces par lui mentionnées. Dans le « Chablay », qui comprend aussi — à tort depuis le traité de 1569 — une partie du Valais, se trouvent les noms de « Guingan » (*Saint-Gingolph*) et d'Evian. Une rivière sans nom, qui est la Dranse, prend sa source à « Fondance » (*Abondance*) et va se jeter dans le « lago de Geneva », entre « Tonon » et « La Ripalie » (*Ripaille*), ce célèbre château était inexactement placé à l'ouest de Thonon.

Le « Fossigni » est très mal traité ; il n'y a qu'une rivière sans nom qui passe à « Solame » (*Sallanches*) et à « Boneville » et se jette dans le lac de Genève en amont de cette ville ; l'auteur a voulu figurer l'Arve ; seulement, par une confusion surprenante, en aval de Genève, il place assez exactement le confluent d'un affluent de rive gauche, l' « Arbor », qui correspond aussi à l'Arve en ce

Chose curieuse, ce n'est ni chez les cartographes, ni chez les géographes, qu'il faut chercher le plus de précision dans la description des montagnes : certaines pages d'un poète français, bien

---

point de son cours. Il n'y a pas mention d'autres localités pour cette province. On soupçonnait si peu à ce moment la vallée de Chamonix et la chaîne du Mont-Blanc que le Faucigny est la partie de la carte qui comporte le moins de ces taupinières par lesquelles l'artiste figurait alors les montagnes.

La « Taranaise » (*Tarentaise*) est traversée par un fleuve non dénommé (l'*Isère*), que l'auteur fait naître sur un contrefort du Petit-Saint-Bernard, à « Sentron » (*Centron*) et qui traverse Moustier et reçoit à « Chementz » (*Chamousset*) une rivière non dénommée (l'*Arc*). « Ayguabelle » (*Aiguebelle*), en amont de la localité précédente, est placée par erreur sur l'Isère. Une particularité curieuse est l'indication de « La Madalaine », col très fréquenté pour se rendre de Tarentaise en Maurienne. Cette mention est surmontée de cette légende : « In questo luogo, vi è buoni pascoli per gli animali per causa che sole andando nell' occidente vi batte ».

A l'est de la Madelaine se trouve cette autre mention : « Le montagne di questo luogo toccano le montagne del mont Sanese e sono diserte et coperte di neve ».

La « Morienne » possède, indiquée par un pointillé, la seule route portée sur cette carte, avec cette mention : « la Strada che va da Lion in Italia », passant par « Lion », « La Volpelière » (*La Verpillière*), Bourgoin, « Serieu » (*Cessieux*), La Tour du Pin, le Pont-Beauvoisin, Aiguebelle (*Aiguebelette*), Saint-Michiel (*sur la montagne de l'Epine*), « Chanbery », « La Chmbre » (*La Chambre*), « Pont Amufroi » (*Pontamafrey*), Saint-Jean-de-Morienne, Saint-Julien, Bourget, « Brame » (*Bramans*), « Lanebourg » (*Lans-le-Bourg*), « Mont Senis » (*Mont-Cenis*). La route

oublié aujourd'hui, Jacques Peletier, nous a laissé de la terre de Savoie, qui lui fut hospitalière, des tableaux pleins de vérité. C'était un amant des Alpes, un pré-rousseauiste près de deux siècles avant le séjour de Jean-Jacques chez Madame de Warens; qu'on en juge par cette belle invocation à la Nature, extraite d'une œuvre publiée à Annecy en 1572 (2) :

Lieux détournés, hauteurs précipiteuses,
Froid paysage et voies raboteuses
Là où, quand plus l'œil se trouve arrêté

---

gagnait ensuite Turin. Il est à remarquer que, d'après Forlani, la grande route d'Italie, après avoir traversé l'Isère à Chamousset, suit la rive droite de l'Arc jusqu'à Pontamafrey, passe ce fleuve et un affluent non dénommé qui est l'Arvan, à Saint-Jean-de-Maurienne, suit ensuite la rive gauche de l'Arc jusqu'à Lans-le-Bourg, et là traverse de nouveau le fleuve pour gravir le Mont-Cenis.

On ne trouve point sur cette carte les noms des deux autres provinces du duché, le Genevois et la Savoie propre. Sur leur emplacement figurent « Compesière », « Veri » (*Viry*), « Salinove » (*Sallenôves*), « Croisilles » (*Cruseilles*), Rumilly, « Nicy » (*Annecy*), toutes localités notées parce qu'elles étaient sur le trajet des voyageurs allant de Genève à Chambéry par Sallenôves, ou de Genève à Annecy.

Les lacs du Bourget et d'Annecy figurent aussi sur la carte de Forlani, mais ce dernier a confondu le Thiou, le Fier et le Chéran, donnant au lac d'Annecy un émissaire qui va se jeter, après avoir arrosé Rumilly, directement dans le Rhône, à Seyssel.

(2) La Savoye, de Jacques Peletier du Mans, a été publiée à Annecy en 1572. Elle a été réimprimée en 1856, par M. Dessaix, dans le tome I des *Mém. de la Société savoisienne d'histoire de Chambéry*. M. Ducloz en a donné une autre réimpression très luxueuse, parue à Moûtiers, en 1897.

Plus a d'espace et plus de liberté ;
Vengeurs élus de ma sollicitude
Qui même avez trop peu de solitude
Si ce n'était que des lieux séparés,
Je vas cherchant tous les plus égarés ;
Si parmi vous encore n'est la macule
Du sang civil, duquel je me recule
Ayant refuge aux asiles sacrés
Fuyant les lieux pollus (*pollués*) et massacrés...
Nature grande universe (3) et commune
Toute partout, innumérable et une,
S'il est ainsi que de toi j'aie ouvert
Ce qu'en ces monts était clos et couvert,
Si autrefois, quand je t'ai implorée,
Tu as souffert de moi être honorée,
Si tu connais que j'aille meilleurant (4)
Pour le devoir de ce mien demeurant
Bref, si je suis de toi quelque parcelle
Et de ton feu quelque vive étincelle...
Entretiens-moi de ton mieux, et ton plus
Si t'en rendrai le compte et le surplus.
Elargis-moi, et donne pour reprendre ;
Car, à la fin, que te pourrai-je rendre
Sinon cela dont tu voudras m'orner
Pour devers toi plus entier retourner.

On sent, dans cette belle envolée, l'inspiration de la montagne aimée et pratiquée. Tout alpiniste n'a-t-il pas partagé les impressions si bien rendues dans la page suivante ?

Or qui dirait tant de sentiers qui virent
Parmi ces monts abrupts, que jadis firent
Les durs bergers, çà et là traversant
Pour chercher l'herbe à leurs moutons paissant ?
En ces contours, les vents qui l'air noircissent

---

(3) C'est-à-dire universelle.
(4) C'est-à-dire m'améliorant.

De gel tranchant les visages gercissent ;
Là, le passant mal se peut tenir droit
Lorsqu'en entrant par le passage étroit
Des deux rochers, soudain lui viennent contre
Les tourbillons, à la foule et rencontre
L'enveloppant dont l'effort orageux
Plus a d'obstacle et plus est outrageux.
Quand vous montez, vous semble que la cime
Soit celle-là que votre vue estime.
Mais, à vos yeux souventefois déçus
Toujours se montre un plus haut lieu dessus.
Puis, en passant par ce chemin sublime,
Vous entendez, ainsi que d'un abime,
De ces torrents les bouillons dépiteux
Contre les rocs qu'ils trouvent devant eux.
En ce haut ciel, un air qui règne et vente
Vos sens nouveaux étonne et épouvante...
Ces montagnes du ciel sont regardées
Et de ces hauts précipices gardées.
Allez y voir et vous verrez où mène
La convoitise et la pratique humaine
D'avoir osé mettre le pic ès lieux
Qui de ça bas (5) donnent horreur aux yeux,
D'avoir rendu la hauteur accessible
Ce qu'à la voir ne semblait point possible.
Même avoir fait, par fréquentation,
Des lieux perdus lieux d'habitation.
Soient tant qu'on veut les montagnes ardues,
Les voies soient par la neige perdues ;
Si avez vous au haut et au milieu
Villages maints, bâtis de lieu en lieu.

Ce poète des solitudes alpestres était un homme de la plaine. Jacques Peletier, originaire du Mans, en 1517, appartenait à une famille de magistrats et de professeurs. Son esprit curieux

---

(5) C'est-à-dire ici-bas.

l'entraîna vers les mathématiques, l'astronomie, la médecine, vagabondant à travers les connaissances de ce siècle encyclopédique comme il vagabondera par monts et par vaux :

Et Peletier le docte a vagué comme Ulysse, dira de lui son ami Ronsard. Le plus clair de sa fortune fut une belle culture intellectuelle qui lui valut le commerce de Rabelais, de Montaigne, de Bonaventure des Périers, de Baïf, de Belleau, de Scaliger et autres amis des lettres humaines. Secrétaire de l'évêque du Mans, puis principal du collège de Bayeux, Peletier, au plus fort des guerres de religion, vint chercher refuge dans les états du duc Emmanuel-Philibert, dont la sagesse maintenait la Savoie dans une paix féconde. Après avoir séjourné quelque temps à Saint-Jean-de-Maurienne, le poète s'installa aux environs d'Annecy, ville qu'il connaissait de réputation :

      Annecy qui m'a été nommée
      Pour y avoir dames de renommée.

L'exil fut doux à notre hôte, qui vante le séjour de la Savoie à tel de ses compatriotes épris d'indépendance : A l'en croire,

Il jouira de liberté paisible
Tant qu'en permet ce temps dur et nuisible
Et tant que sait, selon l'humain pouvoir,
Un sage prince aviser et pourvoir.

Pendant son séjour dans les environs d'Annecy, Peletier, que l'on peut, par ce curieux effort, considérer comme le précurseur des alpinistes annéciens, fit vers 1572, à 55 ans d'âge, l'ascension de la Grotte du Chapeau, sur la montagne de Veyrier ; sa description est une merveille de précision :

Une roche est au midi opposée,
Près de ce lac, dessus Veiri (*Veyrier*) posée,
Qui a deux crots (*creux*) l'un sur l'autre voûtés,
Tous deux ouverts, dedans mal rabotés ;

Et du dessous, l'entrée est rude et basse
Où un à un en se courbant on passe.
Le jour pourtant, qui entre ès deux manoirs,
Fait qu'ils ne sont ni sombres ni trop noirs.
Au haut de nuit, les bisets (6) se vont rendre
Pour se jucher, où ils les vont surprendre
Avec le feu, et là sont arrêtés
Dedans les rets (*filets*) à l'issue apprêtés.
Par le dehors, on monte en cette voûte
Dont le gravir une grande peine coûte,
Haut, âpre et droit, si bien le fait compter
Celui qui a eu la peine d'y monter
Où peu à peu jusqu'au haut on échappe
Par les rinceaux souples où l'on s'arrape (7)
En cette voûte est un creux écarté
Où se conduire on ne peut sans clarté :
Là est cette eau qui bien semble avoir source,
Mais retenue en sa cuve sans course
Où elle croit et décroit par les fois
Ainsi que fait la lune tous les mois.
Les paysans, qui bien souvent en boivent,
Du mal des flancs allégeance en reçoivent.
Cette eau est claire, et pesante pourtant,
Et la senteur de la terre portant,
Terre en moiteur par elle maintenue,
Grasse, ardrilleuse (8) et de couleur charnue,
Qui tient beaucoup du lut arménien
Et de celui que l'on dit lemnien.
Ceux du village, entre autres maladies,
En font breuvage aux bêtes refroidies.
Si leurs bœufs ont au flanc quelque os rompu,
Ou deloyé (*fracturé*), après qu'ils en ont bu
Par quelques fois, la fracture se serre.

---

(6) C'est-à-dire les pigeons.
(7) C'est-à-dire où l'on s'attrape.
(8) C'est-à-dire argileuse.

Et qui plus est, se trouve cette terre
Aux bœufs occis (si vrai en est le bruit)
Liée autour de l'os qu'elle a réduit.

Il ne suffirait pas, aujourd'hui, pour être sacré alpiniste, de faire l'ascension de la Grotte du Chapeau ; mais il faut tenir compte, pour mesurer toute la portée du geste du poète, de l'effort désintéressé qui l'avait poussé vers la montagne, alors qu'avant lui cet effort avait toujours été utilitaire. D'ailleurs, notre poète s'est élevé plus haut. Voici sa description du Môle, près Bonneville, à 1.869 mètres d'altitude, montagne

En son temps verdoyant
Pour les bergers recherchant la pâture ;
Mais, aux esprits admirant la nature,
Les simples beaux produisant à planté (9)
Plus qu'autre mont par les Alpes planté.
Sa montée est moins roide que hautaine,
Dessus la pointe ayant une fontaine
Dont le clair bruit donne à ceux qui sont las
Du long monter grande fraicheur et soulas (10).
Là une odeur de fleurs épanouies
Rend au cerveau les forces réjouies.

Jacques Peletier paraît aussi avoir parcouru les montagnes de la Haute-Maurienne, si on en juge par sa description de Bonneval-sur-Arc, qui est, comme on sait, à 1.835 mètres, la commune la plus élevée de la Savoie ; celle dont les habitants

Contre le vent usent pour chassis
De clairs glaçons ès fenêtres assis ;
Et toutefois cette terre native
Leur est si douce et si récréative
Que, ne pensant autres endroits meilleurs,
Oncques n'ont eu désir de vivre ailleurs.

---

(9) C'est-à-dire produisant en quantité les belles herbes médicinales.
(10) C'est-à-dire plaisir.

On voit déjà, par ces quelques exemples, que Peletier parait avoir parcouru la plupart de nos vallées. On trouvera en effet chez lui, non pas seulement, comme dans les récits de voyages antérieurs, la description de l'inévitable Maurienne, mais aussi des impressions amusantes sur des vallées moins connues :

Raison ne veut, Moûtiers, que je te taise
Qui éclaircis toute la Tarentaise...
Tes beaux logis, tes honnêtes façons
Ne sentent rien leurs rocs ni leurs glaçons.

Il parle aussi abondamment des bains de Salins et de ceux de l'Echaillon. A Aiton, à l'entrée de la Maurienne, le physicien fait une observation curieuse :

Au droit d'Aiton, où Isère plus forte
De l'Arc bruitif (11) l'eau et le renom emporté,
Se voit le mont de l'Arcluse (12) éminent
Témoin de l'air et du temps imminent,
Selon qu'il est emmantelé de nues.

Les « lavarets friands » du lac du Bourget figurent aussi dans la savoureuse description de Peletier, ainsi que l'abbaye de Hautecombe

Fondée en biens et en murs érigés,
Ceux-là bien pris et ceux-ci négligés.

---

(11) C'est-à-dire bruyant.
(12) Mont de l'Arclusaz, à 2.045 mètres, dominant Saint-Pierre-d'Albigny, et situé au nord-ouest par rapport à Aiton.
L'expérience populaire a consacré cette observation météorologique. On peut citer notamment, aux environs d'Annecy, ce proverbe sur les nuages qui entourent parfois la montagne de Mandallaz, située au nord-ouest d'Annecy :

« Quand Mandallaz met son capel,
« Il faut prendre ton mantel. »

Son tableau de la célèbre fontaine intermittente est particulièrement bien observé, très exact, de même que ce qu'il dit du passage des Usses, où se noyèrent maints voyageurs allant de Genève à Seyssel ou à Rumilly, ainsi qu'il appert de nombreux documents d'archives :

Le cours errant des Usses, qui dérive
Sable et cailloux roulant par fond et rive,
Les passants noie en son gué décevant
Que l'on passait à l'aise un peu devant.
Et le torrent, à qui l'horreur bruitive
Avait fait nom : mais la tourbe craintive
Pour l'apaiser, par un accord de tous,
De Nant bruitif l'a changé en Nant doux. (13)

Les bains d'Aix et ses antiquités ont aussi attiré l'attention de Peletier, qui exprime, à l'occasion des vestiges gallo-romains trouvés aux environs de la petite ville thermale, une pensée heureuse :

Viviers en a piliers et chapiteaux,
Tombeaux gravés avec leurs écriteaux.
Mais la dureté du long temps, qui varie
Et qui les arts réduit en barbarie,
Les beaux labeurs des monuments polis
A déplacés, brisés et démolis,
Et les écrits de compassées lignes
Mis à l'envers aux coins des champs et vignes,
Rien ne restant de l'artificiel
Sinon un peu de superficiel.

---

(13) On peut citer à l'appui de cette observation très juste sur les noms donnés, par euphémisme, à des torrents dévastateurs, l'exemple du Bon Nant, qui causa, le 12 juillet 1892, la terrible catastrophe de Saint-Gervais, celui du Bonrieux (*Bonus rivus*, bon ruisseau), qui détruisit, le 16 juillet 1904, le bourg de Bozel ; celui d'un autre Bonrieux (*impetuosa aqua boni rivi*), qui envahit, en 1439, la cathédrale de Saint-Jean-de-Maurienne.

Maurienne, Tarentaise et Faucigny, Annecy et Chambéry, bassins des Usses et du Rhône, en somme la plus grande partie de la Savoie a été explorée par le poète manceau : il manque toutefois à ce précurseur de l'alpinisme la découverte du Mont-Blanc. Il est vrai que Chamonix, sans le Mont-Blanc d'ailleurs, ne figurera sur une carte pour la première fois qu'en 1595, dans l'œuvre de Gérard Mercator, alors que notre poète était déjà mort. Cependant Peletier approcha certainement des glaciers

Détroit horrible en long et parfondeur (14)
Tout endurci d'éternelle froideur.

Mais, ce que l'on ne saurait enlever à l'auteur de *la Savoie*, c'est qu'il est le premier à avoir compris et rendu la beauté des Alpes, et qu'il faudra attendre un de Saussure pour trouver des morceaux d'une précision comparable à sa description des grands phénomènes de la nature. Cette page, par exemple, sur les ruines que peut amonceler une inondation torrentielle, vieille de trois siècles, n'est-elle pas encore d'actualité au lendemain de la catastrophe de Saint-Gervais ?

Mais qui dira les bruyantes ondées
Et les frayeurs de ces eaux débordées
Lorsque se rompt le grand morceau glacé
Qui sert de bonde à l'étang amassé
Dont la ravine horrible et furieuse
Tout à un coup faite victorieuse
Jette à l'envers ce boulevard remparé,
Et par l'ouvert qu'elle s'est préparé
Sort en façon d'une montagne ondeuse.
Et dirait-on, à l'issue hideuse,
Qu'alors alors se doivent déplacer
Les monts massifs pour la laiser passer
Quand les rochers elle heurte et arrache

---

(14) C'est-à-dire profondeur.

Et les roulant, en tels coins les attache
Que par après on pense qu'en ces lieux
Ils ont été depuis les siècles vieux.
Par ce déluge affreux, épouvantable,
En peu de temps pour longtemps lamentable,
S'en vont aval les bœufs et les cloisons
Les habitants avec les maisons.

Sa description d'une avalanche de neige est encore plus saisissante ; le phénomène est décrit avec un sens d'observation qui étonne :

Que dirons-nous de la neige qui tombe
En un monceau tout le long de la combe
Quand, par les vens arrachée, elle part
Ou quand le chaud par dessous la départ (15)
Voire et convient que les passants avisent
De marcher cois et qu'entre eux ne devisent,
Et l'on a vu, merveille, au seul parler
La neige rompre et en bas dévaler
Soit que la voix, qui à l'air donne branle,
La pesanteur ja ruineuse (16) ébranle
Et que l'effort du marcher pesamment
Jusques au lieu monte continemment.
Ainsi s'en vient la masse à la renverse
Qui son lourd faix tout aval bouleverse.
Non qu'au partir elle aie si grande dureté
Mais en roulant, de son poids aheurté,
Amasse en rond toujours neige récente
Si tôt, si fort, de si longue descente,
Que du fracas qu'elle va par l'air donnant
De loin cuidez ouïr le ciel tonnant
Ou ce qui semble à la céleste foudre,
L'horrible son de la machine à poudre.
Cette lavanche (17) au choir se laisse ouvrir

---

(15) C'est-à-dire quand la chaleur du sol la détache.
(16) C'est-à-dire menaçant déjà ruine.
(17) C'est-à-dire avalanche.

Au heurt des rocs, et tout le val couvrir ;
Ou, qui la foi de l'ouïe surmonte,
Ce faix massif venu aval remonte
Contre le mont opposite (*opposé*) étendu
Presque aussi haut qu'il était descendu.
N'a-t-on pas vu cette boule massive
Se rebondir d'une force excessive
Vers l'autre mont, et avoir écrasé
Les villageois ès hauts lieux accasés (*logés*) ?
Et si le son est hideux et horrible
Le souflement (18) est bien aussi terrible
Quand les tronçons des gros sapins branchus
Déracinés du seul vent en sont chus.

Les glissements de terrain ont aussi attiré l'attention de notre observateur perspicace :

Mais qui croirait devoir être égalées
Par trait de temps les roches et vallées ?
Les comparant ensemble, l'on dirait
Qu'auparavant le monde finirait.
On voit les rocs néanmoins qui se rompent,
Et par le temps se sèchent et corrompent.
Ce qu'en un lieu la Nature défait
De même suite ailleurs elle refait.
Ne voit-on pas une colline ôtée
Et d'une assiette en autre transportée
Près Maurienne, où l'eau tant la mina
Que toute entière aval l'achemina,
Comme jadis le Rhône, qui tout ronge
Dedans Vuache, ès confins de Collonges (19)

---

(18) C'est-à-dire le bruit causé par le déplacement de l'air.

(19) Tout récemment, le 2 janvier 1883, le Rhône démolit une partie du Credo, dont les débris barrèrent pendant 8 heures le passage du fort de l'Ecluse. Auparavant l'église de Bans avait été emportée par ce fleuve.

Fit déplacer un tertre tout entier
Arbres et tout en un autre quartier.
Près Annecy une montagne mise
Au bord du lac s'est peu à peu soumise ;
Et les châteaux que voir on ne pouvait
De bord en bord, or aisément on voit. (20)

Les observations de Peletier sont d'autant plus intéressantes que leur exactitude peut supporter l'examen. Il note par exemple, au confluent du Rhône et de l'Arve, à l'occasion d'une forte crue de ce dernier fleuve, le curieux phénomène du refoulement des eaux faisant tourner à contre-sens les moulins du Rhône. L'Arve, dit notre auteur,

Et de roideur le Rhône combattit
Tant qu'il le fit par victoire contraire
Et inouïe en contremont retraire
Dont les moulins forcés de ce retour,
Firent virer leur roue à contre-tour. (21)

Le poète enregistre aussi, en parlant du Rhône, la destruction du pont de Seyssel ; il nous ramène heureusement, à propos de ce terrible fleuve, à des idées plus riantes, quand il rappelle l'industrie, aujourd'hui disparue, des orpailleurs, parti-

---

(20) Curieuse observation qui paraît s'appliquer au Roc de Chère : on sait que, d'après les géologues, le Roc de Chère « est une masse disloquée, sillonnée par deux grandes failles, affectée en outre de cassures secondaires, et sur laquelle l'érosion a puissamment agi ». GUINIER, dans *Revue Savoisienne*, 1906, p. 31.

(21) De Saussure, dans son *Voyage dans les Alpes* (Neuchâtel, 1803), t. I, p. 8, cite plusieurs crues de l'Arve, suivies du refoulement du Rhône, le 14 septembre 1733, le 10 février 1711, le 21 novembre 1651 et le 3 décembre 1570, cette dernière correspondant à la date du séjour de Peletier en Savoie.

culièrement développée au bon vieux temps sur les bords du Chéran, en évoquant l'image des flots du Pactole :

Bien peut Savoie avoir même renom
Pour ses ruisseaux qui d'or ont pris le nom.
Même le Rhône a son areine (22) blonde.

La flore et la faune de la montagne occupent aussi, dans le poème de Le Peletier, une place très avantageuse. A l'en croire, Saint-Jean-de-Maurienne, où il fit quelque séjour, était un petit paradis terrestre

Où vous cueillez la prune violette
La pomme douce ou la guigne mollette
Tout en son temps si bien entretenu
Qu'un fruit failli (*manquant*) l'autre est
[déjà venu.

Les « liquoreux vignobles » et les melons de Maurienne étaient déjà célèbres. Parmi les « fri-

---

(22) Les philologues n'admettront certainement pas l'hypothèse de Peletier sur l'étymologie des torrents appelés en Savoie Doron : les plus importants sont le Doron de Beaufort, le Doron de Bozel, le Doron de Champagny et le Doron des Allues. Il y eut, surtout dans le bassin du Chéran et dans la région du Rhône avoisinant le Vuache, des orpailleurs. En 1752, ceux de Saint-Germain-sur-Rhône et de Chevrier gagnaient 32 livres par mois. En 1848, au moment où l'imagination était échauffée par les découvertes aurifères de la Nouvelle Californie, on creusa de nombreuses galeries pour exploiter, sans succès, les eaux du Chéran, entre Cusy et Gruffy. En 1868, un orpailleur du Chéran ne gagnait que 2 fr. 50. La plus grosse pépite d'or trouvée dans ce torrent, le 18 octobre 1867, au pont d'Alby, aurait pesé 43 grammes. Voir la *Revue Savoisienne*, 1867 p. 108, 1868 p. 82, 1882 p. 18.

andises de table » qui ont attiré l'attention du poète, citons : l'artichaut, le safran, « de rougeur jaunissante et de saveur aux cœurs réjouissante », le « chou feuillu et encore le pommé », la laitue, la chicorée, l'hysope, la menthe, le thym, le romarin, la « suave marjolaine », le fenouil, l'anis, la « pastenade », l'asperge, la « courge fade » et l' « umide concombre ». Mais là où le poète est intarissable, c'est dans l'énumération des simples employés dans la pharmacopée du temps. Il faut savoir, d'ailleurs, pour expliquer son érudition, que l'auteur était doublé d'un médecin qui avait puisé dans Pline, dans Dioscoride, et probablement dans Mattioli, qui eut tant de vogue à partir de la fin du XVI° siècle, des notions traditionnelles sur la vertu de certaines plantes. On pourrait s'étonner de nos jours des conceptions que Peletier avait sur le pouvoir de quelques-unes des espèces par lui signalées : il faut, pour le juger, se dire que c'était alors l'opinion commune et que Peletier ne pouvait apporter à ses contemporains des idées qui ne seront qu'une lente conquête de la science. Toutefois, ce qu'il y a lieu de remarquer tout particulièrement dans sa description des plantes de Savoie, à côté de réminiscences de vieux traités de botanique, ce sont des détails curieux sur le port de quelques plantes, qui émanent non pas d'un compilateur, mais d'un herborisateur. Il semble qu'il ait bien vu par lui-même la *Botrychium Lunaria* et l'*Arisarum vulgare* ; il semble aussi qu'il n'a pu prendre que sur place le nom vulgaire de « trucheran » appliqué à l'*hypericum perforatum*. Aussi le lecteur comprendra l'intérêt d'une copieuse citation, cette sorte d'herborisation étant la plus ancienne que l'on puisse citer sur la Savoie.

Tu as, Savoie, un ornement encore
Qui ton renom de rareté décore.
Entre les dons de nature estimés
Sont les effets aux herbes imprimés.
Onq cette ouvrière, à produire ententive
Ne se montra si riche et inventive

Qu'en ces hauts monts, si noblement herbus,
Qu'on les dirait boutiques de Phébus...
Partout cette herbe amère est rencontrée
A Gentian (23) illirique montrée ;
En Anticire il ne faut point passer
Pour l'un et l'autre Elebore (24) amasser
Ni pour trouver l'Absinthe (25) aromatique
Ne faut chercher la région pontique.
Mais au défaut du Dictam Candiot, (26)
On voit partout l'odorant Pouliot. (27)
Assez y sont en leurs lieux ordinaires
Et l'Hépatique (28) et les deux Pulmonaires (29)
Et celles-là qui ont leurs noms tenus
Du mol Nombril (30) et cheveux de Vénus ; (31)
Celles encore que du Satire (32) on nomme
Et l'Orchis grec, (33) irritements de l'homme
Qui au devoir de l'amour se contraint ;
Et celle-là qui les lieux mols restreint
Dite Alquimile, (34) et celle qui desserre
Les cours des mois qu'ils disent Fiel de terre (35)

---

(23) Probablement *Gentiana pannonica L.* Nous devons l'identification de toutes ces plantes à l'obligeance de M. Jules Camus, professeur à Turin.
(24) *Helleborus niger L.* et *Helleborus fœtidus L.*
(25) *Arthemisia Pontica L.*
(26) *Dictam albus L.*
(27) *Mentha pulegium L.*
(28) *Hepatica triloba Chaix.*
(29) *Pulmonaria officinalis L.* et *Lobaria pulmonaria DC.*
(30) *Cotyledon umbilicus L.*
(31) *Adianthum capillus Veneris L.*
(32) Orchidées à tubercules ovoïdes jadis confondues sous le nom de « Satyrion ».
(33) *Orchis morio L.*
(34) *Alchemilla vulgaris L.*
(35) *Erytræa centaurium Pers.*, appelée aussi « fel terre ».

La Saxifrage, (36) exquise aux graveleux ;
Le Liseron, (37) exquis aux grateleux ;
Le Splenion, (38) consumant la ratelle ;
La Germandrée, (39) ayant la vertu telle
Et telle aussi l'arabesque Cetrac ; (40)
La Scabieuse, (41) aide contre l'antrax ;
Toutes les cinq ayant nom de Consoude (42)
Par qui la plaie et rupture se soude ;
La Filipende (43) et la Berle (44) qui sont
Propres aux reins pour les vices qu'ils ont ;
Et tous les trois Eupatoires (45) encore
Celui des Grecs, et celui des deux Mores,
Chacun ayant beaux effets et divers
Dont l'Agerat tue aux enfants les vers ;
Et Gracedieu, (46) qui l'Hysope (47) figure
Aimant les eaux, des plaies prompte cure,
Dont le cheval devient tout faible et lent,

---

(36) *Saxifraga granulata* L. ou « herbe à la gravelle ».
(37) *Convolvulus soldanella* L., remplacée souvent par *Convolvulus sepium* L.; le mot grateleux désigne les galeux.
(38) *Asplenium scolopendrium* L. ou « herbe à la rate ».
(39) *Teucrium charmœdrys* L.
(40) *Ceterach officinarum* Wild.
(41) *Scabiosa succisa* L.
(42) Sous ce nom on comprenait jadis *Symphitum officinale* L., *Symphitum tuberosum* L., *Brunella vulgaris* L., *Ajuga reptans* L. et *Dephinium consolida* L.
(43) *Spiræa filipendula* L.
(44) *Sium latifolium* L.
(45) *Eupatorium cannabinum* L. ou « eupatoire des Grecs », *Achillea ageratum* L., appelé aussi « eupatoire d'Avicenne et de Mesue », ou « eupatoire des deux Mores », *Agrimonia eupatoria* L.
(46) *Gratiola officinalis* L.
(47) *Hissopus aquatica* dans les herbiers du XVIe siècle.

Et à purger breuvage violent ;
La Numulaire, (48) ainsi du denier dite,
Exquise à nous, aux brebis interdite ;
Et la Merveille, (49) au nom bien avenant,
Par les jardins de plante provenant ;
Ici encore sont les deux Sarrazines (50)
Servant aux bains des nouvelles gésines ;
Et le Narcisse (51) attirant au dehors
L'épine ou fer affiché dans le corps ;
Le Sermontein, (52) la Bistorte (53) qui servent
Es composés, qui de danger préservent ;
Et l'Heptaphile, (54) à bien près imitant
Cette Bistorte aux venins résistant ;
Et notre Otruche, (55) à ce tant estimée,
Des anciens encore non exprimée
Comme non plus tant d'autres n'ont été
De nom, d'effet ni de propriété.
Et la Lunaire, (56) à la feuille entrejointe,

---

(48) *Lysimachia nummularia* L. ou « la monnayère ».
(49) *Impatiens noli tangere* L. ou la « merveille » indigène, mais on cultivait peut-être déjà sous ce nom la *Balsamina hortensis*, originaire de l'Inde.
(50) *Aristolochia clematitis* L. et *Aristolochia rotunda* L.
(51) Espèce de *Narcissus*.
(52) *Serpilium siler* L. ou dans les vieux herbolaires « Siler montanum ».
(53) *Polygonum bistorta* L.
(54) *Tormentilla erecta* L., appelée jadis « eptaphyllon ».
(55) *Imperatoria ostrutium* L.
(56) Les deux premiers vers de ce passage déterminent la fougère *Botrychium Lunaria* Sw. Toutefois, la tradition populaire sur la fâcheuse action de cette plante s'applique à une crucifère *Lunaria annua* L., appelée aussi « monnaie de Judas, monnaie du Pape ».

Qui est grappue au plus près de la pointe.
Belle pour vrai ; les multiplicateurs,
Ne sais pourquoi, en sont grands amateurs ;
Est-ce point celle (ou si l'auteur bruit erre)
Lui donnant nom (57) qui le cheval déferre,
Passant dessus ? et comme encore le bruit
Accorde au nom qui à la lune luit ?
Et Martagon, (58) entre les lys nombré,
Des transmueurs (59) encore mieux célébrée ;
L'Androsemon, (60) au Trucheran semblant
Et comme lui à l'étreindre sanglant ;
Et celle encore aux grains rouges, Limoine
A retirer les mois fluants idoine ;
Et les Solans, (61) provocant à dormir ;
Et l'Asaron, (62) provocant à vomir ;
Et le Ciclam, (63) qui soudain aide baille
A enfanter, quand la femme en travaille ;
Et celle-là, qui d'ail a la senteur, (64)
Gardant les corps d'aler à puanteur,
La tige encore de la grosseur du pouce,
Qui à la cîme une grande feuille pousse
Nom de chapeau de la Grèce portant
Et le malin ulcère confortant.
Et l'herbe ayant la feuille dentelée,

---

(57) C'est-à-dire si l'auteur suit le bruit qui court communément au sujet du nom de cette plante.
(58) *Lilium martagon L.*
(59) C'est-à-dire des alchimistes.
(60) *Androsæmum officinale all.*, se rapprochant de l'*Hypericum perforatum L.*, appelé encore aujourd'hui « trucheran » dans la Suisse romande.
(61) *Solanum nigrum* et *Solanum dulcemare L.*
(62) *Asarum europæum L.*
(63) *Cyclamen europæum L.*
(64) *Arisarum vulgare Rchb.*

Rifort sauvage, (65) au vulgaire appelée
Et sa racine, un goût fort et cuisant
Aux hernieux breuvage fort duisant ;
La Cacalie (66 (où le merq decevable
Dement les yeux) y est encore trouvable
Qui a le jus comme reglice doux,
Bonne au poumon et âpreté de toux.
Et ne faut pas que par oubli demeurent
Les Aconiz (67) dont tant de bêtes meurent,
Renards et loups et les fiers liépars
Nés ennemis des étables et parcs ;
Encore moins cette herbe, à voir tant belle,
Qui de Paris (68) vulgairement s'appelle,
D'un bois tout droit, ayant en deux endroits
Milieu et haut quatre feuilles en croix.
Aux Aconiz tout contraire s'éprouve
Son rouge grain qu'à la cime l'on trouve
Qui au cerveau restaure la raison
Soit par langueur perdue ou par poison.
J'ai longuement par ces monts recherché
L'herbe à bon droit des experts tant prêchée
A qui de l'Ange (69) a été fait le nom.
Mais je ne sais si elle s'y trouve ou non,
Jura, le Mont qui les Cantons confronte
Nous en fournit une abondance prompte ;
Peut-elle entière autant se conserver
Qu'elle peut de maux guérir et préserver.
Sa creuse tige et sa rare substance
Contre le temps n'ont longue résistance.
Le Tamaris (70) aux feuilles pâlissantes,

---

(65) *Cochlearia armoracia* L., raifort.
(66) *Cacalia albifrons* L.
(67) *Aconitum napellus* L. et espèces voisines.
(68) *Paris quadrifolia* L., vu sans doute avant la complète maturité du fruit.
(69) *Angelica archangelica* L.
(70) *Tamarix gallica* L., ou mieux peut-être *Myricaria germanica* Desv.

Y croit au bord des rivières glissantes,
A la douleur des dents bien réputé
Et à la rate enflée de dureté.

Peletier est moins prolixe quand il s'agit de décrire les arbres : cependant il sait, ce qu'on trouve rarement chez les voyageurs, distinguer entre les pins « beaux, rameux et pommés », et les sapins, les mélèzes, les épicéas, qu'il appelle « peces ».

Quant à la faune des montagnes, le poète, sans parvenir à se dégager de quelques idées fausses léguées par le moyen âge, donne d'abondants détails sur les sangliers, les ours, les loups cerviers, les « chats rousseaux », les lièvres blancs, les albines, les gélinotes, les marmottes, les bouquetins et les chamois. Ce qu'il dit de ce dernier animal paraît bien observé :

Le chamois, à la corne recroche,
Qui de plain saut passe de roche en roche
Et tout soudain qu'il se voit échappé
D'un haut sifflet (71) par lui est l'air frappé,
Comme donnant de cette délivrance
A ses compains vrai signe et assurance.
Mais quand il est trop pressé du chasseur,
S'il voit son homme en serré lieu et mal sûr,
Passe entre deux, afin qu'il le déroque,
Et tant hardis deviennent de peureux
Ces animaux ès rochers faits pour eux.

Mais la plus grande surprise éprouvée par l'homme du plat pays qu'était Peletier, c'est l'inlassable activité des montagnards de Savoie, que n'arrêtaient ni les crevasses des glaciers ni les intempéries :

Et toutefois l'abimeuse fendace,
Le vent, l'hiver cède à l'humaine audace

---

(71) C'est-à-dire sifflement.

Avec crampons acérés franchissant
Ce dur chemin périlleux et glissant.
Que voulez-vous : la trop active envie
De trafiquer ne respecte sa vie
Quand elle estime un long chemin plus grief (72)
Quoiqu'il soit sûr, qu'un dangereux et bref.

    Jacques Peletier trouva, dans de nombreuses familles de l'aristocratie et de la magistrature, un accueil dont il garda un souvenir ému en rappelant, dans son livre, les noms du gouverneur de la Savoie, Maillard de Tournon, de l'évêque de Maurienne, du sénateur Lyobard, de l'avocat Du Coudrey, et de bien d'autres, parmi lesquels « le bien disant Buttet ».

    Le Chambérien Buttet était d'autant plus heureux de l'hommage si abondamment rendu à la Savoie que lui-même, quelques années auparavant, avait rompu des lances en l'honneur de son pays natal.

    Lors de l'occupation de la Savoie par François I et Henri II, il y eut au XVIe siècle — et le même phénomène lors de l'annexion française de 1860 suscitera des plumes vengeresses telles que celle du populaire Jules Philippe — des personnes pour penser et pour écrire que les souverains de France ont rendu les gens de Savoie « de sauvages, humains, de barbares, civils ; de fiers et mauvais, doux et bons ». Barthélemy Aneau, le professeur lyonnais qui avait glissé ces appréciations malheureuses, en croyant faire sa cour aux magistrats français envoyés à Chambéry, s'attira une verte réponse. L'*Apologie de Marc-Claude de Buttet pour la Savoie contre les injures et calomnies de Bartholomé Aneau*, publiée en 1554, ne contient pas seulement des invectives violentes ; il y a des arguments solides déduits avec subtilité

---

(72) C'est-à-dire qu'elle préfère suivre un chemin dangereux, mais plus court, qu'une route sûre, mais plus longue.

qui amènent entre autres cette conclusion :
« Bref, de tous les biens et plaisirs qu'on saurait souhaiter, tant nous a prodigieusement doués la nature que plusieurs étrangers, oubliant leur pays propre, volontairement viennent vivre et mourir avec nous. Que dirai-je plus ? Tant nous ont favorisé les cieux qu'à bon droit on la peut appeler la plaisante et fructifieuse Savoie. Et osera un badaud et connard médire d'un si heureux pays ! » (73)

Mais ni le poème de Peletier, ni l'apologie de Buttet, ne paraissent avoir été connus du grand public. Peu après, un écrivain patriote, Jean Menenc, crut nécessaire d'écrire à son tour un plaidoyer en l'honneur de la Savoie. « Etant à Chambéry le 4 février 1590, dit-il, j'aperçus certains étrangers parler fort impudemment de notre nation savoisienne, l'appelant montagnarde, grossière et coquine. Et estimant que ce serait peu de cas répondre à deux seulement, vu que plusieurs vomissent semblables propos, je proposai de l'heure même composer ce petit dialogué pour occasionner quelqu'un de bon esprit (à) défendre plus complètement par écrit... l'honneur de la patrie qui est à présent préférée non seulement à tous trésors, mais aussi à la vie. » Et c'est ainsi que Jean Menenc, régent du collège de Rumilly, fut amené à publier, en 1590, à Lyon, son original *Dialogue du planan et du montagnard qui débattent de leur prééminence* (74), travaillant ainsi à déraciner ce qu'on a appelé le préjugé anti-savoyard.

N'est-il point curieux, toutefois, de constater que la première publication importante qui ait été faite en l'honneur de la Savoie, le poème de plus de 2.000 vers de Jacques Peletier, soit précisé-

---

(73) *Mém. de la Société Savoisienne*, t. XXXV, p. 119.
(74) Cet ouvrage rarissime est conservé à la Bibliothèque de la Florimontane, sous la cote Ee 700.

ment l'œuvre d'un Français, hommage d'autant plus désintéressé que l'auteur n'était attaché à nos vallées ni par des alliances de famille ni par des questions d'intérêt. (75)

On comprend dès lors l'enthousiasme hyperbolique de Marc-Claude de Buttet, la gloire des muses savoisiennes, déclarant, en parlant du « divin Peletier », que

Pour mirer les secrets de la sage nature
Nos monts plus obstinés lui firent ouverture
Les animaux plus fiers à lui se sont baillés ;
Et ainsi que jadis au vieil chantre de Thrace,
Les fleuves et torrents et pins lui ont fait place
Et pensant voir un Dieu se sont émerveillés. (76)

---

(75) Ce poème de Peletier est antérieur de deux ans au remarquable ouvrage de Josias Simler sur les Alpes de Valais ; l'édition princeps de cette *Vallesiae et Alpium Descriptio*, datée de 1574, est conservée à la Bibliothèque nationale de Paris, sous la cote M 16356.
Un Savoyard, Delexius, originaire de La Rochette, avait bien publié, l'année qui précéda l'apparition du poème de Peletier, une *Chrorographia insignium locorum qui maxima ex parte subiiciuntur... principi sabaudo*, plaquette de 33 feuillets, publiée à Chambéry, en 1571. On chercherait vainement dans cet opuscule le sens de la montagne qui donne tant d'originalité au poème de *La Savoie* ; il y a toutefois des détails historiques ou géographiques curieux : telle cette mention sur l'abbaye de Talloires, dont la cave était remarquable alors par la puissante capacité de ses tonneaux (fol. 20). « Talluriae, ubi insigne monasterium et vinaria vasa, quae torcularia dicuntur ingentia et forte dictu incredibilia nisi res (ut patet intuenti) se haberet. Tum lignea dolia in quae vinum infunditur quae trecentarum metretarum capacia sunt.» Cf. MUGNIER, dans *Mém. de la Société Savoisienne*, t. XXXVII, p. XCVII.

(76) *Mémoires de la Société Savoisienne*, t. XXXV, p. 154.

XVIII.

Montaigne en Savoie.

Atteint de la pierre, Michel de Montaigne fit l'expérience de nombreuses eaux thermales en France, en Suisse et en Italie. Au retour de l'une de ses cures, il traversa la Maurienne, gardant de la Savoie une impression plutôt souriante qui contraste avec le pessimisme de quelques voyageurs antérieurs. Les difficultés du Mont-Cenis et du Mont-du-Chat, qu'il franchit à la fin du mois d'octobre 1581, lui parurent très exagérées. Dans une auberge de la haute Maurienne, ce gourmet, habitué aux fins dîners du Parlement de Bordeaux, remarqua « force truites et vins vieux et nouveaux excellents » boisson dont il faisait usage modérément bien qu'il aime à rappeler, dans ses *Essais*, le conseil de Platon aux hommes qui ont dépassé la quarantaine, — ce qui était son cas au moment de son passage en Savoie — de subir quelque peu l'influence de Bacchus, « ce bon dieu qui redonne aux hommes la gaieté et la jeunesse aux vieillards, qui adoucit et amollit les passions de l'âme, comme le fer s'amollit par le feu » (1). Par contre le philosophe, qui avait l'estomac plutôt délicat, supportait difficilement l'huile de Savoie qui paraît être de l'huile de noix.

Montaigne ne nous donne point son impression sur les personnes. Mais il avait noté, par ailleurs, sous une forme curieuse, un trait du caractère savoyard, le culte du pays natal et l'admiration légitime des sujets du duc de Savoie pour leur prince. « Et, disait le Savoyard, rapporte Montaigne, que si ce sot de roi de France eût su bien conduire sa fortune, il était homme pour devenir maître d'hôtel de son duc » (2).

---

(1) *Essais*, livre II, chapitre II.
(2) *Essais*, livre I, chapitre XXV.

Un ministre de Louis xv, le comte d'Argenson, a traduit cette boutade très administrativement mais sans exagération, en disant et, c'est l'impression des contemporains confirmée par le jugement de l'histoire : « Les grandes monarchies pour se relever de l'indolence qu'entraînent leurs grandeurs auraient pu prendre (dans la monarchie de Savoie) des leçons utiles et applicables à chacune de leurs provinces. »

Le *Journal du Voyage de Montaigne en Italie*, répandu à de nombreuses éditions (3) a donné lieu déjà à de nombreuses controverses archéologiques. Celle des épées de Bordeaux en Guyenne et de Bordeaux en Savoie est du nombre (4).

Ici on parle français ; ainsi je quitte ce langage étranger duquel je me sers bien facilement, mais bien mal assurément, n'ayant eu loisir pour être toujours en compagnie de Français, de faire nul apprentissage qui vaille.

Je passai la montée du Mont Cenis moitié à cheval, moitié sur une chaise portée par quatre hommes et autres qui les rafraîchissaient. Ils me portaient sur leurs épaules. La montée est de deux heures, pierreuse et mal aisée aux chevaux qui n'y sont pas accoutumés, mais autrement sans hasard ni difficulté ; car la montagne se haussant toujours en son épaisseur vous ne voyez nul précipice ni danger que de broncher. Sous vous, au-dessus du mont, il y a une plaine de deux lieues, plusieurs maison-

---

(3) Nous nous sommes servi de l'édition d'ANCONA publiée à Città di Castello en 1889, en modernisant l'orthographe comme pour les autres récits. Le passage cité est à la page 558.

(4) GIRAUD, *Les épées de Bordeaux, archéologie comparée des industries du fer dans la Biscaye française, le pays de Guyenne et le duché de Savoie*. Lyon 1896. cf. CAMUS dans la Revue Savoisienne, 1898, page 93.

nettes, lacs et fontaines, et la poste : point d'arbres, oui bien de l'herbe et des prés qui servent en la douce saison. Lors tout était couvert de neige. La descente est d'une lieue, coupée à droite où je me fis ramasser à mes mêmes marrons, et de tout leur service à huit je donnai deux écus. Toutefois le seul ramasser ne coûte qu'un teston : c'est un plaisant badinage, mais sans hasard aucun et sans grand esprit : nous dînâmes à

Lans-le-Bourg, deux postes, qui est un village au pied de la montagne où est la Savoie, et vinmes coucher à deux lieues, à un petit village. Partout il y a force truites et vins vieux et nouveaux excellents. De là nous vinmes par un chemin montueux et pierreux dîner à

S. Michel, cinq lieues, village où est la poste. De là vinmes au gîte, bien tard et bien mouillés, à

La Chambre, cinq lieues, petite ville d'où tirent leur titre les marquis de La Chambre. Le vendredi 3 de novembre vinmes dîner à

Aiguebelle, quatre lieues, bourg fermé, et en poste à

Montmélian, quatre lieues, ville et fort, lequel tient le dessus d'une petite croupe qui s'élève au milieu de la plaine entre ces hautes montagnes ; assis ladite ville, au-dessous dudit fort, sur la rivière d'Isère qui passe à Grenoble, à sept lieues dudit lieu. Je sentais là évidemment l'excellence des huiles d'Italie ; car celles de deçà commençaient à me faire mal à l'estomac, là ou les autres jamais ne me revenaient à la bouche. Vinmes dîner à

Chambéry, deux lieues, ville principale de Savoie, petite, belle et marchande, plantée entre les monts, mais à un endroit où ils se reculent fort et font une bien grande plaine. De là, nous vinmes passer le *Mont-du-Chat*, haut raide et pierreux, mais nullement dangereux ou mal aisé, au pied duquel se sied un grand lac et le long duquel un château nommé *Bordeau*, où se font des épées de grand bruit et au gite à

Yenne, quatre lieues, petit bourg. Le dimanche matin nous passâmes le Rhône que nous avions à notre main droite, après avoir passé sur celui-ci un petit fort que le duc de Savoie y a bâti entre des rochers qui se serrent bien fort ; et le long de l'un d'eux y a un petit chemin étroit au bout duquel est ledit fort, non guère différent de *Aviusa*, que les Vénitiens ont planté au bout des montagnes du Tyrol. De là continuant toujours le fonds entre les montagnes, vinmes d'une traite à

S. Rambert, sept lieues, petite villette audit vallon.

La plupart des villes de Savoie ont un ruisseau qui les lave par le milieu ; et les deux côtés jusque audit ruisseau où sont les rues sont couverts de grands otevans, (auvents) en manière que vous y êtes à couvert et à sec en tout temps : il est vrai que les boutiques en sont plus obscures.

Je partis (de S. Rambert) lundi de bon matin et après être enfin sorti tout à fait des montagnes, commençai d'entrer aux plaines à la française. Là je passai en bateau la rivière d'Ain, au pont de Chazay et m'en vins d'une traite à Montluel.

XIX.

Les relations des ambassadeurs vénitiens à la fin du seizième siècle.

Les anciens voyageurs, si intéressants qu'ils soient dans les détails pittoresques de leurs itinéraires, traversaient trop rapidement les Alpes pour pénétrer dans l'âme du peuple. Il faut, pour assister à l'évolution qui se fit au XVIe siècle dans les populations de la Savoie, faire appel au témoignage oculaire de quelques-uns de ces ambassadeurs si perspicaces que les doges de Venise envoyèrent à la cour d'Emmanuel-Philibert et de Charles-Emmanuel I.

Emmanuel-Philibert, le vainqueur de Saint-Quentin, après une longue occupation étrangère, avait recouvré les antiques domaines de la Maison de Savoie par la force, la lance sur la cuisse comme disait l'un de ses familiers. Ce conquérant, élevé dans de grandioses cours modernes, s'empressa dans ses états reconquis de briser le moule féodal des institutions paternelles, forgeant pour ainsi dire de toutes pièces un état nouveau résolument orienté du côté de l'Italie : ce fut lui qui posa les bases solides du rêve monarchique que l'un de ses descendants devait réaliser au XVIIIe siècle. Il fallait, pour atteindre ce but, se débarrasser de tout contrôle. Le souverain supprima despotiquement l'institution populaire des Etats-Généraux qui, au temps si décrié du moyen-âge, permettait au peuple de Savoie de limiter respectueusement le bon plaisir de son très redouté seigneur. Il était nécessaire aussi, pour l'avenir de la monarchie naissante, d'avoir une capitale plus rapprochée de l'Italie. C'est alors que Turin devint le siège de la Cour et des Services publics. Enfin, on avait besoin de beaucoup d'argent : et c'est ainsi qu'Emmanuel-Philibert décupla les revenus de ses états par des impositions nouvelles.

A l'époque où les Vénitiens écrivaient leurs remarquables relations, la Savoie venait de traverser de nombreuses années d'occupation étrangère. Le Chablais occidental et le bailliage de Ternier avaient été la proie des Bernois (1536-1564) ; le Chablais oriental jusqu'à la Morge allait être rendu par les Valaisans après une possession plus longue encore (1536-1569) ; dans le reste de la Savoie (à l'exception du Genevois et du Faucigny, apanage des ducs de Nemours qui surent rester neutres dans la querelle du roi de France et du duc de Savoie), les Français avaient laissé des souvenirs agréables de leur séjour (1536-1559). On se rappelait volontiers tout l'argent qu'ils avaient laissé dans le pays et la promptitude qu'ils apportaient dans l'exercice de la justice. Aussi les esprits se tournèrent-ils rapidement du côté des sympathiques envahisseurs quand, après la paix de Câteau-Cambrésis qui avait libéré le territoire, Emmanuel-Philibert accueilli comme un sauveur s'aliéna aussitôt son peuple de Savoie par sa politique nouvelle exagérée encore par son fils Charles-Emmanuel. On en jugera d'après les témoignages de divers ambassadeurs vénitiens qui vécurent à leur cour. (1)

Les habitants de la Savoie, déclare l'ambassadeur vénitien Boldu en 1561, dès que la paix fut arrivée, attendaient leur prince avec un tel élan d'enthousiasme qu'ils paraissaient, ou peu s'en faut, attendre l'arrivée d'un Dieu, espérant ainsi un âge de félicité ou tout au moins le retour des institutions du duc précédent Charles, époque où l'on n'avait entendu parler ni d'impositions, ni de charges d'aucune sorte. On obligea les sujets à acheter le sel à un prix si élevé que le poids en était excessif et intolérable ; en outre, il leur était défendu d'exporter le blé sur les marchés à leur convenance, Son Excellence les forçant à le vendre aux Piémontais. Et, ce qu'il y avait de pis, c'est que là où les prédécesseurs des souverains se contentaient au maximum, chaque année, d'une somme de 60.000 à 70.000 écus, constituant le revenu de leurs états, Son Excellence était en

---

(1) *Le relazioni degli ambasciatori veneti al senato durante il secolo XVI*, édition ALBERI, en 15 volumes. Voici les références des relations qui nous ont servi : BOLDU t. VII p. 441 et 444, MOROSINI t. VIII p. 136, VENDRAMIN t. XI p. 167 et 149, CONTARINI t. XI p. 270

train de leur arracher, par des impositions nouvelles, un demi-million d'écus. Aussi les Savoyards ne se cachaient-ils pas pour maudire la paix ouvertement et désirer la guerre plus que jamais... Il n'est pas douteux qu'il leur soit resté dans l'esprit beaucoup d'affection et d'inclination, comme on peut le reconnaître, pour la France et qu'ils soient très largement partisans de ce pays... Les habitants, vivant sur leurs provisions de blé n'exercent aucune industrie et pour gagner leur vie ne montrent d'autre disposition que celle de la culture des terres. On s'en aperçoit dans leurs maisons (je parle des hommes de la campagne) où tout le mobilier ne vaut pas quatre écus au point qu'ils n'ont même pas de literie pour dormir, se servant pour les remplacer de sacs remplis de feuilles d'arbres.(2)

La Savoie, constate un autre vénitien Morosini en 1570, est située dans un pays apre et accidenté, aussi stérile que difficile à franchir et à parcourir, effrayant même à regarder en beaucoup d'endroits ; j'ai vu cette région presque complètement dans le temps que je chevauchais en chassant le cerf en compagnie du duc pour lui faire plaisir, ce qui me donna occasion d'aller dans des lieux terribles à travers les escarpements les plus raides et les plus difficiles du monde. Cette masse de montagnes et leurs aspérités causent dans ce pays une pénurie de ressources notamment en céréales,

---

(2) E lo dimonstrano bene le case loro, nelle quali non si vide tanta roba che basti a formare il valore di quattro scudi (parlo degli uomini del contado) perciocchè neppure hanno letti sopra i quali dormire ma in cambio di quelli usano certi sacchi di foglie d'alberi.

si abondantes au contraire en Piémont : de sorte que, s'il n'y avait de grandes quantités de chataignes et la proximité de la très fertile Bresse, cette situation topographique entrainerait grand mal. Du reste, le vin suffit aux besoins et il y a telle quantité de viandes excellentes qu'on peut alimenter les populations du voisinage ; c'est là d'ailleurs le principal revenu des personnes aisées du pays... En dehors des aliments la Savoie ne produit pas autre chose qu'un peu de chanvre qui sert à la fabrication de torchons et de toiles qui s'exportent...

On trouve en Savoie une quantité considérable de chateaux appartenant à des gentilhommes feudataires ; il est d'usage, comme en France, pour toute personne revendiquant par sa naissance un titre quelconque de noblesse, d'habiter dans des châteaux à la campagne. Bien souvent ces châteaux où demeurent les nobles consistent seulement en une maison d'habitation à côté de celle du fermier qui fait valoir leurs terres : ils la baptisent d'un nom, s'appellent seigneurs de ladite terre et y ont juridiction. Comme vassaux du duc de Savoie, ils sont exempts de tout impôt foncier ou personnel, n'étant astreints qu'en temps de guerre au service militaire avec un ou plusieurs chevaux suivant l'importance du fief... La population est en grande partie protestante (3), tant les nobles que les roturiers, et pour cette raison peu dévouée au prince, bien que Son Excellence se montre avec elle très familière et aimable, n'affectant pas en Savoie ces airs de hauteur dont elle use avec les Piémon-

---

(3) En réalité cette observation n'est vraie que pour le Chablais occidental et le bailliage de Ternier où les Bernois obligèrent les habitants à embrasser le protestantisme. Ces pays conservèrent cette religion de 1536 à 1598.

tais. J'en causais un jour avec le duc, étant à Chambéry, alors qu'il m'avait invité à dîner avec lui chez un gentilhomme de cette localité, chose qu'il ne ferait pas en Piémont, si puissant que soit le vassal. Il me disait que c'était là un usage à la française, les nobles de ce pays étant volontiers familiers avec leurs princes et leur roi, mais avec une telle discrétion qu'ils savaient quand ils pouvaient être familiers et quand arrivait le moment de se retirer, tact inconnu aux Piémontais qui, remarquait le prince, si j'en usais aussi familièrement avec eux, voudraient de suite me gouverner et laisseraient entendre qu'ils sont plutôt mes camarades que mes vassaux. Indépendamment du point de vue religieux, les populations sont mécontentes du poids des impositions qui s'élèvent chaque année en Savoie à 120.000 écus, charge, à cause de la pauvreté du pays, bien plus lourde que celle qui pèse sur le Piémont. Et si ce poids soulève en Piémont des récriminations, que Votre Sérénité soit certaine que la Savoie est encore plus frappée, n'ayant pas été habituée dans les temps précédents à payer des impositions d'aucune sorte. Ajoutons enfin que la population s'émeut à la pensée de voir le duc choisir le Piémont comme résidence ordinaire et donner pour ainsi dire entièrement les principales charges à des Piémontais, tandis que ses prédécesseurs demeuraient habituellement en Savoie et se servaient des Savoyards pour les fonctions publiques importantes et pour les missions, considérant à l'encontre du prince actuel le Piémont comme une partie accessoire de la Savoie. Cette situation non seulement provoque le mécontentement vis-à-vis du souverain, mais fait naître entre Piémontais et Savoyards la rivalité et la mésintelligence.

La Savoie, expose à son tour François Vendramin en 1589, pays peu fertile et peu peuplé, a souffert de mon temps tous les fléaux que Dieu peut envoyer aux peuples pour les châtier. Et tout d'abord plus de trente mille personnes sont mortes de faim en deux ans faute de vivres, à la suite d'une stérilité extraordinaire ; la population n'ayant pas de quoi se nourrir, on trouvait sur les routes des gens morts, l'herbe à la bouche. (4) Mais, ce qui est digne d'une aussi grande pitié, ce sont les ravages causés par la peste qui, aussi de mon temps, a fait périr plus de cent mille personnes, d'après les conversations que le duc m'a tenues fréquemment avec une très grande douleur. Et, finalement, brochant sur tous ces malheurs, la guerre actuelle est survenue, outre le passage de tous les hérétiques qui ont traversé cette région plusieurs fois, et particulièrement ces soldats napolitains de Sa Majesté Catholique qui passèrent en Flandre il y a deux ans et

---

(4) « E principiando, dalla fame sono morte piu di 30.000 persone in due anni per mancamentto del vivere, causato da una sterilità straordinaria per la quale, non avendo quei popoli di che nutrirci, si trovavano morte le persone con l'herba in bocca sopra le publiche strade ». Voici un autre document, un peu postérieur, caractérisant bien aussi l'effroyable misère qui pesa, certaines années, sur les anciennes populations de la Savoie. « Les peuples n'ont plus de forces pour porter les charges dont ils sont accablés, la plupart des paysans ne vivant que de l'herbe et ressemblant à des squelettes... Quoique les peuples de Savoie n'aient jamais manqué de fidélité au Roi (de France), ils sont réduits à vivre du pâturage des animaux... » (Archives nationales, lettre écrite le 13 mai 1709, pendant l'occupation de la Savoie par les armées de Louis XIV, de 1703 à 1713, et adressée au Contrôle général des finances par l'avocat général du Sénat.)

firent plus de mal aux populations que des ennemis. Aussi voit-on ce pauvre pays réduit à la dernière extermination. A la suite de ces calamités, la population de la Savoie est tombée de 500.000 à 400.000 habitants, personnes misérables pour la plupart, sans industrie et sans ressources. Les aspirations de cette population (ainsi que les mœurs, la langue et le costume) sont entièrement françaises, mais tournées plutôt vers le parti des Guises que vers celui du Roi. Les habitants ont très peu d'affection pour la personne de leur duc... (Dans les bailliages de Chablais et de Ternier) la population, afin de pouvoir conserver sa liberté de conscience et de vivre sans être surchargée d'impôts, préfère le gouvernement des Suisses à celui du duc de Savoie.

La Bruyère dit avoir vu quelque part, en France, des êtres farouches à face humaine « attachés à la terre qu'ils fouillent et remuent avec une opiniatreté invincible ;... ils épargnent aux autres hommes la peine de semer, de labourer et de recueillir pour vivre et méritent ainsi de ne pas manquer de ce pain qu'ils ont semé ». On vient de lire dans la douloureuse page de l'ambassadeur Vendramin, que le paysan de Savoie n'eut même pas toujours ce pain, si péniblement gagné. C'était à une époque calamiteuse, cette fatale année 1589 où les Genevois et les Bernois ravagèrent le Chablais. Les folles ambitions de Charles-Emmanuel I, provoquant des guerres incessantes, devaient encore accumuler de nouvelles ruines.

Les peuples de la Savoie, écrit Simon Contarini en 1601, l'année où, par le traité de Lyon, Charles-Emmanuel I avait été contraint de céder à la France la Bresse, le Bugey et le pays de Gex, enviant la fortune et les avantages des populations qui se trouvent sous le sceptre du roi de France, disent que, au-delà du Rhône, on vit dans le paradis à cause des grandes satisfactions données par la domination française, tandis que eux restent dans le purgatoire en raison des charges écrasantes et continuelles établies par leur duc... A la suite des troubles de la guerre, des rapines des ennemis et des licences de la soldatesque, la Savoie reste dépouillée du gros et du menu bétail. Il en est résulté que, dans son impuissance à remettre les terres en culture, le peuple manque de ressources pour se soutenir. Aussi, en beaucoup d'endroits, voit-on des hommes à la face déformée par la misère et au corps amaigri par la famine, provoquant à la fois chez celui qui les regarde, la surprise, la compassion et l'épouvante : ces malheureux, s'ils rencontrent quelque voyageur, courent derrière le cheval pendant deux ou trois milles pour attraper un gros, et bien souvent, qu'ils l'aient ou non, tombent inanimés de faiblesse à la suite de leur course, beaucoup d'entre eux ayant été trouvés morts le long des routes. (5)

... Je ne veux pas m'étendre par le menu sur les détails de la misère dont souffre le pays, des villes complètement brûlées, des églises ruinées, du nombre grandissant des pauvres gens se réfugiant dans les montagnes les plus escarpées pour échapper au double fléau de la peste et des ennemis, de telle sorte que l'on pourrait dire que, en fuyant la cruauté des hommes, on trouverait chez les bêtes féroces plus

---

(5) « Quali se trovavano un viandante, correvano dietro al cavallo due o tre miglia per aver un grosso, e ben spesso, l'avessero o non l'avessero, per la debollezza, col fine della carriera finivano la vita, essendosene molti trovati morti su per le strade ».

d'humanité et l'on vivrait en sûreté au milieu d'elles. Je ne veux cependant pas passer sous silence une autre affliction, causée toutefois par la guerre, celle de la fausse monnaie introduite dans ce pays par les soldats et autres étrangers. Le pauvre diable, qui n'a le plus souvent que de la menue monnaie, pour ainsi dire entièrement contaminée, n'a pas le plus souvent le moyen d'acheter une livre de pain ; car s'il veut l'avoir, il est obligé de se procurer un écu d'or qui se paye le double, et, après avoir eu un peu de pain, il reçoit le reste en monnaie de cours.

Il ne faudrait point croire que cette extrême misère des classes agricoles fut dûe à une excessive richesse de la noblesse. Les gens de robe, annoblis par leur entrée dans la magistrature, font entendre à ce sujet de curieuses doléances :

« Pour voir, disent-ils, jusqu'où va la pauvreté de la noblesse,... on a pu remarquer combien il y a de gentilshommes dans les provinces qui n'ont pas 3 à 400 florins de revenu et, qu'à la réserve d'un petit nombre de familles, les autres qui passent même pour accomodées ont à peine ce qui leur faut de denrées pour subsister et seraient regardées comme pauvres dans un autre pays. En effet, la noblesse ne pouvant s'entretenir que du revenu de ses biens, desquels même elle ne peut retirer que la moitié, étant obligée d'en laisser l'autre partie pour le droit colonique aux roturiers qui les cultivent et les fonds de ce pays étant stériles et ne produisant qu'à force de travail, il arrive que ce qui reste aux gentilshommes se réduit à bien peu de chose et que ceux même qui ont des fonds considérables ne laissent pas d'avoir de la peine à subsister ». (6). Cette situation précaire

---

(6) Mémoire de la Chambre des Comptes de Savoie relatif à la vérification de l'édit de 1699 sur la participation des nobles au paiement de l'impôt foncier. *Archives de Cour* à Turin, catégorie des « Matières économiques ».

de la classe privilégiée n'avait pas échappé à la perspicacité des Vénitiens.

La Savoie ainsi que le Piémont, dit encore l'ambassadeur Barbarigo en 1608, est remplie de juridictions et de fiefs. Bien que leurs possesseurs soient exempts d'impôts et jouissent de quelques autres avantages à l'exclusion du commun des sujets, et qu'ils tirent divers revenus obligatoires de leurs fiefs, peu de seigneurs peuvent se suffire avec ces seules ressources. Aussi, le plus souvent, l'exiguité de leurs revenus et la difficulté d'obtenir des avances les empêchent de faire face aux occasions de dépense qu'entraine la qualité de gentilshommes, et que suscite assez souvent Son Altesse. En outre, plus riches de titres et de juridictions que de revenus utiles, les gentilshommes sont d'autant plus empêchés de faire honneur à des dépenses extraordinaires qu'ils manquent même des facultés nécessaires pour mener le train ordinaire de leur condition.

On pourrait s'imaginer que tous ces tableaux, à la manière noire, sont empreints d'exagération. Citons, entre bien d'autres, pour en attester l'éloquente vérité, un témoignage peu contestable, celui de la Chambre des Comptes de Chambéry qui s'efforçait de défendre le peuple de Savoie contre les exigences inhumaines de son souverain. « La multiplicité des exactions, — déclarent les magistrats dans un avis du 22 août 1612 conservé aux Archives Camérales de Turin —, et les surcharges au-dessus des facultés des peuples n'accroissent jamais les finances des princes ; au contraire les ruisseaux, qui doucement en couleraient en leur donnant le temps, sont divertis par telles précipitations aux bourses de ceux qui font leurs affaires par dedans les nécessités publiques. Et qui pis est, en ce pays c'est l'étranger et le voisin qui s'engraisse de nos dépouilles et prend droit sur les fonds des sujets de Votre Altesse, fièvre lente qui peut causer beaucoup de mal en un corps politique. Et outre cela, les exécutions emportent la plupart, et pour le comble de tout malheur, les violences qui s'y font ruinent les peuples, les troublent en leurs négoces et tarissent tout à fait les sources des moyens d'un état..»

Ce ne sont pas des années, mais des siècles qui pesèrent lourdement et douloureusement sur la Savoie depuis l'orientation italienne de la politique de ses souverains. C'est dans cette longue souffrance qu'il faut chercher, à partir du XVIe siècle, l'origine du mouvement d'opinion qui devait tôt ou tard entraîner les populations vers la France.

XX.

L'ambassade de l'abbé de Saint Vaast d'Arras à travers les Alpes.

En mars 1582, le Mont-Cenis fut traversé par une ambassade espagnole, celle de dom Jean Sarrazin, abbé de Saint Vaast d'Arras, du Conseil d'état de Sa Majesté Catholique et son premier conseiller en Artois. Les incidents de la route, plus plaisants que fâcheux, ont été contés avec une agréable prolixité par un membre de l'escorte du révérendissime abbé. Dans sa narration, Philippe de Caverel, religieux de St-Vaast, n'est pas insensible aux beautés des Alpes : la descente du massif de la Grande-Chartreuse lui donne « grande raison d'admirer la nature et son ouvrier ». On trouvera dans son récit des détails assez curieux sur les guides de Lans-le-Bourg. (1)

D'ici (la Grande Chartreuse) en avant, l'on chemine longtemps au fond d'un haut canal

---

(1) Cette relation a été publiée en 1860 dans le 3e fascicule des *Documents concernant l'Artois* publiés par l'Académie d'Arras.

creusé admirablement, soit de l'eau soit de nature, où l'on admire avec raison la hauteur des montagnes, les masses de rochers qui se montrent de toutes parts, et l'étonnement croit avec le chemin quand l'on se trouve sur les côtés et pendants des montagnes, restant d'un côté une hauteur incroyable de rochers qui, élevant la terre comme à l'envie, autrefois droit, autrefois en penchant sur le pendant, cassés, rompus, brisés, usés qu'ils sont de foudre, de tempête, de pluie, de neige, de grêle, du temps mange-tout, semblent menacer les passagers d'une présente ruine et vouloir rouler par grosses lippes ès lieux de si grande profondeur et tels précipices que la vue des plus assurés en serait bientôt troublée en si étroit chemin. D'autre part, les fontaines qui saillent de ces monts de rochers, les ruisseaux qui en découlent avec un doux bruit, un spécialement jeté de grande hauteur sur le chemin, donnent grand'raison d'admirer la nature et son ouvrier ; à quoi se joint un singulier plaisir quand, parmi le travail du chemin, l'on découvre à l'œil les secrets de nature, et signamment les origines des rivières ; car on voit les gros rochers ou jeter eau tout à coup, ou comme la suer et distiller en divers endroits...

A l'endroit du passage de la barque du Rhône l'on découvre, tout voisin, un château étrangement bâti et creusé entre les rochers, (Pierre-Châtel), lequel on nous disait avoir plusieurs secrètes entrées souterraines et être tellement dressé que les bouches à feu donnent droitement sur les avenues d'icelui, sans que l'on s'en aperçoive que bien tard. Il y a aussi quasi vis-à-vis, sur l'autre rive une porte qui ferme entièrement le chemin, laquelle on nous assurait être bâtie par le duc de Piémont et Savoie, afin de couper chemin à ceux de Genève, lesquels, pour fidèles qu'ils sont, ont essayé quelques fois de passer en Savoie par ce lieu bien propre à couvrir grand nombre de gens, afin d'attenter choses préjudiciables au public, de même conscience qu'ils détiennent cette ville (sic) et qu'ils se sont émancipés de la sujétion dudit Duc, leur prince naturel. Si est ce qu'un monastère voisin, admirablement haut, assis sur les montagnes, est encore exempt, par cette incommode commodité, de l'injure de mauvais voisin.

Plus outre, l'on se tire petit à petit des rochers, et, approchant Chambéry, l'on entre en une plaine la plus belle et la meilleure, comme je crois, de Savoie, qui nous donna moyen de diligenter tellement qu'arrivâmes sur la brune aux faubourgs de ladite ville.

Chambéry surpasse en grandeur et beauté d'assiette toute autre ville de la Savoie que j'ai pu voir, aussi est-ce la ville capitale de la province et le lieu où le parlement est reséant. Elle est aussi assez bien murée ; si est ce qu'elle ne m'a semblé guère forte pour des raisons que je laisse considérer aux gens de guerre.

Le quatorzième jour (de mars 1582), le sieur ambassadeur fut empêché de partir si matin qu'il prétendait parce qu'étant averti qu'aux avenues de l'Italie l'on s'informerait si la compagnie venait de pays non entaché de maladie contagieuse, et que l'on ne défèrerait pour ce regard ni aux personnes, ni au serment mais bien au témoignage qu'il en apporterait de Chambéry. Encore qu'il semblait que ce fût une petite composition et chicanerie, il trouva convenir de lever le certificat et billet de *sanitad* qu'ils appellent ; en quoi se perdit quelque temps, bien qu'il n'y eut difficulté pour l'obtenir.

Mais cependant il se présenta occasion de rire aux compagnons. Car, comme se dispensant du jeûne pour le travail du chemin, ils étaient importuns à l'hôtesse pour leur déjeuner, elle leur dit bravement : *par ma foi, messieurs, le déjeuner sera tôt prêt, car on ne donne en ces quartiers, que peu de pain et de noisilles à déjeuner, et s'il vous plait autre chose, il vous sera compté pour un dîner.* De quoi s'étant mis à rire, comme la chose leur était non ouïe jusqu'alors, ils aimèrent mieux qu'il fût compté pour un dîner que manger le pain sec et les noisilles, l'un chargeant l'estomac, de sorte qu'il ne peut bien respirer, l'autre causant la courte haleine, tous deux grands inconvénients pour ceux qui courent la poste. Le sieur ambassadeur avait de quoi se reposer, étant servi de gens si discrets et si bons médecins : aussi, moyennant ce et l'aide de ce bon Dieu, sont-ils tous retournés sains au logis.

Le dit jour, comme passions de Chambéry à Saint-Jean-de-Maurienne, peu y manquait que n'eussions toutes les choses qui sont ordinairement pour la récréation et contentement de l'œil, les montagnes, les fontaines, les ruisseaux et coulants d'eau vive, les vallées, les rivières, les boccages ; si aucun contentement se peut trouver ès montagnes de Savoie et mêmement en cet endroit, où trouvions le chemin pendant, étroit, dur et âpre, empêché, creusé et rompu, et ainsi guère sûr, à cause des profondes vallées et le croulement des rochers ; même le plaisir de la rivière était ôté parce que le chemin ci gelé et accommodé piteusement sur les côtés des montagnes donne occasion de craindre la chute en l'eau, et, comme est besoin suivre le chemin tantôt à dextre, tantôt à gauche du val, où l'eau sera profonde l'on passe sur quelque méchant pont, où elle est peu profonde l'on passe à gué la rivière, roide qu'elle soit, en danger que les chevaux ou mal appris et échauffés se plongent en l'eau, ou par faiblesse soient abattus de la raideur du cours, ayant même les jambes si raides qu'à grand peine les savent lever par dessus les moindres rouilles et pièces de rochers qu'ils rencontrent au canal...

A environ une lieue de St-Jean-de-Maurienne où nous tirions, l'on trouve moyen d'échapper les détroits par une haute montagne qui a le chemin raide et le précipice fort voisin, et semble ce néanmoins avoir été ouverte ou par vive force ou par l'industrie des hommes...

Il est certain que les Alpes sont bien une haie et ceinture à l'Italie, mais non pas sans largeur, comme l'on s'imagine une ligne mathématique ni d'une largeur arrêtée comme une volée de grues et oies sauvages allant de suite, ni comme une bande de cerfs passant à la nage, la tête de l'un sur le dos de l'autre, quelque grande rivière, de même qu'elles n'ont pas les cimes également élevées.

« Les hautes cimes des Alpes, dit Strabon, alors qu'elles paraissent former une seule montagne, sont découpées en plusieurs parties et s'inclinent en plusieurs sommets ; » ains sont jetées de çà et de là comme un bois de haute futaie, touffu en un lieu, clair en l'autre, s'avançant ou retirant sans ordre ni proportion, ainsi qu'une volée de pigeons ou d'étournaux qui s'élargissent, se serrent et débandent du troupeau et se reposent ès champs au large, au long ou serrés.

A l'heure que passions le détroit, il y tirait un bien grand et froid vent qui nous donnait opportunément à dos, si est ce qu'il nous ôta l'envie d'arrêter pour considérer curieusement la chapelle qui est bâtie sur le passage, ayant son hermitage sur le pendant mais un petit éloigné du chemin, et un vivier ou lac enclos au milieu des montagnes, qui ôte la peine au bon hermite d'aller chercher l'eau, avec le travail que prenaient autrefois ceux des solitudes de l'Afrique...

(En Savoie), les monts y sont tellement élevée et cassés qu'il y pleuvrait bien sans aucun prodige, non des tuiles ou des briques mais de belles et grosses pierres de rochers ; et à propos il se faisait tel bruit et violence de vent et de nues rencontrant le rocher voisin du passage et se combattaient tellement l'un l'autre qu'avions occasion de craindre quelque pluie extraordinaire...

Parvenus par le reste du chemin rude et quelquefois raide à Saint-Jean-de-Maurienne, la ville me sembla passable de première abordée, mais « Hélas, c'est une cité qui se ressent du voisinage de Genève » car, comme l'on nous eut adressés à la meilleure hôtellerie ainsi que l'on disait et qu'au descendre l'hôtesse se fût présentée au sieur ambassadeur pour savoir ce qu'il désirait manger, lui étant déclaré par icelui que toutes choses bonnes, la dame commença à plumer poulets et perdrix, comme si le bonhomme de carême n'eut encore gagné les montagnes, qui nous fit incontinent entendre que ce lieu se ressentait bien fort de sa mauvaise voisine ; et comme on lui déclara que le sieur ambassadeur n'entendait être ainsi traité, elle ne s'en étonna guère, alléguant pour toute excuse qu'il leur était ordinaire de traiter les passagers selon qu'ils désiraient et que la chose leur était à pardonner pour être montagnards et en lieu de grand passage. Ainsi la bonne dame se montrait bien éloignée de vouloir faire scrupule de peu de chose, sa contenance et les comportements de ceux du logis donnant occasion de croire qu'elle n'eut pas fait grand cas d'autre chose qui l'en eut pressée.

Au reste, l'hôtellerie n'était pas mal accommodée, les compagnons ne trouvant plus grande incommodité sinon que le vin se ressentait bien fort de l'âpreté de Savoie, qui donna occasion à quelques uns d'eux de descendre en la cave pour goûter le meilleur, où s'étonnèrent de voir les futailles grandes, ayant d'extraordinaire sur l'un des fonds un huis si grand qu'un homme tout vêtu, chaussé, botté y entrerait et en pourrait faire sa maison par aventure aussi aisée que celle de Diogène, tant connue et admirée même du grand Alexandre. Mais comme où l'un bâtit les huis ou les fenêtres l'autre y bâtit la cheminée, par aventure que Diogène avait son huis en autre endroit. L'on nous donna à entendre que cet huis servait pour nettoyer le vaisseau quand le vin était bu : autrement l'on eut pu croire, considéré la grosseur du vin, que c'était pour le couper au couteau, car on n'en voit distiller une seule goutte, par les jointures de l'huis...

Le 15e jour, le sieur ambassadeur arrivait de bonne heure à Lunebourg (*Lans-le-Bourg*), village séant au pied du Mont Cenis, si est ce qu'il y arrêta, ne lui restant heure suffisante pour franchir ce mont. Sur le chemin nous découvrimes encore plus que paravant la pauvreté de Savoie, non seulement pour trouver les postes mal accommodées et montées ordinairement de juments, car il s'y trouve bien peu ou nuls chevaux mais pour une infinité de neiges et de rochers, « dont les sommets sont à peu près dénudés, dit Tite-Live, et dont les perches servant à indiquer la route sont englouties sous la neige », de sorte qu'il nous advint quelque semblable étonnement que ledit auteur dit être advenu aux gens d'Annibal, lorsqu'ils se trouvèrent environ ces endroits des Alpes. « Alors, bien que l'on fut prévenu par le bruit public qui exagère plutôt la vérité, la vue sur place de ces montagnes élevées, de ces neiges se confondant presque avec le ciel, de ces toits informes posés sur des rochers, ce bétail et ces bêtes de somme engourdis par le froid ,les hommes hirsutes et grossiers, cette congélation des êtres vivants comme des objets inanimés, et bien d'autres choses plus affreuses encore à voir qu'à dire nous remplirent d'une nouvelle terreur. » Car, à la vérité, l'on a de quoi admirer l'excessive hauteur des rochers, les montagnes de neige, les rudes bâtiments, quelquefois attachés aux rochers, quelquefois enfoncés avant dans la neige, et ne recevant autre lumière que de la porte, les bêtes maigres et déshalées, les hommes hérissonés, grossiers et plusieurs d'iceux portant la gorge grosse et enflée leur pendant sur la poitrine et rendant le menton, le col et la face monstrueux de même que l'on écrit des Styriens (JOH. POEM. l. 3 ch. 17, de *morib. gent.*) peuple rude et agreste de la Carinthie, lesquels en sont empêchés de parler...

La diligence qu'ils mettent aussi à cultiver quelques petites parcelles de terre, pierreuses qu'elles soient et la part où elles soient situées sur rochers que l'on juge inaccessibles sur les pendants si raides que l'on ne s'y peut maintenir que bien malaisément, montrent qu'ils en ont grande disette, chose qui nous faisait admirer de quoi telle multitude de gens, que nous rencontrions en ces lieux, pouvait vivre. Mais l'orateur a bien dit : « L'économie est un gros revenu » et le philosophe : « La Nature se contente de peu ». Cette grande disette a mu, comme je crois, les personnages vertueux à ériger divers hôpitaux ès villes et villages de Savoie pour y recevoir pèlerins, qui malaisément pourraient impétrer chose qui vaille de ceux qui sont tant empêchés pour satisfaire à leur propre nécessité, ce qui cause qu'iceux-mêmes sont plus empêchés ordinairement à demander qu'à donner, ou bien à présenter leurs services jusqu'à importunité : dont nous eumes quelque expérience environ deux lieues en-deçà de Lans-le-Bourg, où le chemin se présentant aucunement dangereux, pour la grande quantité de neige de laquelle les juments se pouvaient difficilement tirer, quelques savoyards obtinrent par importunité que le sieur ambassadeur et quelques autres se laissèrent ramasser, comme ils appellent : c'est être traîné en chaise propre, vitement sur la neige, pour assez vil prix, lequel si vous excédez un petit, par courtoisie, ils vous donnent un million de bénédictions et avec telle affection qu'ils vous font pitié.

Mais l'expérience en fut bien tout autre à Lans-le-Bourg où les brides des chevaux et les étrivières des selles furent incontinent saisies par ces pauvres gens, chacun présentant son service à qui mieux mieux, et avec toute l'honnêteté dont se pouvait aviser, ne se contentant de dire une fois ou deux : *Monsieur, s'il vous plaît, je vous servirai. — Monsieur, ne vous plaît-il pas que je vous serve. — Monsieur, je suis marron bien expérimenté, j'ai conduit tels et tels par la montagne, je vous servirai fort bien, ainsi comme il vous plaîra, à telle heure que vous voudrez.* Et comme la chose se fait à l'envie, un autre en dit autant ou plus, et puis un autre, cinq ou six par ensemble, une douzaine, quarante ou cinquante. L'on ne sait à qui entendre et moins à qui croire. Je tiens qu'il n'y a pas tant de presse à s'approprier quelque signalé prisonnier quand tout un régiment d'infanterie y prétend en particulier, et cependant chacun s'efforce de gagner votre grâce, chacun s'approche et fait ce qu'il peut. C'est l'extrême au descendre : l'un tient le cheval, l'autre vous ôte le pied de l'étrier, un troisième vous lève du cheval, le quatrième vous reçoit, le plus habile vous porte l'épée si le désirez, autre lève le coussinet et l'emporte quand et vous, autre vous guide en la chambre, y met et prépare votre cas, se présente pour vous débotter, enfin le service si importun retombe en facherie.

Je ne vis en lieu du monde telle abondance de serviteurs desquels si quelque partie était répartie en quelques endroits d'Espagne, il en serait de mieux aux passagers. Le sieur ambassadeur se pensa ôter cette facherie choisissant quelque nombre d'iceux pour en être servi, le lendemain au passage de la montagne. Mais il n'y gagna guère, se présentant lors nouvelle difficulté, comme les uns s'efforçaient de maintenir le lieu qu'ils disaient ou avoir gagné ou leur être promis et les autres s'efforçaient d'être mis au nombre des choisis, de sorte que du soir bien tard et de grand matin se fit un merveilleux tintamarre ès environs de la maison comme si quiconque gagnant un écu en servant à ce passage il en dût être riche le reste de sa vie ; qui nous donna occasion de partir le 16 plus matin que le sieur ambassadeur n'avait premièrement résolu.

A la sortie du bourg, l'on n'est pas si tôt passé l'eau qui fait moudre en cet endroit un moulin qui scie le bois (c'est le commencement de la rivière de l'Arc qui se va rendre en l'Isère à Grenoble) que l'on commence à monter le Mont-Cenis, les marrons cotoyant et toujours prêts à retenir le cheval s'il bronche ou glisse, aucunement faisant leur office en conformité de leur nom qu'ils disent signifier garde, guide, conducteur ou adresse du chemin...

La montagne du côté de deçà n'est pas si raide, si est ce que le chemin n'en est pas assuré parce que la plupart de l'année, il est couvert de neiges englacées, étant ordinaire selon que lesdits marrons nous disaient, que depuis la Saint-Michel jusqu'à la Saint-Jean, la neige y soit haute... Du même côté, la montagne est assez bien revêtue d'arbrisseaux, signamment de pins, desquels les habitants du bourg peuvent abattre quelque quantité par chacun an, les uns plus les autres moins, chacun selon qu'il est cottisé, en égard de son ménage ; il n'est toutefois loisible à aucun, sur peine de la hart, de toucher au pendant qui couvre le bourg, combien qu'il en soit bien revêtu, à cause que les plantes y servent pour retenir la neige, qui autrement coulant en bas par grosses masses viendrait à accabler le bourg.

Au dessus du mont, il y a une plaine d'environ une demi-lieue, où la maison de la poste est située, car c'est abus d'en faire une ville, et auprès d'icelle une fontaine sortant d'un tuyau de bois, qui rafraichit un lac ou vivier voisin, lequel je ne vis point soit que je fusse empêché à autre chose soit qu'il fut glacé et couvert de neige ; mais j'en fus averti par un conte que l'on fait qu'un Saint Père, passant par ce lieu et entendant que les voisins débattaient souvent pour la pêcherie, y donna sa malédiction avec tel effet que depuis, il n'y a eu poisson. Il le croira qui voudra parce que les bénédictions des Saints Pères sont plus suivies de fertilité que de stérilité, et qu'iceux n'ont accoutumé user souvent de malédictions.

De la poste en avant, l'on tire à travers la plaine par une étroite pied-sente de laquelle qui aimera sa vie se gardera de démarcher ; car, comme quelques chevaucheurs et muletiers trouvés en voie furent forcés de nous donner passage, comme chacun est tenu de céder à la poste, en déplaçant seulement d'un pas ou deux ils se plongèrent bien avant dans la neige.

Au bout de ladite plaine, il y a une croix et si la mémoire ne me trompe une chapelle que l'on appelle des *morts fondus ;* étant aisé de croire que ce nom n'a été donné sans effet, d'où l'on commence la descente fort raide et si voisine des précipices que tout le poil hérissonne aux passagers et plus à ceux qui n'ont la tête ferme. Là fait beau voir comme chacun pourvoit à son assurance et premièrement personne n'a le cœur de demeurer à cheval, chacun aimant mieux mettre pied en neige et puis l'on prend un bâton pour s'appuyer, l'autre se fait soutenir d'un ou deux marrons, lesquels marchent hardiment sur la neige, pour en être usités, ne s'étonnant aucunement des détroits ou précipices, assurés de leur habileté et sur petites planches de fer pointues qu'ils lient ferme à leurs souliers, donnant cependant belle peur à celui qui porté d'eux considère mieux le hasard, voyant sa vie dépendre d'un seul pas mal assis et de gens assez téméraires...

Que l'on se trouve servi des marrons comme l'on voudra, il me semble bien aussi assuré de faire le chemin à pied, un bâton acéré dans la main droite, et un marron prêt à gauche pour en être soutenu au besoin, avec quoi si l'on peut se procurer des planchettes dont ils usent, il ne reste plus à souhaiter sinon que bonne tête je ne dis pas opiniâtre mais non sujette au troublement et haut mal, presupposées bonnes jambes ; car bien que le chemin étroit et voisin des précipices ne soit pas long, si est ce que tout l'autre qui reste jusqu'à La Ferrière et de là à Novalaise, distant environ deux lieues de la poste est si droit, rude et apre que l'on se peut malaisément servir de chevaux, sans danger de s'abattre sur les rochers et s'y casser tête ou jambes ; aucun des nôtres, comme bien avisés, y pourvurent bien, quittant de bonne heure leurs chevaux sans considérer qu'il fait bon aller à pied quand l'on mène son cheval par la bride, en quoi leur advint bien que les chevaux furent si sages que de suivre, car ils ont ordinairement ce sentiment, si tôt qu'ils se sentent déchargés de retourner court à la maison.

A Novalaise on nous donna à manger pour tout poisson et fruit de carême des œufs et des caracolles ou limaces, mal à propos pour ceux qui faisaient cas de conscience de manger des œufs et avaient en dégoutement les caracolles, ne pouvant imaginer comme elles se peuvent assez purifier de leur ordure et viscosité étant cuites en l'écaille...

XXI

Les Voyages du Seigneur de Villamont.

La préoccupation des détails pratiques utiles aux voyageurs distingue tout particulièrement les *Voyages du Seigneur de Villamont.*

Ce noble breton, qui fut attaché à la cour d'Henri IV comme gentilhomme ordinaire de la chambre du Roi, passa ses belles années par monts et par vaux « avec très grande peine et frais presque insupportables ». En rédigeant son livre, il pensa non seulement au marchand désireux d'être renseigné sur un itinéraire qu'il doit suivre mais aussi au lettré curieux de faire un voyage dans son fauteuil, ainsi qu'il l'annonce obligeamment :

Français, voyez ces peuples étrangers,
Sans changer d'air faites ce long voyage.
De Villamont en la fleur de son âge
A ses dépens vous tire des dangers,

Ses descriptions furent si goûtées que, en moins de 20 ans, on publia dix éditions de son livre. Sa description de la route de la Savoie, qu'il traversa en 1588, est particulièrement curieuse. (1)

Les alpinistes liront avec intérêt sa curieuse narration de l'ascension de Rochemelon.

Au mois de juin 1588, je vins droit à Paris où je laissai la moitié de mes deniers entre les mains d'un banquier, duquel je pris bonne lettre de change qui les m'assura à Rome, et lui payai sept pour cent pour le port desdits deniers. Quant à l'autre moitié, je les pris sur moi, dont me repentis par après tout à loisir, pour le danger où je me vis presque de les perdre par confiscation, étant fouillé en divers lieux de l'Italie, d'autant que l'ordonnance est générale que de Lyon à Rome on ne peut porter plus de 80 écus et de Turin 50, tant pour la nourriture de l'homme que de son cheval. Que s'il advient qu'il (sic) soit trouvé saisi de quelques deniers outre l'ordonnance, ils seront sans aucune rémission confisqués de manière que le plus expédient est de mettre ses deniers à la banque soit à Paris ou à Lyon : et ne s'oublier point de faire insérer en la lettre de change d'être payé incontinent la lettre vue, en écus d'or en or et de poids, ou si mieux aiment en Italien *d'oro in oro del sole*. Car autrement on serait en danger d'attendre longuement ses deniers et, qui pis est, n'être payé qu'en écus d'or ou de monnaie, qui valent moins qu'écus d'or en or : savoir celui de monnaie

---

(1) Nous la publions d'après l'édition de Lyon 1611. La première édition date de 1595. On trouvera dans la *Revue Savoisienne* de 1905 des extraits publiés d'après une autre édition par M. Thonion.

50 sols, celui d'or 55 et celui d'or en or 60. La coutume est générale par toute l'Italie que quand on parle d'écus, ils s'entendent de monnaie, et ainsi consécutivement des autres. Mais le plus sûr est, pour éviter toute confusion et débat, spécifier de quelle sorte d'écus on parle, pour ce qu'il advient quelquefois inconvénient, et être avisé de ne porter point d'or, s'il n'est bien de poids, de peur de perdre beaucoup dessus ; mais étant bon poids, on y gagne souvent au change, outre sa valeur ordinaire...

Je retournai à Lyon pour m'acheminer à Turin, faisant marché pour cet effet avec un marron de Lyon, auquel je donnai six écus pour le louage et nourriture de lui et de son cheval, la coutume étant telle par toute l'Italie de ne nourrir les voituriers, mêmement leurs chevaux. Or avant que de partir de Lyon, il faut nécessairement prendre un passeport et une bulette ou bulletin de la santé, autrement difficilement pourrait-on passer en Italie. Ce que généralement faudra faire par tous les lieux où l'on dînera et couchera jusqu'à ce qu'on soit arrivé en la Romagne ou Florence. Et advenant qu'en séjournant quelques jours en une ville, il faut que la bulette en fasse mention : laquelle on prendra des commissaires qui sont établis sur chacun passage, leur payant la taxe ordinaire : et si on la passe de quelque petite chose, on est plus promptement dépêché. Il faut soigneusement garder les bulettes d'autant qu'elles sont exactement visitées par chacun passage pour savoir si on a passé par quelque lieu pestiféré.

Partant donc de Lyon, on me contraignit à l'entrée du Pont du Rhône montrer la bourse et ce qui était dedans afin de voir si je portais or ou argent, outre l'ordonnance ci-dessus mentionnée. Ainsi traversant quelques villes du

Dauphiné, arrivé à celle du Pont de Beauvoisin, qui sépare le Dauphiné d'avec la Savoie, par une rivière qui passe au milieu, à deux lieues de laquelle je montai la roide montagne d'Aiguebelette, qui dure une lieue de hauteur et davantage de descente, étant toute remplie de bois taillis, repaire et tanière des larrons ; toutefois le chemin y est assuré à raison de la bonne garde qu'on y fait. Se trouvent dans ces bois plusieurs ours et autres bêtes sauvages, lesquelles en certain temps sont dangereuses à rencontrer ; et avant que de monter la montagne, on voit un lac qui contient environ trois lieues de longueur, qui porte pareillement le nom d'Aiguebelette auquel se pêche de fort bon poisson, comme au dîner le goût m'en donna preuve suffisante. En ce lieu-là, le changement des monnaies commence desquelles je ferai peu de récit, pour ce que tous les hôtes veulent être payés en monnaie de France et non en celle de Savoie : raison est que leur monnaie ne vaut rien du tout et qu'ils gagnent beaucoup sur la nôtre, toutefois on y met l'écu de Savoie à 4 livres 4 sols, et le pistolet à 4 livres, le teston à 20 sols, la réalle à 6, le blanchi à 4 et le franc de Savoie à 20 sols, le sol de Savoie 4 quadrins et celui de France 5 et la parpayole 3. Ceux qui ne sont avertis de la valeur de leur monnaie l'emploient à même prix qu'ils font en la France, qui est cause qu'ils y perdent beaucoup : les autres qui en sont instruits s'empêchent bien d'y être trompés, car encore qu'ils payent les hôtes à leur volonté, ce néanmoins c'est toujours au prorata de la juste valeur desdites monnaies. Au contraire ceux qui n'en ont l'avertissement estimant qu'elle a même cours qu'en France, qui est l'occasion que souvent ils sont trompés : donc pour éviter cette perte, se faut ressouvenir que

4 de la nôtre font 5 de la leur et être avisé de ne porter de leur monnaie en aucune autre province, à raison qu'elle ne se met qu'en la duché de Savoie seulement.

Chambéry est la principale cité du Duché, en laquelle y a Parlement et Magistrats pour la santé, elle est de petite étendue mais bien bâtie par le dedans : toutefois son habitation est mal plaisante, à raison des grandes neiges et pluies qui s'y font ordinairement comme aussi par toute la Savoie, laquelle est composée de très hautes montagnes, les cimes desquelles se voient peu souvent abandonnées de leur accoutumée blancheur. Mais celles que le clair Phœbus échauffe de ses plus ardents rayons se réduisent incontinent en eau, laquelle on voit descendre du haut des montagnes, menant un bruit fort impétueux. De telles manières d'eaux s'engendre une rivière qui s'appelle l'Isère, prenant son origine toutefois auprès du Mont Cenis (sic), duquel elle vient murmurer à travers les rochers, et s'augmentant toujours par le cours continuel desdites eaux qui descendent des montagnes susdites, fait à la fin une grosse rivière qui en toute saison est fort périlleuse à passer à cause de son accroissement inopiné, que les citoyens de Grenoble éprouvent quelquefois bien ennuis et à leur dam, à raison que courant avec grande impétuosité par leur cité elle emporte souvent quand et soi (sic) la maison de quelque habitant. Elle décore et embellit grandement la forteresse inexpugnable du château de Montmélian, qui est situé sur une montagne, au pied de laquelle court ladite rivière que nous passâmes sur un méchant pont de bois, qui est fort long comme de 3 à 400 pas et étroit, et sur lequel il faut nécessairement prendre bulette des gardes qui y sont établies. De là entrâmes en un beau chemin, laissant à la senestre des hautes montagnes, au bas desquelles sont plantées force vignes, qui durent 3 ou 4 lieues de longueur ; mais peu larges et fort pénibles à labourer, dont pour cet effet les vignerons montent comme par une échelle à plus de demi-lieue de haut, non seulement à cet endroit, mais aussi à Aiguebelle, qui est une petite ville bâtie sur l'Isère, où ils labourent la terre à coup de main à bien une lieue de hauteur sans craindre le danger de tomber ès précipices. Je crois que la nécessité et pauvreté les contraint à cette misère, d'autant que la terre leur manque : ce qui est cause qu'ils sont tous pauvres, demandant l'aumône importunément aux passants, se laissant couler du haut des montagnes en bas pour avoir un pauvre quadrin. Outre cette affliction, l'eau de neige de laquelle ils usent pour leur boire est si pernicieuse qu'elle leur cause une enflure de gorge fort monstrueuse à voir, laquelle toutefois ne leur fait point de mal, ainsi que les pauvres gens m'ont dit.

De là, traversant le marquisat de La Chambre, le pays de Maurienne et plusieurs autres villes peu célébrées et renommées, arrivâmes au pied du Mont-Cenis, où les habitants du village de Lanslebourg s'offrirent, selon leur coutume, me porter ou bailler un cheval pour monter la montagne, qui dure pour le moins une lieue de hauteur, et ainsi qu'on approche peu à peu de la cime, on s'aperçoit qu'elle se divise en deux, faisant par le milieu un passage très beau. Chose certes digne d'admiration et qui émouvrait même les plus grossiers à reconnaître la providence de ce grand Dieu, lequel connaissant les peines et travaux qu'endurent journellement ses créatures, les a voulu récréer et soulager en cette sorte, et qui plus est leur donner une bonne planure remplie de prairies émaillées et bigarrées sur le printemps de belles fleurs bien fleurantes, étendant leurs fins et limites de deux lieues de longueur, au milieu desquelles est un grand lac, joignant la poste de la Tavernette, où passant en été l'on voit cueillir les foins et faire grand nombre de fromages. Aux autres saisons il y fait dangereux passer sans la conduite des marrons, à raison qu'en la planure il y a des précipices, pareillement, facilement on peut tomber dedans et être assuré n'en relever jamais. D'autre part il y survient quelques fois des tourbillons de vent de montagne qui, levant la neige en si grande quantité qu'étant portée de violence, elle entraine avec soi quelques passants qu'elle rencontre et les ensevelit et accable tout à coup, amoncelée sur eux ; les autres qui ne peuvent échapper y meurent de froid et sont jetés en la Chapelle des Transis, qui est joignant la Tavernette, on y avait grand nombre de corps morts lorsque j'y arrivai. En descendant la montagne par un chemin assez rude, qui dure deux lieues de longueur, passâmes par le bourg de La Ferrière, où l'on commence à compter par mille, deux desquels font une lieue de France...

Arrivant à la Novalaise, premier passage du Piémont, fus arrêté pour faire la quarantaine, que j'avais auparavant beaucoup appréhendé, et cherchant les moyens d'en sortir, fus conseillé par le commissaire de la santé d'envoyer à Turin, vers Son Altesse, pour obtenir licence de passer, ce que je fis, de telle sorte que j'eus permission. Mais pendant que le messager fut à exécuter sa charge, plusieurs des habitants me conseillèrent aller à Notre-Dame de Roche-Melon, qui est une petite chapelle bâtie sur le haut d'une montagne portant le même nom. Et combien qu'on me dit qu'il étaiṭ difficile à monter, néanmoins pour contenter mon esprit de chose qui m'était si rare et nouveau, m'acheminai vers ledit lieu, menant deux marrons pour me conduire et soulager, auxquels je fis porter des vivres pour deux jours, d'autant qu'ils me disaient qu'il ne s'y trouvait autre chose que des fromages frais à manger, et que la montagne durait bien près de 4 lieues de hauteur, laquelle ayant commencé à monter jusque à une lieue de haut, trouvâmes quelques maisonnettes et des prairies où le bétail paissait ; de là, continuant notre chemin, vimes une fontaine qui sortait d'un rocher, l'eau de laquelle était excelente à boire ; puis, étant parvenus à grand travail jusque à deux grandes lieues de haut, me trouvai tant lassé et fatigué que, n'en pouvant plus, fus contraint de demeurer en une maisonnette où l'on faisait des fromages ; en laquelle m'étant un peu rafraichi, bu et mangé de ce que j'avais fait porter, le sommeil glissant peu à peu en mon cerveau me contraignit et mes compagnons reposer sur la belle dure, en attendant que l'aube nous ramenât le jour pour poursuivre le reste de notre voyage. Les pauvres gens de ladite maison nous reçurent honnêtement, nous offrant et présentant à manger de ce qu'ils avaient, et n'ayant pas la commodité d'avoir de la chandelle, taillèrent par éclats du bois de sapin, lequel étant allumé rendait une clarté semblable à celle d'un flambeau. Et incontinent, au point du jour, suivîmes la raide montée de ladite montagne, que trouvâmes beaucoup plus difficile qu'au commencement de sorte que je voulais retourner en arrière, sans le garçon de la maisonnette où j'avais couché que j'avais mené avec moi pour me montrer les choses desquelles il m'avait tenu propos le soir précédent, qui m'en empêcha, me disant qu'à un quart de lieue plus haut me montrerait les lieux où il prenait les perdrix et que par aventure en trouverions de prises : ce qui advint comme il avait prédit, car il s'en trouva cinq, deux desquelles étaient toutes blanches et les autres blanches et noires ; mais à manger elles ne sont pas si délicates comme les rouges et grises. Il se trouve aussi en cette montagne des faisans et grand nombre de chamois, dont le jour précédent le garçon en avait tué deux à coup d'arquebuse, la peau desquels il offrait à très bon marché. Toutes ces choses m'incitèrent à monter plus avant jusqu'à ce qu'ayant passé trois lieues de hauteur, il fallut attacher aux mains et pieds des graffes de fer pour grimper à mont, et aussi de peur de glisser au bas des précipices qui nous menaçaient d'une horrible mort. Ce fut alors que le support des marrons me servit beaucoup, sans lequel je n'eusse voulu si témérairement me hasarder, et m'approchant peu à peu du haut de la montagne, mêmement de la moyenne région de l'air, incontinent un froid insupportable me vint saisir de telle sorte que changeant de couleur et étant de tout recreu et affaibli, fus contraint de me laisser tomber à terre pour prendre un peu de repos, ce que voyant les marrons, accoutumés à ce travail, me firent boire un peu de vin pour me donner courage de continuer notre chemin. Finalement, étant soutenu desdits marrons, arrivâmes à un quart de lieue près de la pointe de la montagne, où je crois n'avoir jamais enduré froid plus violent ni passé si périlleux passage ; il faut alors monter comme par une échelle, grimpant à mont avec les graffes de fer que l'on a attachées aux mains et pieds, faire état de voir sous soi des abîmes si profonds et effroyables qu'il ne convient attendre fort la mort à ceux qui tant soit peu écoulent ou ne se tiennent fermement à leur graffe de fer. Certainement la chose est beaucoup plus épouvantable et périlleuse que je ne pourrais réciter, ce que je dis aux curieux (comme j'étais), qui voudront parvenir à la cime de cette montagne au mois d'août seulement, parce qu'en autres mois on n'y peut aller autrement. Etant donc parvenu jusqu'au sommet, j'entrai en la chapelle pour faire ma prière, et incontinent après je sortis, jetant ma vue sur un grand lac glacé qui est vers le pays des Grisons, puis tournant la tête d'un autre côté, je regardai les coupeaux des montagnes, tant de la Savoie que du Dauphiné, couverts encore de leurs chapeaux blancs, combien que fussions au mois d'août. Et bien que toutes ces montagnes soient très hautes, néanmoins, en comparaison de la montagne où j'étais, elles ressemblaient petites. Puis venant à jeter les yeux sur les terres du pays de Piémont et de Lombardie, subitement j'oubliai tous les travaux passés et me sentis comblé en l'âme d'une joie incroyable. Et en cette joie, désirant de les contempler de plus près, descendis de la montagne pour en être plus tôt jouissant. Partant le jour en suivant de la Novalaise, allai coucher à l'antique cité de Suze.

Au retour, de Villamont repassa par le Mont-Cenis ; les détails de sa nouvelle traversée méritent aussi d'être recueillis.

... Tant y a que partant de Turin la neige commença de telle force à blanchir les chemins, que ne pouvions trouver le droit sentier, sinon par le moyen des marrons qui allaient devant nous pour le nous préparer, et cette neige continua jusqu'à ce que nous fussions arrivés à la Novalaise, qui fut sur le soir du jour suivant, où étant, étions en grande difficulté de monter le Mont-Cenis, raison que les chemins étaient couverts des neiges précédentes : car il nous faut noter que depuis qu'il a neigé une nuit en abondance, ce n'est pas à qui montera la montagne le premier, pour faire le passage aux autres, d'autant qu'il coûte quelquefois plus de cinquante écus pour ce faire. Ce qui est cause que pour éviter cette dépense, plusieurs attendent, tant d'un côté que de l'autre de ladite montagne, quelqu'un à passer le premier, pour après suivre la trace, ou bien se joignent ensemble pour faire les frais du chemin. Or, ainsi que parlions de cette chose, le temps s'embellissait toujours, qui fut occasion que deux capitaines Espagnols qui venaient de Chambéry passèrent en diligence la montagne pour aller trouver Son Altesse à Turin, et nous attendîmes le matin ensuivant pour monter, pour ce que la tourmente n'est pas si fréquente sur le haut de la montagne au matin, comme elle est après-midi et sur le soir. Nous la montâmes, grâce à Dieu, sans inconvénient, et la descendîmes quasi en volant sur la ramasse, qui est certes un très grand plaisir, car en moins d'un quart d'heure on fait une bonne lieue, laquelle finie continuâmes notre chemin par la Savoie jusqu'à Chambéry, où nous trouvâmes grande garnison d'Espagnols. De là, voulant entrer en France, nous ne suivîmes pas la droite voie du Dauphiné par la montagne d'Aiguebelette, mais nous passâmes celle du Chat, qui de hauteur et grandeur égale celle de l'Aiguebelette. Bien est vrai qu'elle n'est pas du tout si rude et fâcheuse, toutefois c'est un passage périlleux à cause des bois desquels elle est remplie, et d'un grand lac qui est au pied, auquel facilement du haut de la montagne on précipiterait ceux qu'on voudrait faire mourir pour avoir leur argent. Ce lac environne le bas de ladite montagne, faisant un demi rond, auquel on pêche du poisson aussi bon et aussi délicat qu'en celui qui cotoye le mont d'Aiguebelette. Finalement, passant par plusieurs villages et très riches chemins, entre hautes montagnes, passâmes à Pierre-Châtel le Rhône par bateau, puis parvenant à la ville de Montluel, qui est la dernière du duché de Savoie, éloignée de Lyon de trois lieues seulement, mîmes le pied en Lyon.

XXII

Comment l'Anglais Coryate décrivit la Savoie au commencement du xviie siècle.

Thomas Coryate est le type de ces voyageurs inlassables que rien ne rebute, infatigables à la marche, désireux de tout voir et de tout entendre ; il était surtout doué d'un esprit d'observation qui lui fait enregistrer des menus faits que l'on chercherait vainement dans les relations de ses prédécesseurs ou de ses successeurs sur les routes des Alpes.

C'est en 1608 qu'il fit, à l'âge de trente ans, son premier voyage, traversant cette année en Savoie pour se rendre ensuite en Italie, en Allemagne et dans les Pays-Bas, puis à Jérusalem, en Perse et jusque dans les Etats du Grand Mogol. Son premier volume, publié en 1611, eut le plus grand succès : l'auteur avait le grand mérite d'être personnel, et ses impressions ne vont point quelquefois sans une pointe d'humour. Le lecteur appréciera ses remarques sur les constructions de Chambéry, où l'on trouvait encore, au xviie siècle, dans la capitale de la Savoie, des toitures en tavaillons et des fenêtres garnies de châssis en papier, comme au Moyen-Age ; la richesse de la vallée de l'Isère, principalement la culture de la vigne, la dévotion et le costume des habitants de la vallée de l'Arc, la prospérité du collège de Saint-Jean-de-Maurienne, l'escarpement des Alpes et bien d'autres observations sont enregistrées par la plume de Coryate.

Ce curieux texte est complètement inconnu en Savoie. Nous en donnons la traduction d'après l'édition anglaise publiée en 1776. (1)

MES OBSERVATIONS EN SAVOIE.

Je partis de Pont de Beauvoisin vers 6 heures et demie du matin, le 8 juin [1608], qui était le mercredi, et j'arrivai au pied de la montagne d'Aiguebelette, qui est la première Alpe, à environ dix heures du matin. Un peu sur le versant de la montagne est un pauvre village appelé Aiguebelette, où nous nous arrêtâmes un instant pour nous reposer avant de faire l'ascension. J'observai un très grand étang(2) situé un peu sur ce versant, à main gauche. Voici ce que j'observai entre Pont de Beauvoisin et le pied de la montagne : je vis divers limaçons (3) rouges d'une grandeur et d'une grosseur

---

(1) CORYAT's *Crudities hastily gobled up in five moneths travells in France, Savoy, Italy...* [reprinted from the edition of 1611]. Londres, 1776, 3 vol. in-8°. On trouvera à la page 75 du tome Ier : « My observations of Savoy. » Nous devons la traduction de ce texte à l'obligeance de M. Ad. Vautier. La seule partie de la relation de Coryate sur la Savoie qui ait été publiée est celle qui concerne l'ascension de la Rochemelon, qu'on trouvera dans l'*Alpine Journal*, année 1876, p. 201.

(2) L'auteur emploie les mots : « I observed an exceeding great standing poole. » Il s'agit du lac d'Aiguebelette.

(3) On lit dans le texte : « I saw divers red snails of an extraordinary length and greatness. » Coryate fait encore allusion ailleurs (tome II, p. 331), à cette observation : « Je ne pus voir, dit-il, dans toute l'Allemagne, que des limaçons rouges comme ceux que j'avais vus dans les Alpes de Savoie. »

extraordinaires. L'orge était assez mûre pour être coupée, tandis qu'en Angleterre on coupe rarement la plus précoce avant le commencement d'août, c'est-à-dire presque deux mois avant. Je vis aussi une telle abondance merveilleuse de châtaigniers que je me demandai ce qu'on pouvait faire de leurs fruits. On me dit que les habitants en nourrissaient leurs cochons.

Je fis l'ascension de la montagne d'Aiguebelette sur les dix heures du matin, à pied, et j'arrivai au bas de l'autre versant, du côté de Chambéry, vers une heure. Entre ces deux endroits, je pense qu'il y a à peu près deux milles, c'est-à-dire 1 mille ½ jusqu'au sommet de la montagne et ½ mille du sommet jusqu'au bas de la descente. Je fis l'ascension à pied et je donnai mon cheval à un autre pour le monter à ma place, car je pensai qu'il était plus dangereux d'aller alors à cheval qu'à pied, bien que tous mes compagnons fussent à cheval. Mais alors, il m'arriva une mésaventure. De pauvres diables, qui gagnent leur vie principalement en portant dans des chaises à porteurs les gens du sommet de la montagne jusqu'à Chambéry, firent un marché avec quelques personnes de ma compagnie pour les descendre dans des chaises, une fois qu'ils seraient arrivés au sommet de la montagne, si bien que je les accompagnai jusqu'au sommet. Mais eux, désirant m'extorquer quelque argent, me firent faire l'ascension d'un tel pas que, malgré mes efforts pour les suivre, je ne pus y réussir. La raison pour laquelle ils marchaient si vite était leur espoir de m'obliger à me faire porter en chaise jusqu'au sommet plutôt que de les perdre et de perdre mon chemin, qu'il est presque impossible à un étranger de trouver seul, par lui-même, à cause des tournants et des innombrables détours de la route, plantée de chaque côté d'une infinité d'arbres ; si bien que me trouvant si faible que je ne pouvais les suivre plus longtemps quand même mon cœur se serait brisé de fatigue, je fis marché, moyennant un quart d'écu (qui fait 18 *pence*), pour être porté au sommet de la montagne, qui était au moins à ½ mille de l'endroit où je montai en chaise. Voici leur manière de me porter : ils mirent deux barres minces dans des anneaux de bois placés aux quatre coins de la chaise et ils m'installèrent sur leurs épaules ainsi dans une chaise, l'un devant, l'autre derrière (4). Tel était le dur travail qu'enduraient volontairement ces malheureux pour gagner un quart d'écu, ce que je n'aurais pas fait pour 500 quarts d'écus. Les chemins étaient excessivement difficiles à cause de leur forte pente et de leur dureté, car ils étaient tout caillouteux, *petricosae et salebrosae* (5) et si inégaux qu'un homme pouvait à peine y poser sûrement le pied. Quand je fus *tandem aliquando*, je me disais à moi-même, comme Enée dans Virgile :

Forsan et haec olim meminisse juvabit. (6)

Alors je pouvais dire vraiment, ce que je n'avais pu dire avant, que j'étais au-dessus des nuages, car, bien que certains nuages fussent

---

(4) Sur le frontispice de l'édition de CORYATE, publiée en 1776, et représentant diverses aventures curieuses de ses pérégrinations, on voit, se détachant sur un fond de montagnes, un voyageur recroquevillé dans ses vêtements et juché sur une chaise que deux porteurs soutiennent par des bâtons placés sur leurs épaules.

(5) C'est-à-dire : « remplis de pierres et scabreux ».

(6) C'est-à-dire : « Peut-être me plaira-t-il un jour de me rappeler ces souvenirs. »

six fois plus hauts que la montagne, à coup sûr elle dépassait beaucoup certains d'entre eux, car j'en distinguai très nettement beaucoup au-dessous de moi, sur les versants.

Je remontai à cheval vers une heure au pied de la montagne, sur le versant qui regarde Chambéry : j'avais passé environ 3 heures entre les pieds des deux versants, éloignés seulement d'une distance de deux milles. De l'endroit où je montai à cheval jusqu'à Chambéry, il y avait 2 milles ; j'y arrivai à 2 heures de l'après-midi.

Chambéry, en latin *Camberinum* (7), est la capitale de la Savoie et le siège de son Parlement. Située en plaine, ce n'est qu'une petite ville entourée de murs et ayant quelques belles rues. Beaucoup de maisons sont bâties en belles pierres de taille. Il y a un château-fort qui parait être d'une grande antiquité. On y conservait autrefois une très ancienne relique, le linceul où le corps béni de Notre Seigneur fut enveloppé (d'après leur version), quand il fut mis au Sépulcre ; mais, il y a quelques années, il fut transporté à Turin, en Piémont, où il est exposé les jours de grande cérémonie. J'observai dans cette ville une chose que je n'avais jamais vue : une grande partie des tuiles servant à couvrir les maisons et les églises sont en bois. Il y a un collège de Jésuites comme à Lyon : comme dans cette ville, les carreaux des fenêtres, en beaucoup d'endroits, sont en papier. Il vint des nonnes dans notre chambre, comme à Lyon, pour nous demander de l'argent...

Je partis à cheval de Chambéry, sur les six

---

(7) Mauvaise forme ; on disait le plus souvent « Camberiacum ».

heures du matin, le jeudi 9 juin, et je dînai à un endroit situé à dix milles de là, nommé Aiguebelle, où j'arrivai à midi. Entre ces deux endroits, j'observai beaucoup de choses remarquables : à 6 milles au-delà de Chambéry, je passai devant un château-fort merveilleux et inexpugnable, situé dans la ville de Montmélian, bâti entièrement sur un rocher d'un très grand circuit, ayant des quantités de canons braqués sur chacune de ses murailles, position si redoutable que je ne me souviens pas en avoir vu de semblable. Nous ne pûmes passer sans payer une petite somme d'argent, ce que tous les étrangers font en cet endroit.

Sur tout le chemin entre Chambéry et Aiguebelle, je vis une abondance infinie de clos de vigne plantés au pied des Alpes, de chaque côté de la route, en si grande quantité qu'ils étaient deux fois plus nombreux, pour un espace aussi restreint, que dans le reste de la France, même dans les endroits où cette culture est la plus florissante, comme à Nevers : leur nombre était si grand que, sur une longueur de dix milles entiers, on ne pouvait apercevoir, sous les Alpes, de place vide et inculte ; tout était planté de vigne : sur les deux versants, je crois qu'il devait bien y avoir environ 4.000 clos. Ces vignes, à mon grand étonnement, étaient situées dans des endroits si merveilleusement escarpés qu'il semblait presque impossible que des vignerons pussent y travailler, tant était forte la pente de la colline. J'observai aussi, dans ces clos de vigne, une grande quantité de celliers (8) ; chacun en avait un particulier et séparé ; ces constructions servent pour presser le raisin et faire le vin, et contiennent tout ce qui est

---

(8) Le texte porte : « wine-houses ».

nécessaire à cet usage, entre autres le pressoir à vin, appelé en latin *torcularia*.

En bien des endroits, je vis aussi des champs de céréales, surtout de seigle, dont je vis plusieurs milliers avant de sortir des Alpes, situés en des emplacements aussi raides que ceux des vignes. Je fus d'abord très étonné, ne pouvant comprendre comment on pouvait porter une charrue aussi haut pour labourer ; après de longues réflexions, je m'imaginai que les grains devaient être enfouis avec les mains, comme nous avons fait depuis dix ans dans certaines régions de l'Angleterre, dans le Middlesex. Au sujet de l'avantage et de la commodité de cet usage, il y a eu un livre publié il y a peu d'années. La raison qui m'engagea à le croire fut que je vis une innombrable quantité de petits champs de céréales, guère plus grands que nos petites plates-bandes anglaises, en latin *arcolae*. Je pensai que ces endroits ne pouvaient être ensemencés qu'en mettant le grain dans la terre avec les doigts (9), car leur situation au-

---

(9) En Maurienne, beaucoup de champs cultivés s'étagent en pentes rapides sur le flanc de la montagne, utilisant la moindre parcelle de terre arable. C'est avec la pioche, et non avec la charrue, qu'on laboure ces terres escarpées. Mais rien n'exige que les grains soient enfouis avec les mains ; ce mode d'ensemencement n'a jamais été pratiqué dans notre région. Le morcellement des champs de céréales, « guère plus grands que les petites plates-bandes anglaises », est dû d'abord à la forte inclinaison de la pente, qui exige que la terre soit divisée en petits compartiments soutenus par des murs ; ensuite aux partages successoraux dans des familles très nombreuses. Ce renseignement est dû à l'obligeance de M. l'abbé Gros, vice-président de la Société d'histoire de Saint-Jean-de-Maurienne, ainsi que les indications que l'on trouvera dans les notes qui suivent.

dessous du sommet même des montagnes est tellement élevée que je n'aurais pas voulu y monter pour cent couronnes, et encore bien moins y conduire un bœuf ou un cheval pour labourer.

En bien des endroits de la Savoie, je vis beaucoup de prairies belles et agréables, surtout entre Chambéry et Aiguebelle, à main gauche au-dessous des Alpes, chose assez rare en ce pays. Les plus mauvais chemins que j'aie parcourus de ma vie en été sont ceux qui sont situés entre ces deux localités (10), aussi détestables que les plus mauvais que j'aie suivis à cheval en Angleterre au milieu de l'hiver, si bien que l'on peut citer proverbialement les chemins de Savoie comme les chouettes d'Athènes, les poires de la Calabre et les cailles de Délos.

Je vis en Savoie beaucoup de châtaigniers et de noyers et une belle quantité de chanvre.

Je regardai assez longtemps la Savoie comme le plus beau pays que j'aie vu de ma vie à cause de l'abondance des belles sources qui descendent des montagnes ; à la fin, en réfléchissant à leur origine, je m'aperçus que ce ne sont pas des sources fraîches, comme je le pensais tout d'abord, mais seulement de petits torrents formés par la neige distillée en eau sur le sommet des montagnes par la chaleur du soleil. Je crois avoir vu au moins un millier de ces torrents entre le pied de la montagne d'Aiguebelette et Novalaise en Piémont, à la descente du Mont-Cenis, sur une distance de 62 milles.

Le plus rapide et le plus violent cours d'eau de Savoie s'appelle l'Isère ; il est beaucoup

---

(10) La route était sans doute détrempée par une crue de l'Isère.

plus rapide que le Rhône à Lyon ; les poètes lui donnent l'épithète de *rapidissimus amnis* ; il est en effet d'une telle violence qu'aucun poisson ne peut y vivre, car ils seraient entraînés par la violence du courant et écrasés contre de gros rochers qui se trouvent en plusieurs endroits du fleuve ; il y a en effet des pierres énormes dans ce cours d'eau beaucoup plus grandes que la pierre de *Stoneage*, près de la ville d'Amesbury, dans le comté de Wilt, ou la grosse pierre de Somerset, à environ 1 mille de la paroisse située au-dessous d'*Hamdon hill*, dans le comté d'Odcombe, mon cher pays natal. Ces blocs proviennent des hauts rochers des Alpes qui dominent les deux rives du fleuve, dont l'extraordinaire rapidité est due au débit continuel de l'eau de neige descendant des montagnes, augmentant et multipliant la rivière en mille endroits. Il y a une autre chose digne d'observation : c'est l'horrible et hideux fracas que fait ce fleuve, aussi terrible que celui de la rivière *Cocytus* dans l'Enfer, célébré par les poètes, car il tire son nom Cocyte d'un vieux mot grec qui signifie : faire du bruit.

Je fis beaucoup de milles en Savoie avant de voir la neige sur les hauteurs, mais quand j'arrivai à proximité d'Aiguebelle, j'en vis une grande abondance presque sur chaque montagne : les Alpes, depuis la descente de la montagne d'Aiguebelle en venant de Chambéry, m'enfermaient de chaque côté comme deux murs jusqu'au passage du Mont-Cenis, sur une longueur de 70 milles.

Je vis en Savoie beaucoup de troupeaux de chèvres logés la nuit dans des chambres basses, au-dessous des pièces d'habitation.

Sur chaque Alpe, principalement vers le sommet, je vis une merveilleuse abondance de pins, parfois d'une grande hauteur ; dans beaucoup de montagnes, le versant entier, depuis le pied jusqu'au faîte, était couvert d'oliviers sauvages (11), de châtaigniers, de noyers, de hêtres et de coudriers.

Il semble très dangereux, en divers endroits, de voyager sous ces montagnes : la plupart des rochers qui les forment sont fendus et paraissent *minari ruinam* (12), au moment où l'on est dessous. La frayeur s'accroît en voyant la grande quantité de rocs tombés dans la rivière ou sur la route : beaucoup sont 4 ou 5 fois plus gros que la grande pierre de Hamdon hill dont le bas des deux versants des Alpes qui forment je parlais précédemment. La distance séparant la vallée où coule le violent fleuve l'Isère (13) est en certains endroits d'un ½ mille, en d'autres elle ne dépasse guère une portée de fusil. La hauteur de beaucoup de ces montagnes est telle que je pense en avoir vu au moins 200 au-dessus des nuages.

Le pays de Savoie est très froid et très pluvieux, à cause des nuages planant continuellement autour des Alpes, réceptacle de la pluie, distillant leur humidité plus que dans d'autres contrées.

J'observai une admirable quantité de papil-

---

(11) Le texte porte : « olive-trees ». Il y a là une confusion de l'auteur, qui veut sans doute parler des amandiers, autrefois très cultivés dans les vignobles de la Maurienne.

(12) C'est-à-dire : « menacer ruine ».

(13) Coryate veut parler ici de l'Arc, affluent de l'Isère. Ce qu'il a dit plus haut sur la rapidité du cours de l'Isère s'applique plutôt à l'Arc. Ce qu'il dit de la violence du courant, nuisible au poisson, n'est pas exact, car les pêcheurs prennent dans l'Arc des truites bien supérieures aux truites si vantées du Mont-Cenis.

lons dans beaucoup d'endroits, en Savoie, cent fois plus considérable que je n'en avais vu dans d'autres contrées, entre autres beaucoup de grands essaims (14), qui, à mon avis, en contenaient au moins deux mille, gisant morts sur les grands chemins, au moment de notre passage.

Quand j'arrivai à Aiguebelle, je vis l'effet de la boisson commune d'eau de neige en Savoie : je rencontrai en effet quantité d'hommes et de femmes ayant de grosses bosses ou enflures sur la gorge, en latin *strumas,* aussi volumineuses que les poings d'un homme, causées par l'absorption de l'eau de neige. Quelques-unes même de leurs bosses sont aussi grosses qu'une de nos balles du foot-ball anglais. On voit beaucoup de ces enflures parmi les Savoyards ; tous les Piémontais même n'en sont pas exempts.

Je partis d'Aiguebelle sur les 2 heures de l'après-midi et j'arrivai à un endroit appelé La Chambre, à 8 milles au-delà, sur les 9 heures du soir : c'était le jeudi 9 juin. Entre Aiguebelle et La Chambre, je ne vis rien autre que ce que j'avais déjà vu auparavant en Savoie. Je partis de La Chambre à 6 heures du matin, le vendredi 10 juin, et j'arrivai à une paroisse appelée Saint-André, à 14 milles au-delà, vers midi. Je me rappelle une montagne extraordinairement haute, à un mille environ au-delà de La Chambre, sur le sommet de laquelle il y a un rocher excessivement haut, placée à main gauche de mon chemin. Je me souviens aussi d'une autre montagne, à environ 2 milles au-delà de celle-ci, couverte de neige et d'une étonnante élévation.

Dans une ville appelée Saint-Jean-de-Mau-

---

(14) Le texte porte : « swarmes ».

rienne, située à 6 milles environ au-delà de La Chambre, je vis une bonne école avec une grande quantité d'écoliers. L'église de la paroisse est un beau monument et possède un clocher remarquable (14 bis).

Je vis un très ancien château-fort à quelques milles environ au-delà de La Chambre, bâti sur le haut d'un rocher, à main gauche du chemin ; il fut peut-être construit à l'époque de la monarchie romaine, comme ceux de Rhétie, dont je parlerai plus tard (14 ter).

Je partis à cheval de Saint-André vers 3 h. ½ de l'après-midi, et j'arrivai, sur les 9 heures du soir, à une localité nommée Lans-le-Bourg, à 14 milles au-delà.

Il y a en Savoie une très grande quantité de croix de bois, et une merveilleuse multitude de petites chapelles décorées des peintures du Christ, de la Vierge et de beaucoup d'autres personnages religieux. J'y vis souvent des personnes en train d'y faire leurs dévotions. (14 quater).

J'observai partout en Savoie une grande multitude de misérables ponts de bois, faits simple-

---

(14 bis) Il s'agit ici du collège Lambert, fondé en 1572 par Mgr de Lambert, évêque de Maurienne. A l'époque où Coryate vit le clocher de Saint-Jean-de-Maurienne, cet édifice était surmonté d'une flèche de 50 mètres, renversée le 24 juin 1794, sur l'ordre d'Albitte, par les soldats du 4e bataillon de l'Ain et du 2e bataillon de la Haute-Loire.

(14 ter) Il s'agit ici de la tour carrée de Chatel, dite *Tour de Bérold*, déjà mentionnée dans un diplôme de Boson, roi de Bourgogne, de 887, sous le nom d'*Armariolum*.

(14 quater) L'église de Lans-le-Villars, par exemple, que l'on a classée, à cause de l'intérêt de ses fresques, parmi les monuments historiques.

ment de hêtres coupés sur le versant des Alpes. Je vis fort peu de ponts de pierres, voûtés gracieusement avec une arche ou deux. Ces ponts sont de la nécessité la plus absolue en Savoie, car, sans leur secours, on ne saurait traverser la rivière, dont le courant est si violent qu'il entraînerait les hommes et les bêtes qui y entreraient.

Je fis une autre remarque, digne d'être mentionnée, à 6 ou 7 milles avant d'arriver à Lans-le-Bourg. Les chemins pratiqués sur les versants de la montagne, où je passais à cheval, étaient d'une telle élévation que si mon cheval avait par malheur fait un faux pas, il m'aurait fait tomber d'une hauteur 5 ou 6 fois plus grande que la tour de Saint-Paul, à Lyon. Aussi, plein d'appréhension, je descendis de cheval, par prudence, pendant 1 mille ½ au moins, bien que mes compagnons continuâssent leur voyage aventureux à cheval sans aucune crainte.

A Lans-le-Bourg, dernière ville de Savoie où je logeai, au pied du Mont-Cenis si élevé, j'observai trois choses : 1° la brièveté du buste des femmes (15), non pas naturelle, mais artificielle : toutes les femmes de cette ville et des environs, jusqu'à Novalaise (ville de Piémont, à la descente du Mont-Cenis, sur l'autre versant, à quelques 12 milles de là), se ceignent si haut que la distance entre leurs épaules et leur ceinture ne dépasse guère une petite largeur de main ; 2° la hauteur de leur lit, si élevé qu'on pouvait à peine y monter sans y grimper en quelque sorte, si bien qu'on avait besoin d'une échelle pour y aller, comme nous disons

---

(15) Le texte porte : « the shortnesse of the womens wastes ».

en Angleterre ; 3° l'étrangeté et la bizarrerie de la coiffure des femmes, qui entourent leur tête d'une façon très invraisemblable, avec des linges pliés, presque aussi volumineux que les turbans des Turcs (16).

Je partis de Lans-le-Bourg le samedi 11 juin, vers les 7 heures du matin, et fis l'ascension du Mont-Cenis. J'arrivai, vers 1 heure de l'après-midi, à une ville de Piémont appelée Novalaise, au pied de la descente du Mont-Cenis, à 12 milles de Lans-le-Bourg : c'est la frontière entre la Savoie et le Piémont. Sur tout le parcours entre Calais et cette ville de Novalaise, nous comptâmes notre chemin par lieues, dont les unes valaient 2 milles et les autres 2 milles ½. Mais, de Novalaise à Venise, commença notre calcul par mille, mesure généralement usitée dans toute l'Italie...

J'observai une montagne extrêmement haute entre Lans-le-Bourg et Novalaise, appelée La Roche-Melon, plus élevée que toutes celles que j'avais vues. On dit que c'est la plus haute montagne de toutes les Alpes, si l'on excepte une de celles qui séparent l'Italie de l'Allemagne. Quelques personnes me dirent qu'elle avait 14 milles d'altitude. Elle est couverte d'un vrai microcosme de nuages (17). On ne peut voir

---

(16) Voici le texte de ce curieux passage sur le costume des Mauriennaises : « For they mappe and fold togethee after a very unseemly fashion, almost as much linnen upon their heads as the Turkes doe in those linnen caps they weare which are called Turbents. » Cette coiffure a disparu, mais les lits à cage sont restés très élevés dans certaines localités de la Haute Maurienne, notamment à Valloires.

(17) Le texte porte : « Some told me it was fourteene miles high it is couered with a very microcosme of clowdes. »

qu'une petite partie de son sommet, qui semble, de loin, former 3 ou 4 tourelles ou clochers dans l'air. J'ai entendu à ce sujet une jolie histoire. Un homme, qui avait été un brigand fameux et avait mené une vie épouvantable, pris de remords en songeant à son existence licencieuse et sans Dieu, acheta deux peintures religieuses, représentant l'une le Christ, l'autre la Vierge Marie, qu'il porta longtemps avec lui, en faisant vœu de passer le reste de sa vie à jeûner et à prier sur la plus haute montagne des Alpes, en expiation de ses offenses envers le Créateur. Il monta donc sur une certaine montagne qu'il croyait être la plus haute des Alpes, résolu à y finir ses jours, portant avec lui ses deux peintures. Après y avoir passé quelque temps, deux autres tableaux du Christ et de la Vierge lui apparurent. Il en conclut (mais je ne saurais dire pour quelle raison), qu'il n'avait point choisi la montagne la plus élevée. Aussi erra-t-il longtemps dans les environs, jusqu'à ce qu'il en trouvât une plus haute. Il se rendit sur sa cime avec ses peintures, y passa le reste de sa vie en contemplation, et n'en descendit jamais. Mon auteur, pour ce conte ou cette fiction (car ce n'est autre chose, à mon avis), est notre marron (nom des guides ou conducteurs), de Turin, qui fournissait des chevaux à notre compagnie de Lyon à Turin, et nous fit ce récit sur la route.

Je trouvai la descente plus fatigante et plus ennuyeuse que la montée, car à la montée je restai tout le temps à cheval, accompagné de mon guide de Lans-le-Bourg, mais à la descente je fus obligé de marcher à pied durant 7 milles, distance qui sépare le sommet du pied de la montagne. Pendant tout ce temps, je descendis continuellement d'une façon extrêmement rapide. Les chemins étaient très mauvais, étant merveilleusement difficiles, tout pierreux, remplis de détours et de lacets entortillés dont on pouvait en compter au moins 200 avant d'arriver en bas. Je rencontrai toujours beaucoup de gens qui faisaient l'ascension, des mules chargées de bagages et un grand troupeau de vaches maigres, que l'on faisait monter avec des colliers autour du cou. Dans ces chemins, je trouvai beaucoup de pierres où je distinguai très nettement de l'étain, dont je vis une grande quantité. J'en pris une dans ma main, avec l'intention de la porter chez moi, en Angleterre, mais une personne de ma compagnie, à qui je la donnai pour la garder, la perdit.

XXIII

Les jeux d'esprit du cavalier Marin sur la traversée des Alpes.

L'un des beaux esprits de la Cour de Turin, à l'époque du fin lettré qu'était le duc de Savoie Charles-Emmanuel I, le cavalier Marin, appelé en France par la reine Marie de Médicis, nous a laissé de sa traversée des Alpes, effectuée en 1615, vers le mois de mars, une lettre savoureuse. S'adressant à l'un de ses amis romains, Henri Falconio, l'auteur savait que son épître serait lue dans des cénacles où l'on usait et abusait des « concetti » et des jeux de mots qui allaient, à cette époque, envahir aussi les salons parisiens et préparer la génération que Molière nous a fait connaître dans ses *Précieuses Ridicules*. Cette description garde l'empreinte du détestable goût du temps. Sa place se trouvait marquée dans ce recueil, surtout à cause de la grande notoriété en Italie du poète qui connut, à Naples, des honneurs plus que royaux et qui passa, à tort ou à raison, chez nous, pour avoir mis à la mode la préciosité (1).

Je vous ferai ici une brève odyssée de mon long pèlerinage :

Je partis de Turin monté sur une rosse de je ne sais quelle race, louche d'un œil, aveugle de l'autre, quelque peu rétive et faible de jarret, mais qui, à part cela, me plaisait de tous points ; elle changeait de pas, en effet, avec tant d'élégance, et démenait les hanches d'une façon si plaisante qu'un pythagoricien aurait jugé qu'elle avait au corps l'âme de quelque ballerine. Quoi qu'il en soit, il me suffit de dire que le premier jour elle me porta en vrai paladin. Je fus le matin déjeuner à Saint-Ambroise, où j'*almorzais* à l'espagnole sans mettre pied à terre ; le soir j'arrivai à la Novalaise, fourbu, car ces quelques milles qui la séparent de Suse sont parents de ceux qui vont de Marino à Rome, et de Pianoro à Bologne, lesquels ne finissent jamais. Le jour suivant, comme je devais passer le Mont-Cenis, je jugeai bon de changer de monture ; ce fut tomber de la poêle dans la braise.

Tout était en ordre, et l'heure du départ arrivée ; mais le guide fallacieux me fit attendre jusqu'à midi. Quand Dieu voulut, il arriva pourtant ; et le voilà qui offre à ma vue une mule, la plus mule du monde qui, à en juger par sa robe de moine, était professe dans l'ordre des bigotes réformées ; et certes elle était

---

(1) Cette lettre est extraite du recueil suivant: *Lettere del cavaliere Gio Battista Marino*. Venise, 1673. La traduction que nous donnons a été publiée par M. BAROU, dans le *Patriote Républicain*, en janvier 1902.

très sage, probe, abstinente et de vie pure, car si son corps était exténué par les macérations, ainsi qu'il apparaissait clairement à son ossature et à la carcasse de ses côtes, que l'on voyait comme à travers un corps diaphane, elle s'agenouillait de plus à chaque pas et baisait la terre. Elle avait visage de babouin, marchait de côté comme un chien d'auberge, et sa toux sèche, entrecoupée d'éternuements, me révélait le peu de conscience du palefrenier qui l'avait laissée dormir au serein sans bonnet. Sa tête était un peu trop petite ; et à ses oreilles longues de plus d'une brasse je jugeai qu'on pouvait lui confier ses secrets. Elle comptait plus d'années que la Sybille ; et si ce n'était que dans l'arche de Noé, on ne fit point entrer d'animal ainsi bâti, j'aurais pensé qu'elle était l'origine de toute sa race. — Galien, le père des médecins, la chevaucha jadis ; mais j'estime qu'il s'en servit plutôt comme type de momie parfaite, ou pour apprendre l'anatomie, car on pouvait compter tous ses muscles. Il lui avait jadis coupé la queue, mais le poil, en poussant derechef, lui avait fait une surqueue. — D'aucuns opinaient que c'était la mule de Florimont, décrite jadis par Bernia, mais à sa physionomie j'aurais plutôt pensé que c'était celle qui porta Caporali au Parnasse.

Elle vint sans grâce, laissant pendre sa langue, et montrait une aimable négligence dans toute sa personne, car elle n'avait qu'un fer, pas de martingale ni de croupière. Je l'enfourchai et me mis à la taper rudement des talons ; l'excellente bête, semblable au navire de Squarciabucco, après avoir sans vergogne donné le signal du départ avec le canon de poupe, commença un trot si cahotant qu'en moins d'une heure j'étais rompu. Le cou tendu et la tête basse, elle semblait vouloir boire à chaque instant.

. . . .

Quand il lui en prenait la fantaisie, ou quand je l'éperonnais un peu plus, elle esquissait un petit saut et lançait une couple de ruades les plus charmantes du monde. A cela je connus qu'elle était fantasque, coléreuse, mélancolique et couverte de « rhumatismes » et d'ulcères. Aussi fallait-il ne pas la quitter de l'œil ; non que je doutasse de la pureté de ses intentions, mais parce que les jambes lui faisaient Nicolas-Nicolas.

Pendant ce temps, se leva une furieuse bise avec tant de force que non seulement elle paralysait les membres, mais enlevait les hommes ; aussi je me fis donner un passe-montagnes qui me préserva le visage des rafales. — Il fut besoin aussi de mettre des crampons à glace à ma monture qui, grâce à Dieu, avait sabots de verre non moins que bouche d'acier.

Parvenu au pied même de la montagne, le froid devint tel que je sentais mon sang se glacer dans mes veines.

Les pentes de la montagne étaient si blanches qu'elles paraissaient couvertes de lait caillé et l'hiver, devenu lui aussi blanchisseur académique, les avait toutes passées à la craie et au blanc de céruse. Les quelques arbres que la neige ne recouvrait point complètement, paraissaient eux aussi si blancs que l'on aurait pu croire qu'ils étaient en chemise, et que leurs branches tremblaient de froid plutôt que sous l'action du vent.

Le soleil se cachait au fond de son palais et, sans parler de sortir, n'osait pas même se mettre à son balcon ; et si parfois pourtant il risquait le bout de ses moustaches au dehors, il s'entourait d'un cache-nez de nuages, par peur d'avoir le nez gelé.

Les voyageurs ressemblaient à des petits moines de Monteoliveto, et ils pouvaient chanter : *lavabis me et super nivem dealbador*. Quant à moi, en me voyant vêtu de blanc, je m'avisai d'être transformé en cygne ou d'être devenu l' « Enfariné de la Crusca ».

Quand nous fûmes à la montée : Si tu passes sans te rompre le cou, Madame ma mule, m'écriai-je en moi-même, je veux appendre en *ex-voto* au temple d'Esculape ton effigie en cire !

Elle aborda la montée très franchement, et malgré quelques faux pas, et battant la mesure avec ses oreilles, et l'accompagnant de sa contrebasse, tout alla bien pendant un bout de chemin.

A vrai dire, le plus ennuyeux dans cette ascension était le vent qui, malgré mon capuchon et mon cache-nez, me sifflait dans la figure, me la fouettait durement, me décortiquait les lèvres, à chaque instant empêchait ma mule d'avancer. Celle-ci, bien que fille d'un âne, voulant faire la pédante et se montrer digne d'être chevauchée par un lettré, cheminait à pas comptés, à la scolastique, et de ses mâchoires larges et velues, ruminait philosophiquement le sens caché de ce voyage. — Parvenue à un passage dur et difficile, elle voulut me montrer son savoir, et sachant que la vertu se tient à égale distance des extrêmes, elle se fourra dans un trou que je n'avais pas vu sous la neige qui le recouvrait.

Pour moi, je suppose qu'elle prit la fantaisie de versifier (cela lui vint sans doute de la valise pleine de vers qu'elle portait sur le dos) et de faire une petite ballade, mais elle ne fit qu'une glissade et moi une culbute simiesque.

Puis, m'ayant empoigné les cuisses avec les pieds et le cou avec les pattes, et avançant son museau sur ma figure, elle me regardait en-dessous en me faisant mille caresses si affectueuses que, bien que mal en point, je ne pus m'empêcher d'éclater de rire. Elle n'aurait pas bougé de longtemps si mon serviteur ne l'avait prise par les rênes et ne l'avait secouée en criant : *Arri ! Arri !*

O puisance admirable de la parole ! A peine eut-elle entendu cet *Arri !* que supposant sans doute qu'il voulait dire *Arrigo* (Henri), tandis qu'avec moi elle avait fait toutes ses cérémonies de mule et toutes ses façons d'âne, elle se dressa d'un coup en entendant ce nom si doux.
— Je me levai, moi aussi, tout contusionné, boitant d'un coup reçu au tibia ; souillé de boue et barbouillé de neige, j'étais devenu par le costume chevalier de Malte.

Après ce, je parvins au sommet du col, où habite une race de gens appelés *marrons* (je crois qu'ils ne seraient bons que rissolés), fastidieux, importuns, qui veulent vous servir bon gré mal gré. Ils ont des talons ferrés, et avec des véhicules particuliers qu'ils appellent « lese », ils se laissent glisser jusqu'au bas de la pente, comme si cent diables les emportaient. J'eus, moi aussi, la fantaisie de descendre à la ramasse ; mais dans cette dégringolade vertigineuse entre des précipices ou mieux entre des abîmes, je dis plus d'une fois l'oraison de saint Julien.

La nuit me surprit à ce moment, et la neige redoubla. Les flocons tombaient du ciel si nombreux et si énormes que je me demandai si, de même que celle qui fut changée en statue de sel, je n'allais pas devenir statue de neige. — Les hiboux, les chauves-souris, les énormes papillons et les chouettes dansaient leur ballet autour de moi, comme s'ils me chassaient au vol. — Je ne dois pas omettre parmi les autres incidents mémorables, le choc que j'allais donner du nez dans les pieds d'un pendu qui, se balançant à son arbre, dessinait un grotesque sur fond bleu.

J'arrivai si tard le soir à Lanslebourg que, ne participant pas encore aux privilèges des corps glorieux et ne pouvant entrer *januis clausis*, je dus, pour attendre le portier, claquer des dents au froid une heure durant.

J'entrai enfin et je trouvai une hospitalité pareille à celle que reçut Bernia chez le prêtre de la villa. Inutile de parler du souper. On me donna trois œufs qui, sans la hâte du marmiton prudent à les cuire, auraient assurément, avant peu, donné au jour trois *basilics*. On me servit aussi un petit vin si délicat et si limpide qu'on aurait pu le boire dans un tamis ou un panier sans en perdre une goutte. Il était frère charnel de la mort et de l'amour. Outre ces qualités, l'aubergiste, économe habile, afin d'adoucir la force de l'alcool dont les vapeurs eussent pu troubler le cerveau, avait fait à rebours le miracle de Cana en Galilée, et avec un triple baptême lui avait conféré le titre de roi de France. Pour dormir, je me fis arranger une mauvaise paillasse sur quatre sales bancs vermoulus, et je m'étendis pour sommeiller sur la molle plume d'une paillasse rembourrée d'alènes, et sous une couverture de soies de porc, où Luca et Luigi Pulci (*Luc et Louis Puce, nom de deux poètes*), aux craquements des bancs, composaient constamment de mordants sonnets.

Je passe sous silence la *Topique* que j'étudiai cette nuit. Les rats (*topi*) exécutaient en effet dans la charpente du toit et du plancher la danse trévisane avec la nizzarde et jouaient à la paume ; comme ils étaient tous de la race des géants, on eût dit Encelade et Tiphon, avec leurs frères, tentant l'escalade du ciel... de mon grabat.

Quant aux punaises, Dieu vous le dirait, il y en avait de si monstrueusement éléphantines que si j'avais pris le monopole de leur cuir, j'aurais gagné gros à en faire des bottes. Jugez maintenant si les heures me semblaient des siècles en attendant le jour, et si j'invoquais l'Aurore et le Soleil.

Le matin, je pressai le départ pour être de bonne heure à Saint-André et changer de monture. « A chien qui lèche la cendre ne lui confie pas de farine », dit le proverbe, et il me revint à l'esprit, en voyant que ma girafe susdite, qui avait été liée la veille au râtelier, avait mangé la moitié de sa longe.

Je laissai ce jour-là la Maurienne et j'arrivai à La Chambre, où je fus honnêtement mal dans l'auberge d'un Français, qui ressemblait à Flavio le comique quand il contrefait Claudion.

J'allai de suite me mettre au lit. Dois-je dire lit ? N'était-ce pas plutôt une sorte de chaire si élevée que pour y monter il me fallut une petite échelle ? La crainte de rouler et de tomber me fit plus d'une fois, en dormant, rêver à la chute de Phaéton, à la différence que, au lieu de me rompre comme lui le cou dans un fleuve, je serais allé tremper mes moustaches dans un pot de chambre.

Le lendemain, en poursuivant mon voyage, je vis une grande partie de la Savoie, et je passe sous silence les divers incidents de cette journée : les chutes et les glissades, les fossés franchis, les fleuves passés à gué, les désastres et les ruines. Et vraiment quand j'y arrivai, le soir, Chambéry me parut une Cocagne, car

M. le marquis de Lanzo, qui assassine de courtoisie tous ceux qui passent par là, outre mille amabilités, me fit embrasser cent dames peut-être, semblables à des anges ; et mes lèvres n'en ont point oublié la douceur. J'y restai trois jours, après lesquels je me dirigeai vers Grenoble, où j'allai saluer Mgr le duc de Nemours ; et de là je me dirigeai sur Lyon, où je fis imprimer le Panégyrique de la Reine. Oh ! quelle énorme ville ! C'est un monde de gens, de commerces, de richesses.

XXIV

Du plaisir que prit à se faire luger la caravane de S. E. l'ambassadeur extraordinaire de Toscane et de quelques autres incidents notables de sa route par la Savoie, d'après le Diario *de Rucellai.*

A l'occasion de la mort de Marie de Médicis et de son fils le roi Louis XIII, le grand-duc de Toscane crut devoir envoyer une ambassade pour exprimer ses condoléances à la Cour de France ainsi qu'à la Cour de Savoie, dont la régente, Christine de France, connue sous le nom de Madame Royale, était fille de la défunte reine.

Un prélat toscan, Mgr Corsi, fut chargé de cette mission, et se fit accompagner d'une assez nombreuse suite, quatre camériers, un auditeur, un maitre d'hôtel, un échanson, un secrétaire, un page, un courrier-fourrier, trois palefreniers, un cuisinier et quatre valets de chambre, soit dix-huit personnes.

L'ambassade quitta Florence le 18 janvier 1643, et parvint à Paris le 10 mars suivant, après un trajet de 780 « milles » et plus, ayant fait le voyage en 34 journées, défalcation faite d'arrêts assez longs, notamment dans les Cours des ducs de Milan et de Savoie, s'acheminant par Bologne, Milan, Turin, Chambéry et Lyon jusqu'à Roanne où, suivant l'usage, on quitta la voie de terre pour descendre la Loire et reprendre la route à Orléans, et de là parvenir à Paris par Etampes. Les voyageurs quittèrent la capitale de la France le 22 juillet 1643, faisant le trajet du retour beaucoup plus vite, après 25 journées de voyage et deux petits arrêts seulement, par un itinéraire un peu différent, passant par Montargis, Nevers, Moulins, Roanne, Lyon, Chambéry, Turin, Asti, Gênes, et de là par mer jusqu'à Livourne, parvenant enfin à Florence le 18 août suivant.

L'un des camériers de l'ambassadeur, l'abbé Rucellai, rédigea avec un grand sens d'observation le journal de l'expédition. Il a su donner des détails intéressants, après tant de narrations du même sujet, sur la manière de se faire « ramasser » à la descente du Mont-Cenis. Les historiens apprécieront le récit de la réception de la mission, à Chambéry, par le duc de Savoie, âgé de neuf ans, qui remplit son rôle de souverain avec la meilleure grâce du monde, bien qu'on fût de temps à autre, à ce que raconte le malin chroniqueur, obligé de lui souffler quelques mots à l'oreille. Les gourmets regretteront cet heureux temps, où les truites que l'on servait sur la table de Son Excellence pesaient soixante à soixante-dix livres, poids dépassé cependant par un monstre de cette espèce que le révérendissime abbé d'Hautecombe offrit un jour à ses invités, parmi lesquels le grave historien Papyrus Masson, qui atteste gravement ce fait dans l'un de ses doctes ouvrages (1).

---

(1) « In lacu Burgite, qui Rhodano proximus est et Altae Cumboe monasterio ordinis cisterciensis, se vidisse captam tructam ponderis 80 librarum quam convivæ, quorum ipsus unus fuit, ab Alphonso Delbenio episcopo Albiensi prandio excepti, hilariter comederunt. » MASSON, cité par GOLLNITZ, *Ulysses belgico-gallicus*, Leyde 1631, p. 659.

Citons encore, parmi les truites monstrueuses, celle de 62 livres qui fut envoyée, en 1663, de Genève à Amsterdam, dans les flancs d'un pâté. De nos jours, la plus grosse truite du lac de Genève ne dépasse pas 15 kilogrammes. Le plus bel échantillon du lac d'Annecy n'atteignait que 13 kilogs.

Voici la traduction des passages de Rucellai concernant la Savoie (2).

Dimanche 15 février [1643]. — Après avoir entendu la sainte messe à S. Ambrogio, nous montâmes à cheval ; le sol était tout blanc de la neige tombée la nuit. Après avoir cheminé pendant huit milles, arrivés à l'hôtel de la Poste, nous vîmes le fabuleux rocher partagé par le milieu, à ce qu'on raconte, par le paladin Roland quand il voulut essayer son épée (3). C'est un gros bloc coupé en deux comme si vraiment il avait été fendu par une épée. Nous continuâmes notre route en longeant presque constamment le fleuve de la Doire, arrivant à un petit château qu'on appelle Bussoleno ; après avoir franchi un pont, nous avançâmes fouettés par un vent très violent jusqu'à Suse, ville que l'on traverse après avoir passé auparavant un pont jeté sur ladite Doire. Cette ville est laide et très petite, dans un paysage tout à fait mélancolique au pied des montagnes, confinée dans un angle par une colline sur laquelle se trouve une forteresse très avantageusement placée. Nous commençâmes à monter doucement entre les monts, en suivant toujours le lit du même fleuve, assaillis par un vent d'une violence à nous enlever, et voyant au sommet de la montagne un tourbillon et une grande bourrasque de neige. Nous arrivâmes à la Nova-

---

(2) *Un ambasciata. Diario dell' abate G.-Fr. Rucellai* publicato da G. TEMPLE-LEADER et G. MARCOTTI. Florence 1884.

(3) Les souvenirs épiques de la *Chanson de Roland* sont encore très vivaces dans le Piémont. L'église de S. Michel de la Cluse, notamment, avec ses fortifications légendaires, évoque encore la tradition de la Belle Aude.

laise, petite localité enfermée entre ces montagnes, par laquelle il faut nécessairement passer. Nous y trouvâmes une méchante auberge, très incommode, froide et remplie de fumée à cause du vent qui pénétrait par les ouvertures des murs, comme si l'on avait été dehors. Les lits étaient faits de feuilles de châtaignier, et pour nous éclairer à table, il fallut allumer nos mèches pour suppléer à l'insuffisance des chandelles, trop mauvaises et trop peu nombreuses ; au moment où, après le repas, nous pensions nous reposer, étant tous allés nous coucher, déjà endormis nous entendîmes un grand tapage dans l'hôtellerie : la patronne cria aux armes, si bien que, sautant à bas du lit et prenant nos pistolets placés à notre chevet, nous accourûmes au bruit, sans savoir s'il s'agissait des nombreux soldats qui gardent le passage ou de toute autre cause ; nous trouvâmes un soldat ivre qui avait tiré, sans le toucher, un coup de pistolet sur le gardien de l'office, lequel, ripostant avec sa carabine, l'avait manqué à cause de l'obscurité. Après avoir apaisé ce tumulte, on essaya de se reposer le mieux que l'on put.

Lundi 16 février. — Nous pensions, le matin, pouvoir passer le col du Mont-Cenis, mais nous en fûmes empêchés par la violence du vent qui soufflait en tempête de plus en plus fort, si bien que nous dûmes rester toute la journée dans cette froide et méchante maison, où l'on ne voyait que neige et glace et où l'on n'entendait que du bruit. Nous assistâmes à la sainte messe et passâmes la journée à jouer dans celle des chambres qui était la moins ouverte et dont nous avions bouché les ouvertures. Son Excellence, qui avait cru pouvoir le matin franchir la montagne, sachant que d'habitude le vent violent de la nuit se calmait au lever du jour, avait envoyé en avant son fourrier pour faire préparer les ramasses devant servir à descendre le versant savoisien et pour arrêter le logement à Lans-le-Bourg, où l'on comptait arriver le soir. Mais comprenant, sur le tard, que la chose était impossible, il dépêcha derrière lui un « marron » ; c'est ainsi qu'on appelle en ce pays ces hommes forts et habitués à ce rude climat, qui transportent les voyageurs sur la neige au moyen d'une chaise ou « ramasse ». A son retour, le marron nous apprit que le fourrier était passé en grand péril avec des difficultés inouïes... On reçut la visite du commissaire de la localité, venu pour enquérir sur le fait du soldat [de la veille] afin de lui faire infliger par le gouverneur de Suse telle punition qui plairait à Son Excellence. Ce gouverneur, dès que l'affaire parvint à ses oreilles, se mit en route pour venir trouver l'ambassadeur et le prier de fixer le châtiment. Son Excellence le remercia et l'engagea à bien vouloir relâcher le délinquant.

Mardi 17 février. — Le vent s'étant un peu calmé au lever du jour, Son Excellence décida de partir pour franchir le Mont-Cenis. On se procura, au prix d'un double et demi chaque, porteurs compris, six chaises fixées sur des brancards, portées tout à tour par deux marrons à l'aide de courroies ; il faut par siège six marrons, se relayant alternativement.

On commença à monter : le reste de la suite alla soit à cheval, soit à dos de mulets, soit à pied, cheminant, malgré un peu de vent, à travers la glace et une énorme quantité de neige, les membres glacés, le nez et la barbe gelés. La montée est très roide pendant plus de deux lieues ; en beaucoup d'endroits on montait comme sur une échelle, ayant sous les pieds de grands précipices qui faisaient craindre de la sûreté de ces marrons, qui vraiment ont un pas infaillible, se relayant entre eux adroitement et légèrement, portant parfois sous leurs souliers des sortes de fers à quatre pointes, qui s'appellent crampons, et se liant avec des cordes les uns aux autres pour marcher plus sûrement sur la neige glacée. On voit dans quelques vallées, le long de la route, de prodigieuses masses de neige qu'on appelle avalanches, tombées, au dire des marrons, du haut de la montagne, allant sans cesse en s'augmentant, en roulant, jusqu'au mois de mars, époque où la glace commence à disparaitre. Après une montée de deux milles, on arrive à quelques maisons enfouies dans la neige nommées La Ferrière, et après une autre lieue, toujours en montée, après avoir traversé certains passages épouvantables, pas plus larges que la paume de la main, on parvient à un chalet appelé la Grande-Croix où, descendant de nos chaises, nous pénétrâmes sans voir de lumière, tant nos yeux étaient éblouis par la neige. Nous nous réchauffâmes à un petit feu qu'on avait allumé et, après avoir renvoyé nos chaises, nous remontâmes à cheval par la plaine dite de S. Nicolas sur le sommet de la montagne qui sépare le Piémont de la Savoie. Madame Royale tient là sept ou huit hommes de garde pour emprisonner les soldats qui désertent son armée. Là, on se servit d'un traîneau tiré par un cheval, sur lequel se placèrent messire Laurent Capponi et le seigneur abbé Rucellai ; les autres suivirent à cheval, avertis de ne pas quitter d'une semelle la trace, parce que tout d'un coup on s'enfonçait et on disparaissait dans la neige, ce qui arriva à M. l'ambassadeur. A deux milles de là, on rencontra l'auberge de la Poste et, à main gauche, se trouvait le lac qu'on voyait sur la montagne tout à proximité et entièrement glacé et couvert de neige au point que, pour qui ne le savait pas, on ne pouvait deviner que là était la source de la Doire, qui passe sous les murs de Turin. Après avoir cheminé dans la plaine pendant 4 milles et plus, nous arrivâmes à l'endroit où l'on commence à descendre la montagne et où l'on avait préparé pour tout le monde les ramasses. On les paya chacune à raison de deux testons. Ces ramasses sont des sortes de petites chaises basses en bois, grossières, et fixées sur deux brancards qui, à l'avant, s'élèvent en pointe, à la manière d'un traineau, pour mieux pouvoir glisser sur la glace, et sont munies de deux bâtons longs de deux bras environ, pas trop gros, que le marron tient à la main pour conduire, s'appuyant tantôt sur l'un, tantôt sur l'autre, pour retenir ou faire tourner la ramasse.

Si le voyageur préfère descendre en toute vitesse, il fait asseoir le marron à ses pieds et laisse aller à son impulsion naturelle la ramasse, qui chemine par un sentier enfoncé dont la trace maintient le traineau en position : le marron, quoiqu'assis, peut, en enfonçant ses talons dans la neige, faire tourner la ramasse et faire frein ; dans les endroits de grande pente, pour mieux retenir l'élan, on se sert de chaines munies de cinq ou six nœuds, ou encore de couronnes de brindilles de bois tortillées en manière de « ciambella », que l'on place à l'avant de l'un des bras du traineau et qui, trainant dans la neige, rendent le chemin plus difficile et entravent la descente. Si l'on veut aller plus doucement, on fait mettre debout le marron, qui peut, en glissant, même sans bouger les pieds, retenir à son gré le voyageur (4).

---

(4) Voici les termes employés par Rucellai dans la curieuse description de cette luge préhistorique :

Nous étant donc tous placés sur des ramasses, nous fîmes en moins d'un quart d'heure, avec une rapidité incroyable, une descente de quatre milles environ, qui demanderait pour la monter tout près de deux heures.

La route est vertigineuse et vraiment épouvantable au début, avec des tournants sur l'arête de profonds précipices ; mais, prenant peu à peu de l'assurance, nous prenions un plaisir extrême, surtout que ce dernier jour du Carnaval était splendide avec un beau soleil, et c'était gracieux à voir ces trente ramasses, qui dévalaient sans se heurter, en conservant leur distance, cheminant aussi tranquillement que

---

« Erano queste [ramazze] come piccole sedie basse di legno, mal fatte, fermate sopra due legni, che su la parte dinanzi alzano le punte all'insù come la tregge e le slitte per meglio poter strisciare sopra il diaccio ; a questi sono adattati due legni di due braccia lunghi in circa, e non troppo scarsi, quali servono per guida, tenendoli in mano il *marrone* quando cammina, ed aggravando or l'uno or l'altro per sostenere e voltare la *ramazza* ; e quando con maggior velocità vuol essere guidato, il passeggere fa porre a suoi piedi il *marrone*, e lascia precipitare a benefizio di natura la *ramazza*, la quale cammina per una stradetta un poco affondata e quasi traccia, , che la mantiene diritta, sebbene con i piedi stessi il *marrone* ancor sedendo e calcando la neve la fa voltare e la rattiene : e ne luoghi di gran pendenza, per meglio ritenere il corso, usano certe catene di cinque o sei nodi, o pur certe corone di ritortole, avvolte in forma di ciambelle, quali mettono ad una di quelle punte davanti, e venendo a strascicare nella neve, fa piu aspro il cammino, e non scorre tanto. Quando poi si volesse camminare piu adagio, si fa star in piedi il *marrone*, quale, se bene sdrucciola anco egli con i piedi, sensa però muovere i passi, trattiene a sua voglia il passegero. »

des êtres animés ; les derniers partis voyaient déjà en bas ceux qui avaient commencé les premiers. On arriva ainsi heureusement à Lans-le-Bourg, pays placé au pied de la montagne et enfoui dans la neige, avec bon nombre d'habitations. Il y a là un établissement d'instruction fréquenté par une centaine d'écoliers venus de tous les points de la Savoie et même de Turin, le lieu étant propice au travail à cause de l'absence de divertissements (5). Là on mangea bien et on y fit une excellente halte, bien traités de vin et de victuailles ; on avait apporté un lièvre et quelques perdrix qui étaient blancs, couleur prise dans ces montagnes à l'époque des neiges par ce gibier qui, en été, devient gris. Après le repas, comme on était arrivé de bonne heure, quelques-uns des camériers de l'ambassadeur, pour jouir d'un si beau temps, voulurent de nouveau descendre en ramasse ; ils prirent quelques mulets, montèrent en moins de deux heures et, un demi quart d'heure après, revenaient au point de départ, tandis que les marrons rapportaient leurs ramasses sur leurs épaules. La neige, partout où l'on passait, atteignait une hauteur d'une pique et demie. Le soir, on alla à l'église du pays, où l'on célébrait les Quarante Heures, et où l'on chanta les litanies et autres oraisons en actions de grâces pour avoir si heureusement franchi la montagne. L'église est petite, avec un bel et riche autel. Les gens parlaient ou français ou italien, connaissant ces langues aussi mal l'une que l'autre ; ils portaient des espèces de souliers de bois tout d'une pièce ; pendant le re-

---

(5) « Sendovi uno studio di circa 100 scolari che da i luoghi della Savoia e sino di Turino ci sono mandati per esser luogo lontano da i divertimenti e proporzionato per lo studio. »

pas, plusieurs filles du pays vinrent chanter des airs populaires et ainsi se termina le Carnaval. (6)

Mercredi 18 février. — Après avoir entendu la sainte messe le matin de cette première journée de Carême, nous allâmes à cheval dans la direction de S. André, chevauchant par un chemin très étroit et rempli de neige et de glace, avec des tournants sur d'horribles précipices qui faisaient dresser les cheveux sur la tête, sans pouvoir mettre pied à terre, parce qu'on avait d'un côté la montagne avec cinq ou six brassées de neige qui rendaient la route plus étroite, et de l'autre on tombait dans le ravin, d. sorte qu'il fallait de force continuer sans descendre de monture, surtout qu'on était embarrassé par le poids des vêtements, par de lourds souliers et par un vent glacé qui fouettait le visage ; aussi fallait-il se fier à la qualité des montures, malgré leur apparence grossière et chétive. Il se leva même un nouveau vent mêlé de neige, temps étrange qui rendait encore plus incommode et plus fatigant le voyage à travers ces hautes et horribles montagnes. On passa près de divers pays qu'on ne put distinguer à cause du temps, et on franchit à diverses reprises, sur des ponts de bois, l'Arc, fleuve que l'on longea quatre lieues, et l'on arriva à S. André vers la 21ᵉ heure (7), où l'on

---

(6) « Parlano questa gente o franzese et italiano egualmente mal l'una el l'altra, e portono certe scarpe di legno tutte d'un pezo ; e mentre si cenava, vennero alcune figlie del paese a cantare cert' arie alla loro usanza, e cosi si termino Carnovale. »

(7) L'auteur comptait les heures à la manière italienne, c'est-à-dire faisant commencer la première heure après le coucher du soleil.

mangea extrêmement mal, surtout en temps de Carême, ne trouvant de bon que le beurre. Bien que nous fussions en Savoie, on commençait à compter la route en lieues, chacune de ces lieues valant quatre milles d'Italie. Sur le soir, le temps se gâta tout à fait, et nous allâmes nous coucher.

Jeudi 19 février. — Après avoir entendu la sainte messe et pris une petite collation, ne devant pas ce jour-là longtemps voyager, on chemina, par un temps assez désagréable, toutefois sans pluie, en suivant presque constamment l'Arc, qu'on passe et repasse très souvent sur des ponts de bois. Après quatre lieues, nous arrivâmes à S. Jean de Maurienne, cité traversée par l'Arvan, fleuve très dangereux en temps de pluie, que l'on passe sur un pont de bois, qui doit être remplacé par un pont avec des piles de pierre que Madame Royale fait construire maintenant. Descendus dans un hôtel très commode, spacieux et propre, on prépara le repas. Mgr Paul Milliet, évêque de cette ville, personnage de grande naissance, vint de suite rendre visite à M. l'ambassadeur, en lui offrant son logis. Son offre ne fut pas agréée, et sa visite lui fut rendue par Son Excellence, qui alla en personne à l'évêché, où se trouve une demeure confortable. Cette ville, peu grande, est placée dans une vallée dominée par de hautes montagnes et compte environ 2.000 habitants. Etant allé souper, on fut très bien traité, surtout que M. l'évêque avait envoyé des truites et du bon vin, bien que l'aubergiste en eût peut-être du meilleur encore. Son Excellence sollicita la permission de pouvoir manger des œufs pour lui et sa famille. Ledit évêque, Mgr Paul Milliet, de Chambéry, a été secrétaire du prince [Maurice de Savoie], cardinal à Rome, et actuellement c'est le grand chancelier de l'ordre de l'Annonciade ; il est seigneur au temporel et au spirituel, ayant la souveraineté temporelle sur quatorze pays ; il s'intitule : *episcopus et princeps Maurianensis* (8). Son évêché produit 3.000 ducats et même plus, mais avec quelques charges et aumônes à supporter.

La cathédrale compte 18 chanoines et 12 prêtres ; le revenu de la plus grosse prébende ne dépasse pas deux cents écus, celui de la plus faible atteint cent écus. La ville est très ancienne, la fondation de la cathédrale remontant à 1.200 ans. Cette journée, on fit 4 lieues.

Vendredi 20 février. — Après une bonne collation, nous montâmes à cheval par un temps neigeux, et, à un demi-mille, nous retrouvâmes l'Arc, dans lequel débouche l'Arvan, qui passe sous S. Jean de Maurienne et perd là son nom ; nous cheminâmes presque constamment en suivant l'Arc, que l'on franchit une fois sur un pont de pierre de deux grandes arches et que l'on passe d'autres fois à gué. A deux lieues de S. Jean, on arriva enfin à La Chambre, bonne localité avec de grands portiques en bois sur

---

(8) Il s'agit ici de l'un des membres de la famille Milliet, de Faverges, Paul Milliet, né en 1599, camérier du pape Urbain VIII, évêque de Maurienne en 1641, mort à Turin en 1656. Le fief de l'évêché de Maurienne s'étendait non seulement sur 14, mais bien sur 26 communautés, celles d'Albane, Albiez-le-Jeune, Albiez-le-Vieux, Argentine, Avrieux, Bourget et Villarodin, Bramans, Fontcouverte, Hermillon, Jarrier, Montricher, Montrond, S. André, S. Jean d'Arves, S. Jean de Maurienne, S. Martin-outre-Arc, S. Pancrace, S. Sorlin d'Arve, Sollières, Termignon, Valloire, Valmeynier, Villargondran, Villarembert. Leur affranchissement, le 25 juillet 1768, s'éleva à 356.216 livres : c'était le plus beau fief du duché de Savoie. (Archives de la Savoie, C 4979.).

la route, et après deux autres lieues à Itier (*Epierre*), autre pays où, grâce aux chutes d'eau venant des montagnes voisines, on travaille toutes sortes de fers, notamment les fers de chevaux, et poursuivant plus loin une lieue encore, nous trouvâmes Argentine, endroit où l'on rencontre aussi des fabriques de fer, La neige cessant, le temps commença à s'éclaircir, mais la route restait accidentée et mauvaise. Après avoir cheminé une autre lieue, nous parvînmes à Aiguebelle et nous vîmes d'abord, à main gauche, sur une éminence, une forteresse de peu d'importance appelée Charbonnière. Aiguebelle, bon pays situé entre des montagnes très élevées, placé sur l'Arc, avait subi de grands dommages de ce fleuve, dangereux par sa rapidité ; pour les réparer, on était précisément en train de planter des pieux afin d'établir une communication avec un gros bourg situé au-delà du fleuve, où se trouvait la poste et où, à défaut du pont habituel, on se rendait au moyen de barques. En descendant là, Son Excellence trouva un courrier dépêché de Chambéry par dom Félix de Savoie, gouverneur de Chambéry et du duché, qui, après avoir fait sa révérence, chercha à savoir quand on pensait arriver à la cour du duc, disant qu'il y avait trois jours que dom Félix attendait cette visite. On répondit que l'on pensait pouvoir y arriver le lendemain, et le courrier repartit sur cette assurance.

Samedi 21 février. — Voulant arriver de bonne heure à Chambéry pour se débarrasser de sa visite au duc de Savoie et poursuivre son voyage, Son Excellence fit partir en avant ses bagages et s'achemina du côté de Montmélian, par un très beau temps, sur un sol recouvert d'une quantité de neige et de glace, en suivant toujours l'Arc qui, à deux lieues de route, perd son nom en se jetant dans l'Isère. Passant sur un pont de bois et cheminant toujours par de mauvaises routes, laissant à gauche le fleuve, après deux lieues, près d'une éminence se trouve un lieu appelé Po (*Pau*) ou autrement, où l'on trouve différentes embarcations pour le transport des voyageurs. Poursuivant le voyage, et traversant une quantité de terres labourables excellentes, nous vimes à droite, sur une éminence, le château de Miolans, où les ducs de Savoie emprisonnent pour la vie les délinquants, et continuant notre route, à six lieues d'Aiguebelle, nous trouvâmes la grosse bourgade de Montmélian, sur le flanc d'une colline couronnée par une belle forteresse, très renommée, entourée d'une triple enceinte et défendue par une garnison de huit cents hommes, où se réfugia quelque temps le fils du duc pendant les derniers troubles ; cette forteresse fut, il y a quelque temps, assiégée et même minée par le roi de France, sans succès, car elle est inexpugnable. Après avoir pris un peu de repos à Montmélian dans un hôtel, nous nous acheminâmes, à cheval, dans la direction de Chambéry, par des chemins accidentés, mauvais et remplis de neige ; à un mille de là, nous trouvâmes M. le comte Charles-Jérôme Moretto, gentilhomme de chambre du duc de Savoie, venu à notre rencontre avec deux carrosses à six places, dont l'une était une voiture de gala et l'autre était trainée par des mules, pour recevoir Son Excellence et la conduire au logis qui lui était destiné, dans une maison particulière. M. l'ambassadeur entra dans le premier carrosse, à la première place, et le comte à la seconde, les autres places étaient occupées par les camériers, le second carrosse servant à l'Auditeur et à la suite de Son Excellence. On arriva à Chambéry à la 24e heure, passant d'abord à travers un bourg grand et long, la localité, entourée de murailles, étant par elle-même assez importante et située dans une petite plaine environnée de montagnes. Il n'y a pas d'évêque ; la population compte environ 10.000 habitants, avec beaucoup de soldats. Descendant à l'apartement qui lui était préparé, Son Excellence, accompagnée jusque dans sa chambre par ledit comte, négocia son entrevue pour sa plus grande commodité, afin de pouvoir continuer sa route le plus vite possible. Le comte partit pour en aviser Son Altesse et obtenir si possible l'audience pour le soir même, et l'autorisation pour l'ambassadeur d'amener sa suite, puis revenant dans la chambre, qui était meublée richement de tapisseries, d'un lit et d'un baldaquin de velours à cordons dorés, il l'aida à revêtir son grand habit, s'aidant encore à parer les camériers. Peu après le comte revint encore, avec d'autres gentilshommes, avec les deux carrosses à six places, pour prendre dans son appartement Son Excellence et la conduire au palais où, après avoir franchi un pont-levis gardé par des arquebusiers et plus loin par d'autres gardes armés de pertuisanes, on trouva au pied de l'escalier le marquis Pallavicino, précepteur de Son Altesse, qui reçut l'ambassadeur et le conduisit dans la salle de réception, devant laquelle était une garde de lances brisées ; le Duc était sous un baldaquin, en compagnie de dom Félix, de beaucoup d'autres chevaliers et d'une dame, sa gouvernante entourée d'autres dames. Son Altesse s'avança d'environ quatre pas au-devant de M. l'ambassadeur, qui dut beaucoup s'incliner pour exposer sa mission et remettre ses lettres, le prince [Charles-Emmanuel II] étant de petite stature et âgé de neuf ans seulement, mais très beau et doué d'une vivacité d'esprit singulière. Il demanda avec beaucoup de grâce et d'empressement des nouvelles du Grand Duc, de la Grande Duchesse [de Toscane], avec des remerciements dont les termes lui étaient parfois soufflés à l'oreille. Il fit de suite couvrir M. l'ambassadeur, ainsi que les grands de la Cour de Savoie qui l'assistaient ; il avait ceint son épée et portait un couvre-chef et un manteau noir. La salle de réception était très richement ornée, avec un très beau lit. Son Excellence, en prenant congé, fut accompagnée pendant quatre pas et même plus par Monseigneur le Duc, et le susdit marquis Pallavicino lui fit la conduite plus loin encore que l'endroit où il l'avait attendue. L'ambassadeur monta ensuite en carrosse avec M. le comte de Moretto, s'en revint à la porte de son logis, et là fut quitté par ledit comte qui usa, en ce, de la liberté française. A l'heure du repas, on prépara la table dans la même chambre où Son Excellence devait dormir, et M. l'ambassadeur, s'étant placé sous le baldaquin avec ses camériers, fit un superbe festin de toutes sortes de plats, le plus agréable et le plus délicat que l'on pût voir, avec quantité de poissons surtout, des truites en particulier, dont l'une pesait de soixante à soixante et dix livres. Le service fut fait dans le même ordre qu'à Turin, et pendant qu'on soupait, on fit un divertissement musical dans l'autre chambre. Quand ce fut fini, l'appartement n'étant pas assez grand pour loger toute la suite de l'ambassadeur, les camériers allèrent séparément passer la nuit dans divers logis excellents et commodes, qui leur avaient été assignés sur l'ordre de M. le Duc. Dom Félix de Savoie envoya l'un de ses gentilshommes pour souhaiter la bienvenue à Son Excellence, qui renvoya son auditeur pour présenter ses remerciements et ses regrets de n'avoir pu faire une visite, faute de temps. Dom Félix reste ordinairement à Chambéry en sa qualité de gouverneur du duché, et habite le palais ou château où se trouve actuellement M. le Duc. Et ainsi on put décider de partir le lendemain dans la matinée.

Dimanche 22 février. — Son Excellence, voulant partir le matin, fit donner par le majordome de beaux pourboires de 50 doubles environ à ceux qui l'avaient servie la veille ; les serviteurs, entendant que M. l'ambassadeur voulait absolument partir sans faire de collation, lui offrirent deux énormes truites pour emporter. Pendant ce temps, vint un carrosse à deux places avec un palefrenier, ayant la mission de dire que si Son Excellence voulait aller à l'église, tout était préparé et la messe prête à être servie. M. l'ambassadeur fit répondre que le carrosse pouvait s'en aller, car, ayant commandé les chevaux, il avait l'intention de partir sur-le-champ. Le palefrenier rapporta cette réponse et, avant que les chevaux n'arrivent, on voit paraitre M. le comte Charles [de Moretto] avec les deux carrosses habituels à six places qui, sans descendre, fit savoir à Son Excellence qu'il l'attendait en bas pour le servir, ce qui parut à M. l'ambassadeur et aux personnes de sa suite, bien que peu au courant des usages de France, un manque d'égard, surtout en rapprochant ce fait des incidents de la veille, où ledit comte n'avait pas accompagné Son Excellence dans son appartement jusque dans sa chambre, ni assisté au souper. Mais peut-être y avait-il là seulement une inadvertance dudit comte, qui était très jeune, paraissant surtout ferré dans l'art de s'habiller ou d'aller à cheval, bien qu'il eût quelque prétention de lettré et de beau parleur ; peut-être aussi était-ce une conséquence des usages français, mais il n'y avait pas d'arrière-pensée, car M. l'ambassadeur, et à Turin et ici, avait été traité avec les meilleurs égards que l'on pût souhaiter, bien que, ni à Turin quand il s'adressa à Madame la duchesse, ni ici quand il parla à M. le duc, il n'employa les termes d'Altesse Royale, par eux si ambitionnés. M. l'ambassadeur fit donc savoir à M. le comte qui l'attendait en bas pour son service, qu'il n'était pas nécessaire de se déranger à l'attendre davantage, car il pensait partir d'ici à cheval. Ayant entendu cette réponse, M. le comte se résolut à monter, et Son Excellence, étant allée à sa rencontre au milieu de la salle des palefreniers, ils entrèrent dans la chambre et, après bien des manières et des excuses, ils descendirent peu après l'escalier et montèrent dans le carrosse avec les camériers et M. le comte, allant à un mille en dehors de la ville jusqu'à une église de Capucins où, quand on descendit de voiture, M. le comte prit congé et s'en retourna à Chambéry.

Son Excellence s'arrêta pour entendre la messe dans ladite église puis, montant à cheval, on commença à gravir la montagne d'Aiguebelette, l'une des plus élevées qu'on dut franchir après le Mont-Cenis, laissant à droite, à 3 ou 4 milles de distance de Chambéry, un lac très grand et abondant en truites, celui du Bourget, qui conduit, en se jetant dans le Rhône, en peu de temps à Lyon. Continuant à gravir la montagne remplie de neige, nous arrivâmes au sommet, où nous commençâmes à jouir d'une très belle vue sur une vaste plaine, d'agréables collines et d'innombrables villages du côté de France, reposant nos yeux habitués à ne voir pendant si longtemps que d'horribles montagnes, d'épouvantables précipices, et éblouis encore par la vue continuelle de la neige, qui nous avait obligés de nous servir parfois des lunettes que, pour cette raison et pour nous protéger du vent, quelques-uns des camériers avaient emportées. Commençant donc à descendre de l'autre côté la montagne, une grande troupe de marrons, qui nous accompagna pendant une bonne partie de la descente, nous offrit ses services, voulant presque de force nous porter sur leurs chaises, comme au Mont-Cenis. Mais comme il faisait beau et qu'il nous était agréable de glisser sur la neige, nous nous passâmes d'eux. Après une descente de plus de deux milles, nous trouvâmes l'hôtel de la Poste, à Aiguebelette, nom donné aussi à un petit lac que l'on voit dans le voisinage. Après avoir pris une petite collation, on remonta à cheval par des routes très mauvaises, arrivant le soir à Pont-de-Beauvoisin, gros village séparé par la rivière du Thier (*Guiers*), passant sur un pont qui sépare la Savoie de la France, la partie de deçà appartenant au duc et celle de delà au roi de France. Descendant à l'auberge de l'Ours, nous fûmes très bien logés ; ce jour, pour avoir traversé non seulement la montagne, mais une plaine tout à fait mauvaise, nous fîmes six lieues.

Les observations recueillies par Rucellai au retour sont moins nombreuses ; elles méritent toutefois aussi d'être citées.

Dimanche 2 août [1643]. — Partis de bonne heure de la Verpillière, en cheminant par de mauvaises routes détrempées par les pluies précédentes, à une lieue on trouva un chêne d'une largeur extraordinaire, dont dix hommes n'auraient pas fait le tour, avec de très belles branches couvrant de fraîcheur une grande place ; une autre lieue après, on traversa Bourgoin, gros village où sévissait une très mauvaise épidémie qui avait emporté plus de 500 personnes ; ceux qui avaient échappé au fléau s'étaient construit, au milieu des champs et des bois, des cabanes, et restaient dehors, tout attristés. On traversa au galop cette bourgade, passant par le milieu de la route pour ne pas frôler les murailles contaminées, rencontrant un peu plus loin les gardes de santé chargés d'empêcher les gens du lieu de sortir. Après deux autres lieues, on se trouva à La Tour-du-Pin, où l'on entendit la messe et où l'on se restaura à l'auberge du Lys, puis, cheminant toujours par des routes boueuses et mauvaises, par une grande pluie, après 4 lieues nous arrivâmes au Pont-de-Beauvoisin, où nous descendîmes dans le même hôtel que l'autre fois, où nous fûmes très bien. M. l'ambassadeur envoya à Chambéry son courrier à dom Félix de Savoie, pour savoir si le jour suivant il pouvait faire sa révérence au Duc. On fit ce jour huit lieues, soit 24 milles.

Lundi 3 août. — Ce matin, on partit de bonne heure de Chambéry, et cheminant par d'affreuses routes sur lesquelles on aurait pu, toutefois, depuis Paris, nous restaurer, étant remplies de raisins, de prunes, de noisettes, de noix et de pommes.

Après deux lieues nous arrivâmes hôtellerie de la Poste, à Aiguebelette, où l'on commença à gravir la montagne de ce nom. Après une lieue à peu près de montée bien dure, nous trouvâmes le courrier revenu de Chambéry porteur d'une réponse de dom Félix de Savoie, qui priait Son Excellence de bien vouloir éviter de saluer le duc, par crainte des germes de l'épidémie des lieux traversés, précaution qu'ils poussaient à l'extrême en raison de la jeunesse du prince ; il lui donnait en même temps l'assurance d'avoir agréé l'honneur que le Grand Duc lui avait fait par cette démarche.

On commença ensuite à descendre la montagne ; les camériers, ainsi que M. l'ambassadeur, furent transportés sur des chaises par des marrons, qui circulent comme de vrais chats à travers les rochers et les précipices. On ne reconnaissait point la montagne que nous avions traversée, parce qu'elle nous apparaissait sans neige, avec un chemin exécrable plein d'ornières. Au bout de la descente, on trouva un gentilhomme envoyé par dom Félix de Savoie, appelé M. d'Asti, qui, de la part de M. le Duc, représenta encore à Son Excellence la grande mortification que Son Altesse avait pu éprouver de n'avoir pu lui donner réception à cause de la circonspection de son entourage. Remontant à cheval avec ledit gentilhomme, après une lieue nous contournâmes les murs de Chambéry et descendîmes à l'hôtellerie de Notre-Dame, dans le bourg placé devant la porte de la ville, où le gentilhomme nous quitta. Dans cette hôtellerie, le dîner était tout prêt, par ordre de dom Félix, mais très ordinaire, et il fallut que le majordome de Son Excellence payât à l'hôtelier les frais de cuisson.

Après le repas, quittant Chambéry par des routes plutôt mauvaises, à deux lieues nous fûmes à Montmélian, où se trouve la belle et célèbre forteresse, et nous logeâmes à la même hôtellerie que l'autre fois, très bien traités. On observa que dans ce pays les paysans mettent à leurs bœufs, quand ils labourent ou tirent un char, deux jougs, l'un appuyé ordinairement sur les épaules et l'autre lié à la corne.. Ce jour-là, on fit 7 bonnes lieues, la lieue de Savoie valant bien 4 milles.

Mardi 4 août. — On partit de Montmélian et, passant par la rive gauche de l'Isère, on passa deux ponts de bois, cheminant deux lieues durant dans une route marécageuse si mauvaise que, l'hiver, les voyageurs préfèrent la route de l'autre rive, bien qu'elle soit plus longue. Uue lieue encore après, on arriva à Aiguebelle, où l'on passa le fleuve sur un pont de bois contre les pilotis que l'on établissait lors de notre passage. Remontant à cheval après le repas, laissant à main droite, sur la colline, la forteresse de Charbonnière, et cheminant quatre lieues à travers une route dominée par de très hautes montagnes couronnées d'une quantité de neige, mais à mi-hauteur bien cultivées en céréales, avec des blés fauchés, on arriva le soir un peu mouillé à La Chambre, petit village avec de grands portiques de bois sur la route, où l'on trouva, à défaut d'autres commodités, de l'excellent vin, et l'on fit huit lieues.

Mercredi 5 août. — Partis de La Chambre en cheminant toujours le long de l'Isère (lire l'Arc), dont l'eau est toute noire comme remplie de cendres et de charbon, franchissant à deux reprises des ponts de pierre, nous arrivâmes à S. Jean de Maurienne, longeant les murs, arrivant à un nouveau pont en construction, puis passant sur un pont de bois l'Arvan qui se jette dans l'Arc (9) et perd son nom à deux lieues, nous fûmes à S. Michel, bon pays où l'on mangea à l'hôtellerie de la Poste, avec de l'excellent vin et des perdrix blanches. Après le repas, à une demi-lieue, on dut longer, sur une route droite dont le sol cédait sous le pas, un précipice profond de plus de 500 pas, au fond duquel écumait l'Arc avec un bouillonnement qui faisait frémir ; on passa encore trois fois ce fleuve sur des ponts de bois et une autre fois sur un pont de pierre, et à deux lieues

---

(9) Le texte porte : « Passando il fiume Arch... qui entra nelle Lisera e perde il suo nome. » L'auteur confond l'Arvan avec l'Arc, et d'autre part ignore le vrai cours de l'Isère.

nous trouvâmes S. André, bon village, et une lieue et demie plus loin Modane, autre bon village où l'on fut très bien traité, avec de bons vins, des truites, des fraises et autres choses délicieuses, et nous ne pouvions parvenir à reconnaître le chemin suivi à notre premier passage à cause de l'absence de la neige ; on fit ce jour huit grandes lieues.

Jeudi 6 août. — Partis de Modane en longeant toujours l'Arc, à une lieue on voit une très belle chute d'eau alimentée par la fonte des neiges des hautes montagnes ; ce spectacle était le plus agréable de ceux que nous vimes le long de la route.

Après trois autres lieues, franchissant encore un pont de bois et quelques gros villages, on arriva pour le repas à Lans-le-Bourg, où nous nous arrêtâmes l'autre fois, très bien traités de truites et autres agréments. Après le repas, on commença à monter le Mont-Cenis, le maître d'hôtel de Son Excellence ayant préalablement retenu cinq « cadreghe » ou sièges, avec des marrons, pour M. l'ambassadeur et les camériers, pour s'en servir à la descente de la montagne, que l'on peut difficilement faire à cheval. Arrivé au sommet de la montée, qui n'est pas la fin de la montagne, on sentit un très grand froid à cause de la neige qui couronnait les hautes cimes. En traversant la plaine où se trouve le lac, il neigea comme il avait fait la veille, fête de N.-D. des Neiges. Dans cette plaine, on voyait de très belles plantes et des fleurs étonnantes. M. l'ambassadeur en fit couper quelques-unes, qui ressemblaient à des jacinthes, avec beaucoup de clochettes violettes, et d'autres blanches à haute tige, ainsi que des rouges avec des grappes, pour les porter en Italie, pays d'où il vient, au dire des paysans, beaucoup de collecteurs de plantes médicinales

(10). On monta sur lesdites chaises, et faisant la descente en toute rapidité, on arriva à la Novalaise, où l'on trouva un excellent vin ; on remonta à cheval, et après une grande lieue on parvint à la ville de Suse, où l'on fut logé très peu commodément, devant nous disperser en plusieurs hôtelleries, à cause des soldats qui venaient d'être mis là. On fit ce jour dix lieues. A partir de Novalaise, on commence à entendre parler italien.

XXV

Les étonnements d'un prêtre bolonais pendant sa traversée des Alpes de Savoie.

Sébastien Locatelli, qui traversa les Alpes pour aller étudier les mœurs françaises à l'époque de la splendeur de Louis XIV, a laissé de son passage en Savoie quelques observations qui méritent d'être conservées.

C'était un prêtre, appartenant à une noble famille de Bologne, qui comptait parmi ses illustrations des évêques. Il avait une trentaine d'années quand il quitta Bologne avec deux gentilshommes de ses amis, pour se diriger sur Paris, en 1664. Il passa par la route classique du Mont-Cenis. La petite caravane, à dos de mulet, éprouva à travers les escarpements de la montagne les appréhensions ordinaires à la plupart des anciens voyageurs.

Les mœurs du temps laissaient alors une grande liberté aux ecclésiastiques. Le jeune prêtre bolonais ne témoigne pas, à l'occasion, un rigorisme qui eût été un véritable anachronisme. Ce fut un

---

(10) « In quella pianura, si vedevano bellissime piante e fior stravaganti che il sig. ambassator ne fece sbarbare alcuni ch'erono come di diacinti con molte campanelle paonaze et alcuni altri di fusto alto bianchi e rossi pannochiuti per portarli in Italia, dove dicono quei paesani venire molti cavatori di herbe medicinali. »

joyeux compagnon de route, comme on peut en juger par la lecture des pages suivantes (1) :

19 mai 1664. — Malgré le ciel chargé de pluie et les grondements du tonnerre, nous quittâmes la Novalèse pour aller nous perdre dans les nuages et implorer de ce ciel menaçant la paix ou, du moins, une trêve de trois ou quatre jours. Le mont Cenis nous servit d'escalier, mais c'était un escalier tellement horrible et effrayant que, si cette route descendait au lieu de monter, je jurerais qu'elle conduit à l'enfer. Au pied de la montagne commença de s'abattre sur nous une pluie assez fine, mais chassée par le vent avec tant de violence qu'elle faillit nous empêcher de réciter le saint Rosaire suivant notre habitude de chaque jour. Nous étions accompagnés de Jean-Marie Filipponi de Plaisance ; il faisait commerce en France de chiens de Bologne, et il en avait vingt-quatre, surtout des femelles, dans deux grandes corbeilles d'osier...

Le Rosaire terminé, Filipponi fit une chute à un tournant dangereux. Son cheval en reculant le maintint sous lui, et sauva ainsi la vie à son maître, qui autrement se perdait dans un précipice si profond qu'on aurait plus jamais entendu parler de lui. Nous invoquâmes alors de tout notre cœur le secours de la très sainte

---

(1) La relation de Locatelli, dont on ne connaît que deux manuscrits, à Bologne et à Pérouse, a été traduite et publiée pour la première fois, en 1905, par M. Ad. VAUTIER (*Voyage en France... Relation de Sébastien Locatelli*. Paris, Picard 1905, in-8°), sous les auspices de la *Société des Etudes historiques*. Nous remercions M. Vautier d'avoir bien voulu nous autoriser à reproduire une partie de sa traduction et nous renvoyons, pour les notes, à sa très remarquable édition.

Vierge et de saint Antoine de Padoue. Chacun mit pied à terre pour venir à l'aide de Filipponi, et vit que, par un merveilleux effet de la puissance divine, ni lui, ni le cheval, ni les chiens n'avait aucun mal, bien qu'un des paniers fût brisé. Nous attribuâmes avec raison ce bonheur à un miracle du très saint Rosaire que nous venions justement de terminer ; la sainte Vierge avait exaucé nos prières et empêché le terrible accident qui faillit arriver à ce pauvre homme.

On peut s'imaginer avec quelle frayeur nous avançâmes ensuite, montés sur nos mulets, qui pourtant avaient une si grande habitude de la montagne qu'ils ne bronchaient jamais : nous croyions voir à chaque pas s'ouvrir des précipices ; parfois même nous ne pouvions distinguer l'endroit où nos montures devaient poser le pied pour ne pas trébucher. Nous récitâmes de nouveau le Rosaire en actions de grâces, et pour prier la Madone de nous continuer sa sainte protection.

Le grondement du tonnerre, le bruit des sources, les profondeurs qui nous entouraient, le sentier étroit et rocailleux qu'il nous fallait suivre nous faisaient battre le cœur d'épouvante. Nous n'osions détacher nos regards de la terre et les élever au ciel pour implorer sa protection, pourtant si nécessaire. A quelque distance de la cime, la grêle se mit à tomber ; nous avions aussi de la neige, car la terre en était couverte. Enfin, après quatre bons milles d'une montée pénible, nous trouvâmes au sommet du mont Cenis la grande croix qui sépare l'Italie de la France. La neige était déjà sous nos pieds, mais là elle commença à tomber sur nos têtes à gros flocons, si gros qu'on aurait dit un vol de cygnes. Nous avions grand'peine à ouvrir les yeux pour voir les rigueurs de cet hiver aussi dur qu'en janvier et, ne pouvant distinguer ni ciel ni terre, nous croyions être parmi le Chaos primordial. Les fréquents faux pas de nos mulets nous contraignirent à mettre pied à terre. Plus dévot que mes compagnons, je laissai mon fouet et mes éperons en ex-voto sur l'autel du terrible Dieu du mont Cenis. Sur le plateau, au sommet du mont, se trouve à main droite un lac assez étroit et long de deux milles. Après avoir dépassé deux autres lacs, nous arrivâmes à la descente. Six hommes, qui semblaient voler parmi les précipices, nous portèrent délicatement sur des sortes de litières en jonc, pendant cette descente de deux grands milles ; cela nous la fit trouver courte et aisée, mais notre satisfaction diminua fort quand il fallut payer aux porteurs une demi-pistole par tête.

Le premier village que nous aperçûmes fut Lanslebourg, où il y a une école ; mais nous nous trouvions là dans un monde nouveau, et je vous assure qu'il nous fallut bien de la peine pour nous faire comprendre. C'était le lundi des Rogations, et dans ce pays, qui appartient au duc de Savoie, mais qui touche d'un côté à la France, on observe le jeûne et l'abstinence pendant les trois jours de cette fête. Aussi, le voiturin et Filipponi, qui connaissaient un peu la langue du pays, ayant demandé de la viande, on nous prit pour des hérétiques. Il est cependant permis, à cause de la rareté de l'huile, de se servir de beurre sans manquer à l'abstinence, et aussi de manger des œufs. Nous fûmes mieux servis que si nous eussions fait gras, car l'on nous donna des truites au beurre assaisonnées d'une manière exquise. Il fallut commencer par ôter jusqu'à nos chemises et nous mettre au lit pendant que nos vêtements séchaient, car les toiles cirées, déchirées sur nous par le vent, n'avaient pu nous garantir. C'était vraiment bien amusant de nous voir apporter tout le contraire de ce qu'il nous fallait ; nous demandions une chose et on nous en apportait une autre.

Après avoir dîné et pris un peu de repos, nous allâmes jusqu'à Modane, bourg mal bâti comme ceux du pays, mais où nous eûmes à souper de bonnes truites. Il fallut sécher de nouveau nos vêtements et nous mettre au lit, où nous nous fîmes servir à souper par des jeunes filles, qui semblaient incapables d'autre chose que de rire. Après avoir donc mangé gaiement, nous fîmes une sorte de petite comédie pour retenir longtemps avec nous ces deux maritornes et leur permettre de rire tout leur saoul. Comédie certes vraiment burlesque si on l'avait représentée sur le théâtre, car ces filles n'entendant pas un mot de notre langage, ni nous un seul du leur, nous passâmes ainsi plus d'une heure à gesticuler et à leur faire des signes. Mais finalement, voyant qu'elles commençaient à s'approcher un peu trop des lits de mes jeunes compagnons, et que ceux-ci s'ingéniaient à les prendre par les bras, ce fut moi qui terminai la pièce en sautant à bas du lit et en mettant les servantes hors de la chambre. Je poussai le verrou pour nous défendre contre la violence de cette jeunesse. Quelle belle kyrielle d'injures elles me dirent ! Je le suppose, parce qu'elles finirent de rire et que, se voyant dehors, elles donnèrent des coups de pied dans la porte tout en parlant sans cesse. Le repos ne vint pas vite, car le démon voulait, lui aussi, essayer de jouer son rôle dans la comédie en dialoguant secrètement avec nous. Ces filles n'étaient pas belles, mais toutes jeunes et fort bien en chair.

Leur gaieté extraordinaire montrait bien qu'elles avaient d'excellentes meules pour réduire en farine quiconque irait moudre à leur moulin.

Le 20 mai, jour de saint Bernardin. — Le ciel, touché de pitié, nous accorda une heureuse journée et couvrit le soleil d'un épais rideau de nuages pour nous préserver de son ardeur. Avant notre départ j'allai dire la sainte messe à l'église paroissiale de Modane. Apprenez, cher lecteur, quels ornements sacerdotaux servirent à un si vénérable sacrifice. Un tel dénuement, si vous le rencontriez dans une église de campagne en Italie, vous ferait pitié. Et pourtant il est moins pénible de voir ici le saint sacrifice célébré avec des calices de bois par des prêtres d'or, que de le voir chez nous célébré avec des calices d'or par des prêtres de bois qui, dévorés de luxure ou d'avarice, emploient tous leurs biens au service du Diable, quand leurs pauvres sujets meurent de faim sous leurs yeux. J'eus pour dire la messe une aube de toile grossière, un cordon de filasse, une chasuble déchirée en toile unie, un calice en étain ; tout le reste, y compris le corporal, était d'une misère sordide qui aurait écœuré tout autre que moi.

Après la messe, nous reprimes notre route au milieu de ces montagnes pareilles aux vagues d'une mer immobile. Le paysage était délicieux, car chaque petite plaine, fleurie de jacinthes et de campanules de nos pays, semblait, non un jardin à la mode italienne, mais une terre promise. Après avoir franchi les épouvantables solitudes du mont Cenis, nous pouvions — juste récompense de nos fatigues — couronner de fleurs nos fronts, où la sueur de l'épouvante avait ruisselé plus d'une fois.

A Saint-Michel, village situé sur une petite colline assez jolie, nous nous arrêtâmes pour nous rafraîchir. Avant d'y arriver, nous avions rencontré un jeune homme avec sa femme et sa mère : c'était, nous dit-on, un gentilhomme fort riche. La beauté majestueuse de la femme faisait contraste avec la grossièreté de ses manières, dont je puis parler par expérience ; car la curiosité de voir les petits chiens de Bologne l'ayant conduite à l'hôtellerie, elle entra sans saluer dans la salle où nous étions tous, et dit qu'elle les voulait voir. Nous ne pouvions refuser, et comme j'ai toujours été, grâce à Dieu, assez rebelle au beau sexe, je m'offris pour aller chercher Filipponi. Je fis longtemps attendre la réponse, afin de laisser à mes compagnons le temps d'apprivoiser un peu cette femme, car il était vraiment trop pénible de voir tant de grossièreté jointe à une beauté si exquise. A mon retour j'appris qu'elle n'avait soufflé mot ; elle fit bien, personne ne pouvant la comprendre. Quand le marchand lui eut ouvert les deux corbeilles, elle choisit une des plus jolies chiennes, car elle ne manquait point de finesse, bien qu'elle fît la sotte, et elle en demanda le prix. Mais le marchand ayant répondu : vingt pistoles, elle s'enfuit comme si elle eût entendu un blasphème effroyable, impolitesse bien digne d'une vilaine déguisée en dame. C'était une paysanne, fille unique d'un vilain fort riche qui lui avait fait une donation entre vifs de tout son bien ; le pauvre cavalier se vit alors forcé de la prendre pour femme, afin d'échapper aux disgrâces dont le menaçait sa pauvreté, qui aurait fini par le faire pourrir dans une prison pour dettes. Il l'avait épousée depuis moins de trois mois. Il n'avait encore pu la décider à quitter son habitation à la campagne une seule nuit, tant elle aimait sa cabane et chérissait ses parents, dont l'humeur était exactement la même que la sienne.

A Saint-Michel, on nous montra son hôtel,

dont l'extérieur parait la seule belle chose du village. Jamais ce gentilhomme n'avait pu la faire monter en carrosse, et bien moins encore à cheval : aussi pense-t-on qu'il sera difficile de la faire changer d'habitudes. Elle était si belle que, si l'on considère sa naissance, on peut dire que cette beauté était miraculeuse. Elle ne se montra sage qu'en une seule chose, ce fut en refusant constamment, dès son enfance, pour ne point bronzer la blancheur de son teint, de toucher une houe et de s'exposer à découvert aux rayons du soleil. Les parents avaient élevé cette fille unique en lui laissant faire ses volontés ; aussi n'est-ce pas merveille que rien n'ait terni son éclat. Elle ne fit aucune difficulté pour s'habiller de soie, se laisser orner par ses demoiselles et se couvrir de perles et de rubans, car elle ne pensait à rien qu'à paraître la plus belle de l'endroit, comme si elle était née uniquement pour cela. Va donc, lecteur, rêver sur les dispositions du ciel, quand on ne sait comprendre les métamorphoses de la terre ! Cette femme reçut de son astre, en naissant, l'envie de passer pour une beauté accomplie et, sans prendre exemple de personne, employa de soi-même les artifices que les autres femmes apprennent de leurs compagnes.

Pour terminer, je dirai que, si elle devait servir de statue dans une niche, elle mériterait une place dans les galeries du premier monarque du monde ; mais c'était une personne en chair et en os, et sitôt qu'elle remuait le buste ou bien ouvrait la bouche pour parler, elle se faisait connaître pour une paysanne. Déplorable misère de la fragilité humaine ! L'homme perd la raison pour une beauté apparente qui disparait comme un éclair, ne laisse en passant que puanteur et infection et, une fois évanouie, que douleur et repentir de l'avoir aimée. Cela doit arriver à ce pauvre gentilhomme s'il vit assez pour voir les infirmités ou les ans détruire les charmes adorés par lui dans sa femme, qui l'oblige à se loger comme un vilain pour jouir d'une beauté royale.

Après un repos d'environ deux heures, nous reprîmes notre route à travers les montagnes. Je remarquai assez près de nous, dans une jolie petite plaine, la ville de Saint-Jean-de-Maueirnne, siège d'un évêché ; une haute tour, qui semblait avoir cinq sommets, me fit surtout plaisir à voir. Nous fûmes pris là par la pluie, mais elle ne tomba en abondance qu'après notre arrivée à un gros bourg appelé La Chambre, et les toiles cirées, que nous raccommodâmes tant bien que mal, nous protégèrent parfaitement. Beaucoup de gens logeaient à notre hôtellerie, et pourtant l'on nous y traita fort bien, car le pain, le vin et deux hachis surtout furent excellents. Avant de nous mettre à table, nous étions convenus avec l'hôte d'un prix pour lequel il nous traiterait à sa mode. Il nous traita bien et cependant nous demandâmes deux autres de ces hachis qu'il nous fit payer près d'un demi-teston chaque, mais ils étaient assez bons et assez bien faits pour valoir ce prix-là. Après souper, j'eus la mauvaise idée d'aller à la cuisine voir comme on les apprêtait ; mais la vue de la cuisinière, horrible et sale vieille au visage noir et crasseux, et la puanteur de la cuisine en désordre me donnèrent la nausée. Sans demander mon reste, j'allai rejoindre mes compagnons, et le seul récit de ce que j'avais vu faillit les faire vomir. On a raison de dire que, si l'on craint les nausées, il faut bien se garder d'aller voir des cuisines ; cette maxime, qui est loin d'être toujours juste, l'est toujours à mon avis dans les hôtelleries. Les chambres, au contraire, étaient fort propres, les lits garnis de linge d'une odeur excellente, les tables ornées de fleurs ; tout cela était dû aux soins du valet, qui à souper nous avait servi ces plats d'aussi belle apparence que s'ils sortaient des mains les plus propres du monde. Mais comme nous avions aussi bon appétit que ceux qui voyagent sur mer, tout fut trouvé exquis.

Le 21 mai. — Après avoir si bien soupé la veille, il nous fut d'autant plus pénible de quitter le lit qu'il fallut nous lever à la lumière apportée dans notre chambre par le diligent Maitre Georges. Cet homme devait avoir fait un pacte avec le sommeil, car mangeant plus que nous et se couchant plus tard, il venait toujours nous éveiller avant l'aube, et pourtant il avait déjà soigné les chevaux. Au réveil nous nous trouvâmes le gosier fort sec. Le Seigneur Odofredi ayant demandé s'il y avait de l'eau-de-vie, on lui apporta une grande bouteille d'étain, contenant un vin plus fort que le malvoisie et clair comme l'eau ; il fallut me contenter d'en respirer l'odeur et, pour son goût, m'en rapporter à mes compagnons.

J'allai célébrer la sainte messe à l'église des Pères Conventuels, où je fus tout heureux de trouver un Père italien à qui je me confessai...

Je fus donc bien content de recevoir l'absolution, non que j'en eusse grand besoin, mais par un juste respect pour le saint sacrifice. Après la messe, je revins à l'hôtellerie avec grande envie de boire de la *garbana* (c'est le nom qu'on donne à cette liqueur dans le pays ; j'y fis bien tremper quelques tranches de pain après les avoir grillées sur de la braise ardente. La *garbana* ressemble tout à fait à notre eau-de-vie la plus douce. Son odeur n'est point pénétrante comme celle de la nôtre, et ne peut à elle seule la faire reconnaître pour cette excellente liqueur ; il est pour cela nécessaire d'y goûter. Je n'osai vider le verre de peur de me rendre malade, mais, au contraire, elle nous fit grand bien à tous : elle n'en fit point cependant à notre bourse, car il fallut la payer une livre par tête.

En sortant, nous étions un peu plus gais que de coutume et, après avoir dit nos dévotions, un esprit ami de l'harmonie vint nous inspirer et nous fit chanter jusqu'à Aiguebelle, où nous arrivâmes à l'heure du marché. Après nous être un peu réconfortés, nous allâmes faire un tour dans le bourg. Une femme, qui tenait à elle seule une grande boutique pleine de marchandises de toute sorte, à l'usage des paysans du lieu, nous étonna beaucoup. Il était vraiment curieux de la voir, entourée de cinquante personnes, qui toutes lui demandaient quelque chose, es servir en un clin d'œil sans leur faire de questions ; ses mains, qui étaient fort belles, semblaient voler, on les voyait tour à tour couper du savon, peser du sucre, emplir des cornets, prendre la plume pour compter ou pour écrire sur le registre, et faire bien d'autres choses encore. Tout cela ne l'empêchait pas de jeter sur nous, de temps à autre, des regards fort aimables, car elle nous avait remarqués. Le voiturin vint interrompre notre contemplation et nous fit monter immédiatement à cheval, car les dix-neuf heures étaient déjà sonnées, et nous avions encore à faire six lieues valant dix-huit milles d'Italie, mais de ces milles comme en fait un loup à jeun.

A Montmélian, après avoir mis pied à terre et nous être fait aporter un pain et quelques rafraichissements, nous jetâmes un coup d'œil sur la belle forteresse. Bâtie d'un côté au sommet d'une rampe creusée en majeure partie dans le tuf même du mont, protégée de l'autre par une très haute montagne inaccessible de toutes parts, par devant dominant une plaine spacieuse, elle est inexpugnable. Les Français le virent bien par eux-mêmes quand, après un siège de dix-huit mois, leur général fut à la fin obligé de dire : « Montmélian, je cède à ta puissance. »

Ayant extrêmement pressé nos chevaux pour être de jour à Chambéry, capitale de la Savoie, nous y arrivâmes plus tôt que nous n'espérions. Nous prîmes un logement dans le faubourg qui, par sa longueur, le nombre de ses boutiques et de ses habitants, ferait bien une ville à lui seul. Dans ce faubourg donne une porte par laquelle on entre à Chambéry, où nous trouvâmes une population nombreuse et belle, beaucoup de grandes boutiques et de fontaines pour la commodité du public. Après avoir visité la place, qui est très vaste, nous revînmes à l'hôtellerie pour y jouir des belles vues qu'on y découvre de toutes parts.

Mse compagnons ayant justement aperçu derrière une jalousie une jeune fille, très belle à les en croire, lui firent un salut, auquel elle répondit en inclinant la tête. Elle ne se retirait pas et, sa maison étant contiguë à l'hôtellerie, ils n'eurent qu'à traverser quelques chambres pour se trouver près d'elle. Elle leur parla beaucoup, mais, ne pouvant la comprendre, ils haussaient les épaules : cette fille, moins naïve qu'ils ne pensaient peut-être, les ayant pris pour des Espagnols en voyant leur visage brûlé par le soleil, leur dit quelques mots d'espagnol. Ils m'appelèrent plusieurs fois, mais je me doutai de ce qu'ils me voulaient, et pour ne pas interrompre mon bréviaire, je fis semblant de ne pas les entendre. Comme ils ne répondaient rien, cette fille devina qu'ils étaient italiens et leur dit en leur langue : « *Do la buona sera a loro, Signori.* » Ils lui répondirent aussitôt, mais elle ne put guère leur en dire davantage, et probablement ne les comprit que bien peu. Enfin, quand il plut à Dieu, l'hôte les avertit que j'avais terminé mon office, et fit servir la table, où parut la première une grande langue de bœuf vraiment digne de cet honneur, et qui voulut voir si nous entendions son langage. Ces messieurs, cédant à la faim, généralement plus puissante que l'amour, prirent volontiers congé de la jeune fille et quittèrent les plaisirs de la vue pour ceux du goût, car le souper était excellent. Après souper, nous devisâmes tous gaiement de cette aventure. Nous goûtions ainsi pour la première fois les plaisirs que la noble et riche France réserve à ceux qui se dérangent pour aller voir ce vrai paradis terrestre, où s'est conservée l'innocente liberté des premiers jours du monde, avant la venue du serpent.

Le 22 mai, jour de l'Ascension de N.-S. — J'allai dire la sainte messe à la chapelle de S. A. Royale, bâtie dans un château situé un peu au-dessus de la place ; défendu par une bonne garnison et de l'artillerie, fortifié de tous côtés et muni de ponts-levis, ce château commande la ville.

A l'entrée de la place conduisant au palais ducal et à l'église se trouve une porte dorée, sur laquelle sont peints la Sérénissime Duchesse régnante et Monsieur le Duc, aujourd'hui vivant, tous deux avec le sceptre et la couronne, comme roi de Chypre, bien que ce royaume soit à présent sous le joug tyrannique du grand Turc.

Après avoir vu de cette hauteur la ville entière, fort bien bâtie et dans une belle situation, nous allâmes à la chapelle du château adorer le bâton sanctifié par les mains de saint Joseph, époux de la sainte Vierge et père nourricier de Jésus-Christ, trois épines de la couronne du

Rédempteur, une côte du glorieux martyr saint Sébastien et bien d'autres reliques. Cette église, desservie par des chanoines (car c'est une collégiale)), a une façade toute en marbre blanc ornée de statues. On me revêtit, pour dire la messe, d'ornements blancs magnifiques et d'une aube garnie de dentelles qui valaient bien vingt pistoles la brasse : envoyée par Madame, mère du Duc régnant, peu de temps avant la mort de cette princesse, elle avait été portée une seule fois, quand avait célébré un évêque ultramontain, passant par Chambéry pour se rendre à Paris.

Après être rentrés à l'hôtellerie et avoir déjeuné avec des espèces de brioches achetées chez les pâtissiers, nous allâmes, mais par un beau temps, grâce à Dieu, passer la rude montagne d'Aiguebelette. Elle est moins haute, moins effrayante à monter que le Cenis, mais pire encore à descendre, s'il fallait le faire à pied ou à cheval. Nous avions pris à Chambéry des hommes qui, au milieu des précipices, nous portèrent fort rapidement jusqu'au bas sur des litières d'osier en forme de sièges. Ils sautaient de roche en roche comme des pies et se tordaient continuellement comme des serpents. Pour moi, je croyais bien ne pouvoir arriver au bas sans tomber dans un précipice ; aussi me décidai-je à fermer les yeux, et fis-je cette descente de trois milles en volant pour ainsi dire et dans un demi-sommeil. Dans la vallée est un lac qui a pris le nom de la montagne ; on y voyait nombre de petites barques sur lesquelles les gens du pays le traversaient pour se rendre à l'église. Les femmes avaient la tête couverte de voiles blancs descendant jusqu'à terre, qui les faisaient ressembler à des religieuses Olivetaines.

Deux lieues plus loin, nous sortimes enfin des montagnes et nous arrivâmes à Pont-de-

Beauvoisin, bourg fort peuplé. Nous y passâmes sur un pont de pierre, au milieu duquel est une croix qui sépare la Savoie de la France ; de chaque côté du pont il y a une hôtellerie, et la ville est commandée par deux gouverneurs. Les Français et les Savoyards s'entendent naturellement comme chiens et chats. Je m'étonne qu'il n'ait jamais été possible de réunir tout le pays sous un seul maitre. Nous allâmes à la poste des Français, où mes compagnons ne manquèrent pas de recevoir des saluts, des révérences et des baisers des deux servantes. Pendant qu'elles leur tenaient la bride et l'étrier pour les aider à descendre, je sautai à terre sans aide et j'évitai ainsi l'occasion de commettre une impolitesse (comme disent les gens du pays). J'étais résolu à ne jamais embrasser de femmes, dussé-je être considéré comme une ordure ignominieuse, car je pense que les lèvres consacrées chaque matin par le contact du corps de Jésus-Christ ne doivent pas être souillées le midi et le soir par les bouches intéressées de femmes serviles. Cette nouvelle manière de saluer étonna mes jeunes gens eux-mêmes. Dans toutes les hôtelleries de France on a des servantes au lieu de valets, afin d'assassiner plus doucement les pauvres voyageurs. On nous avait dit que ces baisers se donnaient sur le front en y posant simplement les lèvres ; mais ces filles, devenues peut-être au premier coup d'œil amoureuses de mes compagnons qui, à les considérer selon ce point de vue, méritaient le meilleur accueil, leur donnèrent des baisers d'amantes. Ne doutez pas cependant que ces premiers saluts, doux témoignages de la liberté française, n'aient coûté cher à ces jeunes gens. En effet, décidés à ne pas diner, nous fîmes dire aux servantes par Filipponi de nous apporter quelque chose de chaud ; mais, ne comprenant pas ou ne voulant pas comprendre, elles nous servirent des cailles et d'autres mets délicats. Ensuite il fallut payer tout, après avoir goûté seulement d'un plat. On nous l'avait bien dit à Turin, et c'est un proverbe en France, qu'il en coûte autant pour regarder que pour manger ; quant à vous reposer dans une hôtellerie sans y rien prendre, n'y pensez même pas...

Après son séjour en France, Locatelli revint en Italie, en passant par Genève et le Simplon, itinéraire qui lui donne l'occasion de donner quelques détails curieux sur le bas Chablais, en sortant de Genève, en mai 1665.

Nous étant dépêchés de monter à cheval, nous sortîmes de la ville en passant par les quatre corps de garde, sans que personne nous demandât rien.

Protégés par quelques légers nuages contre les rayons du soleil, nous arrivâmes heureusement à Filly, à quatre lieues de Genève. Mais une demi-lieue qu'il nous fallut faire à pied pour arriver à l'église, où je voulais dire la messe, ne fut pas si aisée ; car le chemin, entièrement découvert, nous laissa exposés aux rayons d'un soleil de feu, dont les nuages qui l'entouraient augmentaient encore l'ardeur. Nous dûmes en outre gravir une petite montagne fort escarpée, au sommet de laquelle nous trouvâmes enfin un prêtre qui savait à peine parler. Je me confessai à lui, en m'accusant du baiser donné à cette femme *præter intentionem malam*, qui me pesait sur la conscience plus que tout le reste. Dieu veuille qu'il m'ait compris ! Au moment de notre arrivée, l'église se trouvait fermée : probablement le prêtre était à dîner. La messe dite, nous descendîmes la montagne avec grand appétit, mais nous trouvâmes peu de chose à manger à l'hôtellerie, une moitié de jambon cuit avec des saucisses, le tout fort rance, et, chose pire encore, du pain noir et du vin un peu tourné (2).

Après dîner, nous fîmes trois lieues pour arriver à Thonon, ville très peuplée, mais avec des rues fort irrégulières, car les maisons n'y sont point alignées, et pour tout dire, c'est une ville bâtie à la savoyarde. Les femmes portent, comme les paysannes françaises, de grands chapeaux tout pareils à des ombrelles, mais il est ridicule de voir, autour de la forme basse de ces chapeaux, des espèces de colliers avec des grelots d'or, comme ceux qu'on met chez nous au cou des chiens. Effrayés par l'obscurité de ce vilain endroit, nous voulûmes faire une lieue de plus pour arriver à Evian, bourg bien mieux construit et situé au bord du lac. Le souper, servi en gras et en maigre, y fut bon, mais nous laissâmes la viande, pour ne manger que du poisson délicieux. Malheureusement, les lits n'étaient pas si bons que le souper.

Huit lieues.

Le 25 mai. — J'allai dire la sainte messe à l'église paroissiale, où je trouvai tout en ordre aussi bien qu'à la sacristie. Ayant demandé au prêtre s'il tirait une bonne somme de son bénéfice, je vis par sa réponse que les prêtres de ce pays reçoivent moins que les sonneurs de nos cures de campagne.

Après déjeuner, nous suivîmes le lac pendant cinq lieues pour arriver au Bouveret, premier village des Suisses qu'on appelle communément Suisses du Valais, et situé juste à l'extrémité du lac de Genève...

A l'hôtellerie, nous ne trouvâmes ni pain, ni

---

(2) Cette église sur la hauteur paraît être celle de Chavanex, sur le territoire de Sciez.

vin, ni personne pour nous répondre, car on n'y comprenait pas notre langage. Après une autre lieue, qui parut interminable, nous arrivâmes à Vouvry, où nous mangeâmes à la Suisse, sur des tables garnies seulement d'une espèce de petits plats de bois qui tenaient lieu d'assiettes de porcelaine, de terre ou d'étain.

XXVI

La glorieuse rentrée des Vaudois à travers la Savoie.

Les Vaudois, ces disciples héroïques de Pierre Valdo, qui s'étaient réfugiés dans les Alpes piémontaises et dauphinoises pour résister pendant des siècles à la persécution sanglante de l'inquisition appuyée par le bras séculier, égorgés dans leurs temples et enfermés dans leurs grottes, durent, au début du règne de Victor-Amédée II, sous la pression brutale de Louis XIV révoquant l'édit de Nantes, s'expatrier pour trouver, auprès des protestants de Suisse, asile et réconfort.

C'était l'exil. Mais les Vaudois avaient gardé au cœur le souvenir de leurs montagnes, chères par toutes les souffrances accumulées des générations précédentes. C'étaient des caractères que le luxe n'avait pas amollis, fortement trempés par la lutte, puissants par l'idée de mourir pour défendre, dans leurs pauvres villages, la foi des premiers âges évangéliques et la famille. Ils croyaient et ils voulaient fortement, et on peut le dire en évoquant l'épopée grandiose de leur retour, leur foi souleva les montagnes et brisa les obstacles, quand après plus de deux ans d'exil ces hommes fiers et admirables reconquirent leurs foyers.

Cette épopée a été racontée par un témoin oculaire, le pasteur Arnaud, dans l'« Histoire de la glorieuse rentrée des Vaudois dans leur vallée, où l'on voit une troupe de ces gens, qui n'a jamais été jusqu'à mille personnes, soutenir la guerre contre le Roy de France et contre Son Altesse Royale le duc de Savoye ; faire tête à leur armée de 22.000 hommes, s'ouvrir le passage par la Savoye et par le haut Dauphiné, battre plusieurs fois les ennemis, et enfin miraculeusement rentrer dans ses héritages, s'y maintenir les armes à la main, et y rétablir le culte de Dieu, qui en avait été interdit depuis trois ans et demi ». (1)

Le récit de la traversée de la Savoie est une des parties les plus savoureuses de ce précieux petit livre. Les Vaudois mirent huit jours à gagner le Piémont par les montagnes du Chablais, du Faucigny, de la Tarentaise et de la Maurienne. Leur itinéraire est curieux. Partis de Nernier, où ils avaient débarqué dans le plus grand secret, ils atteignirent le soir de la première journée Viuz-en-Sallaz, en passant par Sciez, le col de Saxel et Boëge ; la deuxième journée les amena à Combloux par la vallée du Giffre et celle de l'Arve, après, dans la petite ville de Sallanches, des incidents pittoresques qui faillirent tourner au tragique ; la troisième journée fut compromise par la mauvaise volonté des guides, on alla seulement de Megève à Saint-Nicolas-de-Véroce ; la quatrième journée, on passa le col du Bonhomme, pour se reposer après Séez ; la cinquième journée, on remonta l'Isère jusqu'au Val d'Isère ; la sixième journée fut bien employée à la traversée du col de l'Iseran, pour retomber sur Bonneval et Bessans ; la septième journée, de Lans-le-Villars on franchit la frontière piémontaise, probablement au col Clapier, pour se battre le lendemain à Salbertrand ; c'était le début d'une lutte âpre qui devait durer dix mois et se terminer par une paix favorable aux religionnaires.

Le remarquable *raid* de la colonne vaudoise, quittant le Léman pour atteindre le Piémont en une semaine, malgré les difficultés des routes de montagne, attira l'attention de plus d'un homme

---

(1) Editée en 1710. Il y a eu de nombreuses réimpressions, notamment à Pignerol, en 1880, et à Genève, en 1879. La « Glorieuse rentrée » a d'ailleurs soulevé, des deux côtés des Alpes, une véritable littérature.

de guerre. Napoléon Ier demanda un jour au Vaudois Peyran : *La Glorieuse rentrée est-elle authentique ?* Et depuis, la question a souvent été posée dans l'armée. Un Rumillien, le colonel italien Gallet, a démontré la possibilité de cette marche forcée en refaisant lui-même, avec deux guides, l'itinéraire vaudois, partant d'Yvoire le 1er octobre 1872 et parcourant les étapes indiquées en marchant en moyenne dix à douze heures par jour. Dans la conférence que M. Gallet fit à ce sujet à Bologne, l'ingénieux officier fit observer que, en raison des améliorations des voies de communication, l'itinéraire était évidemment plus difficile au XVIIe siècle, sauf toutefois dans la traversée des glaciers de la Tarentaise, qui, d'après la tradition locale, ne présentaient pas alors des crevasses aussi dangereuses que maintenant.

Si le pasteur Arnaud, après une tentative infructueuse par le Valais en juillet 1688, put effectuer l'année suivante la *Glorieuse rentrée,* il faut dire qu'il se servit des précieuses instructions que le capitaine Jarnavel dressa à l'intention de ses coreligionnaires, grâce à sa connaissance topographique des vallées vaudoises et à son expérience de la guerre de partisans. « Que chacun, disait-il, surtout les meilleurs tireurs, aient quelques balles de bronze ou de fonte pour, en cas de besoin, moucher le nez au diable... ; et si l'ennemi va en déroute, il faut donner dessus vivement et fortement ; mais vos embuscades ne cesseront point de battre l'ennemi, jusqu'à ce que ledit ennemi vous tourne le dos. Alors il faut mirer au milieu des reins ; et lorsqu'il vous tournera la face, vous mirerez au ventre ou au nombril. Ainsi faisant, vous ne manquerez d'en tuer et blesser beaucoup, leur faisant sentir le fruit de la guerre. » Toutefois, le terrible capitaine avait des délicatesses inattendues : « Prenez bien garde, disait-il encore, en toutes rencontres et combats, de réserver le sang innocent, soit ceux qui sont incapables de vous faire du mal, afin que Dieu n'en soit offensé et pour n'être pas obligés d'en répondre devant son tribunal au jour du jugement, et par ce encore que le sang innocent crie toujours vengeance. »

Ce fut encore Jarnavel qui conseilla aux Vaudois de prendre des otages dans chaque lieu, de payer toutes leurs provisions et de ne se livrer à aucune violence.

La rapidité de la marche des Vaudois fut telle qu'ils avaient passé depuis une semaine déjà le Mont-Cenis que la ville de Saint-Jean-de-Maurienne était avertie seulement — à la date du 30 août 1689 — par le commandant du duché d'avoir à couvrer sa milice contre les religionnaires (1 *bis*).

Voici le récit du pasteur Arnaud :

(1 *bis*) Il est vrai que l'on pouvait craindre un nouveau passage.

En effet, 200 Vaudois n'avaient pu se joindre à la troupe du pasteur Arnaud. Ils se groupèrent, avec de nombreux réfugiés français, sous les ordres du capitaine Bourgeois de Neuchâtel, formant un corps de 2.000 hommes environ, et débarquèrent, le 11 septembre 1689, au Locon, près Meillerie, sans rencontrer de résistance, allant coucher sur le plateau de Thollon. Le lendemain, il y eut un combat au col de la Creusaz, entre Thollon et Bernex, entre les Savoyards, commandés par le commandant de Bernex, et les religionnaires. Ceux-ci purent se dégager, se vengèrent en brûlant quelques villages ou en pillant les églises ; le surlendemain, après avoir gagné Vacheresse et Bonnevaux, on franchit le col du Corbier pour coucher au Biot. Le jour suivant, les Vaudois passèrent à l'abbaye de St-Jean-d'Aulps, « appelée St-Guérin, où ceux du pays vont faire dire des messes pour la santé et pour la guérison de leur bétail ». Le cinquième jour seulement — marche bien lente si on la compare à celle du pasteur Arnaud — le capitaine Bourgeois, franchissant le col des Gets, arrive dans le Faucigny, mais la vue des troupes qui garnissaient la vallée du Giffre paralysa son faible courage. Et c'est en ces termes qu'Arnaud jugea cette malheureuse tentative : « Au lieu d'avancer et de gagner le pays aussi promptement qu'avaient fait les premiers, ils s'amusaient au contraire à buvoter et à aller à

Comme ces pauvres exilés (les protestants des vallées vaudoises du Piémont) avaient assez bien reconnu que leurs premières tentatives n'étaient échouées que parce qu'ils n'en avaient pas assez exactement gardé le secret, leurs chefs s'attachèrent particulièrement à bien cacher leur nouveau dessein, afin qu'on ne leur fermât point le passage dans les états de Savoie, qu'il fallait traverser, et que Messieurs de Berne, ignorant la chose, n'y apportassent aucun empêchement et pussent même se justifier, au cas qu'on vînt à leur en faire des reproches. Ils prirent donc si bien leurs mesures, concertèrent et conduisirent l'affaire si secrètement, que tout leur monde marchait sans savoir où.

Leur rendez-vous était au pays de Vaud, dans une grande forêt appelée bois de Nyon, entre Nyon et Rolle, lieu fort propre à leur dessein, parce qu'ils pouvaient y demeurer facilement cachés...

Les Vaudois, qui n'avaient que quatre petits bateaux arrêtés en payant, jugeant bien que ce n'était point assez pour les passer de l'autre côté du lac avec toute la diligence que la néces-

---

la petite guerre ; ils trouvèrent que toutes les montagnes étaient gardées par toutes les milices de Savoie, sous les ordres des comtes de Bernex et de Montbrison. Alors, la faim commençant à attaquer cette troupe, et ceux qui la composaient n'ayant point pour leurs chefs la déférence et la soumission absolument nécessaires pour une telle entreprise, la division se glissa tellement entre les Français et les Suisses, et ensuite entre tous, qu'ils ne purent s'accorder que sur le point de rebrousser honteusement chemin. » (ARNAUD, éd. de Genève 1879, p. 322.) En effet, le 18 septembre, les Vaudois du capitaine Bourgeois revinrent dans le pays de Vaud après leur insuccès. Cf. PETTEX dans *Congrès Soc. sav. savoisiennes*, 8ᵉ session.

sité demandait, se saisirent sans balancer des bateaux de ceux que la curiosité avait ainsi amenés ; de sorte qu'en ayant par ce moyen 14 ou 15, et Monsieur Arnaud (pasteur et colonel des Vaudois) ayant fait la prière, ils s'embarquèrent entre neuf et dix heures de la nuit du vendredi 16 au samedi 17 d'août 1689. Comme il y avait eu, le jour auparavant, un jeûne général dans toute la Suisse protestante, et qu'on y était encore tout plongé dans la dévotion, cela ne contribua pas peu à la tranquillité avec laquelle ils passèrent le lac...

Je puis bien m'imaginer ce que le lecteur est dans l'impatience d'apprendre, ce que font les Vaudois en si petit nombre dans un pays déclaré leur ennemi. Ils prirent donc terre vis-à-vis du bois de Nyon, savoir entre Nernier et Yvoire, deux bourgs du Chablais... Les voilà débarqués avec la résolution de marcher pour recouvrer, les armes à la main, leur patrie, et y replanter la véritable église de Jésus-Christ.

Comme ce qu'ils ont fait pour parvenir à une chose qui paraît comme impossible à si peu de gens est tout extraordinaire, pour en parler plus clairement et plus régulièrement, je vais rapporter ici, jour par jour, mais très fidèlement, tout ce qui s'est passé.

Première journée.

Monsieur Arnaud ayant, avec 14 autres, mis le premier pied sur la rive orientale [du lac] de Genève, posa d'abord de bonnes sentinelles à toutes les avenues, et s'attacha à mettre le monde en ordre à mesure qu'il débarquait. Quand tout ce qui put passer fut arrivé, on en forma un corps, que le nommé Bourgeois de Neufchâtel devait commander ; mais il manqua au rendez-vous ; on n'en dit point ici les raisons, parce qu'il sera dans la suite assez parlé de lui. Ce corps fut divisé en 19 compagnies, dont 6 étaient composées d'étrangers, presque tous du Languedoc et du Dauphiné, et les 13 autres de différentes communautés vaudoises (*c'est-à-dire Angrogne, Saint-Jean, La Tour, Villar, Bobi, Prarustin, Saint-Germain, Pramol, Macel, Prals*)...

Et comme il y eut divers soldats qui ne voulurent pas se ranger dans aucune de ces compagnies, on en forma une compagnie de volontaires, et de tous ensemble on fit trois corps, savoir avant-garde, corps de bataille et arrière-garde, selon la manière ordinaire des troupes réglées, laquelle les Vaudois observèrent toujours dans leurs marches. Ils avaient, sans Monsieur Arnaud, qu'on peut nommer leur patriarche, deux ministres, M. Cyrus Chyon, ci-devant ministre de l'église de Pont-en-Royan en Dauphiné, et M. Montoux, du Pragelas, qui avait premièrement, en son pays, été ministre de l'église de Chambons, et ensuite de l'église française de Coire, dans le pays des Grisons, où il avait laissé sa famille pour suivre ses compatriotes.

Après avoir pourvu à leur sûreté, ils invoquèrent le secours du Ciel à ce qu'il voulût conduire leur entreprise, après quoi ledit sieur ministre Chyon alla au premier village pour tâcher d'y obtenir un guide. Mais un cavalier savoyard, qui avait découvert nos gens au bord du lac, ayant donné l'alarme partout, ce ministre y fut arrêté prisonnier et ensuite conduit à Chambéry, où il a été jusques à la paix entre le duc de Savoie et nos Vaudois.

Ledit cavalier qui donnait l'alarme s'étant avancé, le pistolet à la main, vers nos gens, M. Arnaud avec le sieur Turel et six fusiliers allèrent après lui ; mais il fut si prompt à faire volte-face qu'il évita, en fuyant, un coup de fusil qu'on lui lâcha. Voyant donc par là que tout était déjà en alarme et qu'il n'y avait point de temps à perdre, on envoya à Yvoire quelques officiers avec douze fusiliers pour porter les habitants de ce bourg à mettre bas les armes et à donner passage. Ceux-ci, entendant qu'en cas de refus on menaçait de mettre tout à feu et à sang, accordèrent à la vérité ce qu'on leur demandait, et ne laissèrent pourtant pas d'allumer leur signal, ce qui pensa les perdre, car peut-être les aurait-on brûlés, si par bonheur pour eux on ne s'était trouvé dans la disposition de recevoir l'excuse qu'ils apportèrent que des enfants en avaient fait la faute : de sorte qu'on leur pardonna, à condition que le châtelain et un garde de sel serviraient de guides ; il est vrai qu'on les renvoya après une demi-lieue de marche. Ensuite on prit pour otages le châtelain de Nernier avec MM. de Coudrée et de Foras, gentilshommes du pays, qui furent aussi bientôt après relâchés, les Vaudois ne voulant témoigner que de l'humanité tant qu'on ne leur résisterait point. En effet, ils observèrent une discipline si régulière que les paysans avec leurs curés s'avançaient pour voir passer cette troupe, et ne pouvaient même s'empêcher de faire des vœux en leur criant : Dieu vous accompagne ; le curé même de Filly leur ouvrit sa cave et les fit rafraîchir, sans vouloir en recevoir aucun argent. Quelque temps après, quatre gentilshommes savoyards, à cheval et bien armés, venant droit à cette petite armée, furent arrêtés par l'avant-garde et, ayant souhaité parler à quelques officiers, ils leur demandèrent l'ordre et pourquoi ils marchaient ainsi armés ; leur ayant été répondu que ce n'était point à eux à demander l'ordre et qu'on savait bien à quel dessein on avait pris les armes, se trouvant choqués d'une si ferme réponse, ils commandèrent de les mettre bas, mais ils n'en eurent pas plus tôt lâché la parole que, découvrant tout le gros qui s'approchait, ils changèrent tout à coup de ton, et ayant fait retirer quelques paysans qu'ils avaient avec eux, ils auraient eux-mêmes pris la fuite si, en les arrêtant, on ne leur avait fait mettre pied à terre et marcher comme prisonniers à la tête de la troupe, ce que l'on fit seulement pour les faire repentir de la témérité avec laquelle ils avaient commandé de mettre bas les armes. Ayant monté une colline, on trouva environ deux cents paysans sous les armes auprès d'un bois ; on fit un détachement pour leur aller donner la chasse, pendant quoi le gros, par précaution, joignit le bois, dans la crainte qu'il n'y eût quelque embuscade. M. Gropel, maréchal des logis dans les troupes de Son Altesse Royale, et le sieur Mouche, châtelain de Boëge, qui commandaient ces paysans, ne firent pas grande résistance ; après avoir brisé leurs armes et leurs caisses, on en prit quelques-uns pour servir de guides, avec menace d'être pendus au premier arbre s'ils ne s'en acquittaient fidèlement (2) ; on emmena aussi un desdits messieurs qui les commandaient, afin qu'il pût rendre témoignage qu'on ne commettait aucun désordre sur la route ; comme on passa proche de la maison, il voulut donner à rafraîchir, mais on n'y voulut pas entendre, soit parce qu'on ne s'y fiait pas ou qu'on ne jugea pas à propos de s'arrêter. Jugeant bien qu'on serait partout sur les armes, on trouva bon de faire écrire un des gentilshommes dont on a parlé ci-dessus, et il le fit de la manière suivante :

---

(2) Il semble que les Vaudois, débarqués à Nernier, soient passés par Sciez, Bons-Saint-Didier, le col de Saxel, Boëge et Viuz-en-Sallaz.

« Ces messieurs sont arrivés ici au nombre de 2.000 ; ils nous ont priés de les accompagner, afin de pouvoir rendre compte de leur conduite, et nous pouvons vous assurer qu'elle est toute modérée ; ils paient tout ce qu'ils prennent, et ne demandent que le passage ; ainsi nous vous prions de ne point faire sonner le tocsin, de ne point faire battre la caisse et de faire retirer votre monde, au cas qu'il soit sur les armes. »

Cette lettre, qui fut signée de ce gentilhomme et des autres et envoyée à la ville de Viuz, fit un assez bon effet, car on remarqua ensuite comme une espèce d'émulation sur la route à qui donnerait le plus promptement ce qu'on souhaitait. Et en effet on avait ordonné partout aux paysans de poser les armes et de fournir à nos voyageurs des montures et des voitures pour leurs hardes, et cela était si promptement exécuté que tout était prêt dans tous les lieux où ils arrivaient. Cependant, comme il se trouve toujours des gens qui transgressent les ordres, un paysan tira sur un soldat vaudois, mais l'ayant manqué et le soldat le poursuivant, il jeta ses armes et fut prisonnier. Un autre soldat tua un paysan qui fuyait tout armé et on attrapa parmi ceux qui fuyaient un de ces religieux dominicains qu'on appelle hermites des Ouarons, ou comme on prononce Voirons ; il avait une dague sous la soutane ; il contribua pourtant beaucoup, par ses soins, à accorder le passage. A l'entrée de la nuit, on s'arrêta près de Viuz, village du Faucigny, d'où on se fit apporter du pain et du vin en payant, et un des gentilshommes ne pouvant plus marcher, on le renvoya. Après avoir ainsi fait halte pour donner le temps aux habitants de Viuz, où s'était adressée la lettre, de se retirer au cas qu'ils fussent sur les armes, on y entra entre nuit et jour, et y ayant rafraichi, on en partit deux heures après au clair de la lune, mais après une ½ heure de marche le temps s'étant obscurci, on fit écrire aux otages un autre billet pour le bourg de Saint-Jeoire, où l'on devait bientôt passer. En effet, on y arriva demi-heure après, sans opposition ; au contraire, tout le monde sortait en foule pour voir nos Vaudois, et même les magistrats firent mettre un tonneau de vin dans le milieu de la rue, à discrétion des soldats ; quelques-uns en burent et quelques autres n'en voulurent seulement pas goûter, de peur qu'il ne fût empoisonné. Après qu'on eût passé sur quelques planches, on arriva à une petite montée où l'on fit halte en rase campagne : le lieu s'appelait Carman (*Cormant*) ; il était minuit, et quoiqu'il plut un peu, on y attendit le jour, passant le reste de la nuit à se délasser de la longue et continuelle marche et à dormir un peu, pour être mieux en état de passer le pont Marni (*pont de Marignier*), qu'on appréhendait avoir été coupé. Ce fut là qu'ayant pris les frères de Saint-Georges, on relâcha les deux otages qu'on avait pris à Boëge.

Seconde journée.

Le 18 d'août, par un dimanche, ayant trouvé ledit pont de Marni (*Marignier*) encore en bon état, on le passa sans trouver aucune résistance, et on entra dans une petite vallée fort agréable et que les paysans avaient abandonnée ; on y prit en passant quelques fruits. Sur les dix heures du matin, on se trouva près de Cluses, qui est une jolie ville fermée, et située sur la rivière d'Arve. Il fallait nécessairement passer au travers de cette ville ; les habitants sur les armes en bordaient les fossés, et les habitants descendant de la montagne la faisaient retentir des injures qu'ils criaient aux Vaudois qui, malgré une pluie qui les incommodait fort, s'avancèrent jusques à la portée du fusil, dans la résolution de forcer le passage qu'on faisait mine de leur vouloir disputer. Dans le même temps, M. de Foras ayant entendu que quelques-uns disaient qu'au cas de résistance il fallait tuer les otages, craignant pour sa propre personne, demanda qu'il lui fût permis d'écrire aux principaux de la ville : on le lui accorda et il écrivit, représentant le danger où l'on s'exposait en refusant le passage à des gens dont on n'avait aucun sujet de se plaindre dans tous les lieux où il avaient passé. Comme on portait ce billet à M. de la Rochette de la Croix, justement le chevalier des Rides, M. de la Charbonnière et M. de Loche, gentilshommes de distinction, sortirent de la ville, venant pour capituler : on retint les deux premiers, et à leur prière on renvoya le dernier avec un officier vaudois. Quand cet officier fut dans la ville, on lui demanda l'ordre : ayant fièrement répondu qu'il était à la pointe de l'épée, on vit bien que l'affaire était sérieuse. C'est pourquoi aussi, sans balancer davantage, on accorda le passage, à condition qu'on ne ferait que passer, et qu'on donnerait des vivres en payant, ce qui fut exécuté. L'on traversa donc cette ville, les habitants armés étant rangés en haie. M. Arnaud s'étant aperçu qu'il n'y avait point de gardes aux portes, en mit une à celle par où l'on défilait, pour d'autant mieux s'assurer des habitants. Pendant que l'on défilait ainsi, M. de la Rochette s'avança pour inviter quelques officiers à dîner chez lui. Ceux-ci s'en étant défendus et l'ayant insensiblement fait sortir de la ville, lui dirent qu'ils entendaient qu'on leur apportât dans une demi-heure au plus tard cinq charges de vin et cinq quintaux de pain ; il écrivit sur-le-champ un billet à son père, qui sur l'heure envoya un tonneau de vin et du pain autant qu'il en fallait. Plusieurs burent et mangèrent, et quelques autres, voyant que cela retardait trop leur marche, jetèrent le tonneau dans la rivière, pourtant au grand déplaisir de quelques-uns, qui en auraient bien voulu étancher leur soif. M. de la Tour, c'est-à-dire M. Arnaud, paya cinq louis d'or, de quoi les habitants parurent fort contents.

Pendant qu'on avait rafraichi, on s'était aperçu que quelques enfants couraient vers Sallanches, et soupçonnant que c'était pour y donner avis de leur venue, on les fit rebrousser chemin. Quand il fut question de marcher, M. de la Rochette et M. de Rides voulurent se retirer, sous prétexte d'aller à la messe, mais on les emmena ; et s'étant aperçu que le valet du premier s'était mêlé parmi la troupe, on en conçut quelque soupçon, et en effet, l'ayant fouillé, on lui trouva des lettres que M. de la Rochette le père écrivait aux principaux de Sallanches : ces lettres les exhortaient à prendre les armes, dans l'assurance que, tandis qu'ils attaqueraient en front, ceux de Cluses ne manqueraient pas de les charger en queue. Dans l'attente donc d'une attaque, et dans la résolution de se bien défendre, ils défilèrent une longue vallée fort étroite et bordée de grandes montagnes, desquelles on aurait pu, avec des pierres, défaire toute une armée, d'autant plus que la rivière d'Arve, qu'il fallait côtoyer, s'étant fort grossie par les pluies, ne leur laissait presque point de chemin.

On rencontra au milieu de ce défilé un bourg et un château nommé Maglan ; les paysans qui étaient sur les armes se contentèrent d'être les spectateurs de la marche, et M. de Loche, qui en était le seigneur, après avoir fait beaucoup de caresses aux officiers, se vit obligé de marcher avec eux, et pour le consoler on fit aussi marcher Monsieur son curé. On affecta dans cette occasion de marcher comme en confusion, afin que ne pouvant facilement les compter, on ne pût savoir leur nombre. Et comme on aperçut de l'autre côté de la rivière un cavalier qui courait à toute bride, on jugea bien qu'il allait annoncer l'arrivée de nos Vaudois à Sallanches, qui est une assez bonne ville marchande et capitale de la Comté de Foucigni (*Faucigny*). Pour y arriver, il fallait gagner un grand pont de bois, sur lequel il y a des maisons et qui en est à un quart de lieue (3) : ce fut là où, l'année suivante, M. le lieutenant-colonel Mallet avec un seul bataillon de religionnaires arrêta M. de Saint-Ruth avec une petite armée. Etant à cent pas de ce pont, et croyant qu'on leur en disputerait le passage, les officiers firent divers pelotons de leurs gens, à l'un desquels ils donnèrent en garde les otages, parmi lesquels il y avait bien vingt personnes de distinction, c'est-à-dire tant gentilshommes que gens d'église, et plus pour intimider que pour en venir à l'exécution, on donna ordre à ce peloton de les tous tuer au cas que les Savoyards vinssent à faire feu.

Pendant que l'on se rangeait et que l'on se mettait en état de donner l'attaque au pont, on détacha trois capitaines escortés de six soldats pour aller demander le passage de la ville. Ceux-ci rencontrèrent à cheval six des principaux du lieu qui les voyant gagnèrent au pied, mais nos gens furent si prompts à leur trousse qu'ils en attrapèrent un, lequel ils amenèrent ; les autres, voyant leur camarade pris,

---

(3) C'est-à-dire Pont-Saint-Martin, sur l'Arve.

rebroussèrent chemin et vinrent droit à nous, savoir M. de Cornillon, M. de Cartan, premier syndic de la ville, M. Fontaine, châtelain, les sieurs de Bergerat et Saint-Amour. M. de Cartan ayant exposé que le passage que l'on demandait étant une affaire de trop grande importance pour en décider eux seuls, il fallait qu'ils allassent assembler leur Conseil pour en délibérer. On y consentit en leur donnant demi-heure pour se résoudre, avec menace que, ledit temps écoulé, on forcerait le pont. Et comme on allait exécuter cette menace, lesdits Messieurs revinrent, disant que le temps qu'on avait accordé était trop court pour pouvoir se déterminer sur une telle demande, et reconnaissant qu'on n'était pas d'humeur à attendre qu'ils reçussent du secours, ils voulurent s'en retourner ; mais les Vaudois, faisant mettre pied à terre aux sieurs Saint-Amour et Fontaine, les prièrent fort civilement de vouloir augmenter le nombre des otages qu'ils avaient. Ce compliment n'étant pas de leur goût, ils prièrent qu'un des deux, avec l'un des autres otages, fût envoyé dans la ville pour y représenter aux habitants le danger où ils étaient. Les Vaudois auraient bien pu forcer le passage, sans s'arrêter à tous ces pourparlers, mais comme ils s'étaient proposés, en bons chrétiens, d'épargner le sang humain autant qu'ils pourraient, et que d'ailleurs la politique leur disait de ménager leur monde pour les occasions où il faudrait absolument en venir aux mains, ils voulurent bien faire encore une tentative en laissant aller un de ces derniers avec un autre des otages, sous condition de rapporter une réponse, soit bonne ou mauvaise. Mais au lieu de les revoir, on entendit sonner le tocsin, et on vit au contraire quelques 600 hommes armés qui vinrent se ranger près du pont. Nos champions, voyant qu'il fallait franchir ce passage à la pointe de l'épée, formèrent deux petits corps, deux desquels s'étant avancés pour faire l'attaque, on vit venir quatre capucins, et comme la charité chrétienne nous porte à croire que de pareils soldats cherchent plutôt la paix que la guerre, on les reçut honnêtement ; comme plénipotentiaires de la ville, ils offrirent le passage, à condition qu'on relâcherait les otages et leurs chevaux, aux offres pourtant de donner à leur place deux des principaux de la ville. Cette condition de rendre des otages de distinction et qui, par la peur qu'on avait de trop hasarder leurs vies, faisaient sans coup férir mettre bas les armes partout où ils passaient, parut d'abord un peu trop préjudiciable à nos Vaudois ; cependant, faisant d'un autre côté réflexion qu'on leur en offrait deux autres et que la fortune leur en pourrait encore assez faire tomber entre les mains, ils acceptèrent la proposition. Mais ayant vu que les deux otages qu'on leur amena de la ville et qu'on disait en être syndics étaient deux misérables, M. Arnaud, indigné de la manière honteuse dont on voulait les tromper, s'avança vers les capucins qui, remarquant sur son visage le dessein de les arrêter, se sauvèrent, ce qui fit qu'il n'en arrêta que deux, car les deux autres furent si avantageusement pour la course retrousser leurs robes qu'ils échappèrent. Les deux qui étaient arrêtés ayant demandé pourquoi on les retenait contre le droit des gens, qui ne veut pas qu'on arrête les personnes envoyées pour capituler, on leur répondit que c'était pour avoir, contre la bienséance de leur robe et du caractère qu'ils portaient, trompé les Vaudois et impunément menti, en leur voulant donner le meunier pour le syndic de la ville ; et les ayant payés de cette réponse, on les enrôla au nombre et dans la compagnie des otages. Il faut avouer aussi, à leur honneur, qu'ils furent d'un grand secours, car dans toutes les occasions où il s'agissait d'obtenir le passage, leurs remontrances, leurs intercessions et leurs prières auprès de ceux qui le voulaient disputer étaient si efficaces que les Vaudois s'étonnaient encore plus que jamais du pouvoir que ces bons Pères avaient sur les esprits de ceux de leur religion ; au reste, je laisse au lecteur à juger si le zèle qu'ils faisaient ainsi paraître provenait de la crainte où ils étaient continuellement, ou s'il avait pour but un vrai motif chrétien.

Pour revenir au passage en question, la capitulation étant ainsi devenue nulle, on fit marcher un détachement qui passa sans opposition le pont, que l'on fit border de 40 soldats pour assurer le gros dans sa marche. Tout étant passé, on se mit en bataille à vingt pas des haies derrière lesquelles les habitants étaient retranchés, et comme on vit qu'ils ne faisaient point feu et qu'au contraire la ville appréhendait qu'on n'allât la brûler, comme on l'en avait menacée, renvoya fort civilement deux soldats qu'elle avait faits prisonniers, on passa fort tranquillement, et après de grands détours, on arriva à un village nommé Cablau (*Combloux*), où on passa la nuit, jugeant à propos de se délasser ; car, outre le méchant chemin, on avait eu toute la journée la pluie sur le dos ; il est vrai que, ne trouvant ni à boire, ni à manger, ni feu pour se sécher, le repos qu'on s'était promis fut fort médiocre ; cependant, quoique ces pauvres gens fussent tout mouillés et tout percés, ils avaient sujet de rendre grâces à Dieu de ce que cette pluie avait sans doute été la cause de ce qu'on ne les avait pas poursuivis, comme ils l'avaient toute la journée appréhendé.

Troisième journée.

Si les Vaudois ne furent pas, le lundi 19, inquiétés des démarches et des projets de ceux de Cluses, de Magland et de Sallanches, ils furent en récompense fort épouvantés en apprenant le rude et difficile chemin qu'ils avaient à faire cette journée, ayant deux des plus rudes montagnes à monter et à descendre. C'est pourquoi aussi, passant dès le matin par un village où il y avait du vin, ils en firent bonne provision en payant.

Le matin, on fit sonner les deux trompettes qu'on avait au lieu de caisses, qui leur auraient été trop incommodes, et étant assemblés, on jugea à propos de décharger les armes à feu pour les charger de nouveau ; après quoi on se mit en marche, par une petite pluie, on passa par plusieurs petits villages, tous abandonnés, jusqu'au bourg nommé Migeves (*Megève*) ou Beaufort (4) où les habitants étaient sur les armes, mais comme ils ne firent aucune résistance, on ne fit aussi aucun désordre. Ce lieu traversé, on gagna la hauteur de la montagne où ayant rencontré plusieurs hameaux abandonnés, on s'y reposa à cause de la pluie ; et comme il y avait là, de côté et d'autre, de ces réduits où on retire le bétail, que l'on met pendant l'été au pâturage, et où on prépare le laitage, et qu'on n'y touchait point, les otages qu'on avait ne s'accommodant pas de la frugalité avec laquelle on vivait, se mirent à dire eux-mêmes qu'ils s'étonnaient fort qu'une aussi grande troupe marchât avec tant de retenue, ajoutant qu'en fait de vivres c'était la coutume des soldats d'en prendre où ils en trouvaient,

---

(4) Confusion, il s'agit bien de Megève.

sans que l'on pût s'en formaliser. Cet avertissement, ou plutôt ce reproche de la part de gens qui étaient dans les intérêts du pays, leur exemple et l'abandonnement qu'avaient faits les bergers de leurs cabanes, joint à la faim où se trouvaient nos Vaudois, tout cela ensemble fit qu'ils commencèrent ici à sortir de la règle qu'ils s'étaient prescrite, en prenant du pain, du fromage, du lait, et généralement de tous les vivres qu'on trouvait, et lesquels on aurait à la vérité payés, si on avait su à qui.

On vint enfin à monter la seconde montagne, nommée la montagne de Haute-Luce (5) et dont le seul abord fait peur ; en effet, c'est une des plus rudes et qui l'était alors encore beaucoup plus, tant à cause des pluies et des neiges et du grand brouillard dont elle était couverte ; car le brouillard était si épais que le guide, s'en étonnant, on lui persuada facilement que c'étaient des nuages par lesquels Dieu dérobait les Vaudois aux yeux de leurs ennemis. Etant donc, après une fatigue plus aisée à s'imaginer qu'à exprimer, parvenu en haut, on trouva une grange abandonnée où on prit du lait et quelques autres bagatelles pour la nourriture ; ensuite, ayant fait battre la campagne, on amena quelques paysans pour suppléer au défaut du guide qui, croyant être dans les nues, avait perdu la connaissance des passages ; cependant on s'aperçut peu après que ceux-ci, non par ignorance, mais par malice, et sans doute pour donner le temps aux Savoyards de venir égorger les Vaudois dans des défilés si affreux, les menaient par les chemins les plus longs et les plus dangereux ; à quoi M. Arnaud remédia en les menaçant sérieusement de les faire pendre.

---

(5) Il s'agit probablement de la forêt d'Arbois.

Si ce zélé et fameux conducteur de ce petit troupeau sut porter la crainte au cœur de ceux qui le voulaient ainsi tromper, il ne sut pas moins, par ses bonnes et saintes exhortations, relever et ranimer le courage de ceux qui le suivaient et qui semblaient devoir succomber sous le faix de toutes sortes de misères, augmentées en cet endroit d'une fatigue comme insupportable à franchir au passage taillé dans le roc, en montant et descendant comme d'une échelle, et d'où 20 personnes en auraient pu sans peine défaire 20.000. S'il est difficile de monter une raide montagne, on sait qu'il est aussi fort pénible de la descendre ; aussi descendit-on celle-ci presque toujours assis et se glissant comme dans un précipice, sans autre clarté que celle que donnait la blancheur de la neige, et ce fut de cette manière qu'on arriva bien avant dans la nuit à St-Nicolas-de-Véroce, paroisse qui n'est composée que de quelques cabanes de bergers. Ce fut dans ce lieu, profond comme un abîme, désert et froid, que l'on fut obligé de faire halte, sans y trouver seulement de quoi faire du feu, de sorte que pour en faire on découvrit les cabanes, c'est-à-dire que pour apporter remède à un mal, on s'en attirait un autre, se trouvant par là exposé à l'injure d'une pluie qui dura toute la nuit.

Quatrième journée.

Le mardi 20, l'impatience de quitter un si méchant poste avant le jour causa deux fâcheux accidents : le premier fut que le capitaine Meynier, Vaudois et bon soldat, fut blessé aux deux cuisses d'un coup de fusil lâché par hasard dans l'obscurité ; le second malheur arriva de ce que le bruit s'étant répandu qu'il s'était glissé dans la troupe quelque 200 Savoyards, dans le dessein d'attaquer les Vaudois en temps et lieu, un Vaudois, prenant pour un de ces gens le seigneur Baillif, réfugié à Lausanne, et qui avait abandonné son établissement pour se joindre à nos voyageurs, lui déchargea un coup de couche ou crosse de fusil, et si ce capitaine ne l'eût prié de lui donner le temps de faire sa prière, qu'il fit à genoux, il lui aurait sans doute ôté la vie, lui ayant déjà porté un coup de baïonnette qui ne perça que le juste-au-corps. Ce fut là aussi que le sieur Chien, capitaine, rebuté de tant de fatigues que sa délicatesse ne pouvait apparemment plus supporter, déserta, emmenant un fort beau cheval d'un lieu où on en laissa six autres.

Le matin on monta, ou plutôt on grimpa, la neige jusqu'aux genoux et la pluie sur le dos, sur une des plus rudes croupes de la montagne, appelée du Bon-Homme. Comme on savait que l'année précédente, de peur des Vaudois et sur le bruit de leurs premières entreprises, dont il a été ci-dessus parlé, on avait fait dans ces quartiers de très beaux fortins, et des retranchements avec embrasures, et des couverts dans un terrain si avantageux que trente personnes les y auraient pu non seulement arrêter, mais même entièrement défaire, on marcha dans l'attente d'une sanglante action : mais l'Eternel, qui était toujours avec cette troupe de fidèles, permit qu'ils trouvèrent ces beaux retranchements vides et sans aucune garde, parce que las de les garder si longtemps inutilement, on les avait abandonnés, grâce du ciel dont ils rendirent sur-le-champ louange à Dieu. Après avoir longtemps marché, en descendant toujours dans la neige, on trouva quelques maisons où on acheta un tonneau de vin pour en boire en passant, et s'étant aperçu que l'arrière-garde tardait trop à suivre, on fit halte dans un petit village pour l'y attendre ; mais à part qu'elle ne venait point, on s'avisa de tirer quelques coups : alors ceux qui la composaient, s'imaginant qu'on en était aux mains, abandonnèrent le vin qui les avait arrêtés et accoururent en diligence. Etant dans la vallée il fallut, en côtoyant l'Isère, souvent traverser cette rivière, qui serpentant de distance en distance, coupe les chemins ; et parce que ce défilé dans une vallée fort étroite et presque toute inondée de la rivière, qui était pour lors débordée, paraissait dangereux et qu'on s'attendait d'y trouver quelque résistance, on marcha quelque temps deux à deux. Et, en effet, on découvrit sur le haut d'un coteau quantité de paysans qui, soit de leurs fusils ou des pierres dont ils avaient fait bonne provision, auraient facilement pu, dans un lieu si serré, rendre le passage fort difficile, et pour dire la vérité, les Vaudois comptaient au moins de le payer bien cher, posé qu'ils fussent assez heureux de le forcer ; aussi furent-ils agréablement trompés quand ils virent, contre toute espérance, que ces gens ne se mirent seulement pas en disposition de les arrêter.

Ces paysans, ayant vu que leur présence n'avait pas effrayé nos Vaudois, retournèrent au plus vite dans leur village, et croyant mieux les épouvanter en donnant partout l'alarme, ils sonnèrent le tocsin, et aussitôt on entendit de toutes parts un horrible carillon de toutes les cloches, lequel n'empêcha pourtant pas que l'on n'arrivât au pont que l'on cherchait ; on le trouva tout traversé de grosses poutres, barricadé d'arbres entrecroisés l'un sur l'autre et gardé par des paysans armés, les uns de fusils, les autres de faux, de fourches et autres choses semblables. On n'eut pas plutôt fait quelques dispositions pour les attaquer que Monsieur le

Comte de la Val d'Isère, seigneur de cette vallée et gentilhomme de la Chambre de Madame Royale, vint parlementer, c'est-à-dire accorder le passage, les paysans prenant encore la peine eux-mêmes de débarrasser le pont ; juqu'à M. le Curé qui mit aussi la main à l'œuvre. Après quoi, de peur d'être brûlés, comme on les en avait menacés, ils se retirèrent dans leur village, qui était à une portée de mousquet de l'autre côté de la rivière. Quant à M. le Comte, après avoir fait son ambassade, il se sauva à toute bride, tant il craignait d'être associé aux otages qui, sitôt qu'ils voyaient quelque personne de distinction, disaient ordinairement à M. Arnaud : « Voilà un bon oiseau pour notre cage. » On y mit chanter deux prêtres, un troisième ayant été relâché à cause de son grand âge ; et après avoir traversé la petite ville de Séez, sans y commettre aucun désordre, quoiqu'elle eût fait grand bruit de ses cloches, que ses habitants eussent pris les armes et qu'on sût très bien que ledit seigneur s'était renfermé dans son château, on campa tout proche de cette petite ville, d'où on obtint en payant des vivres tant qu'on en voulut, le pain à deux sous la livre, excepté M. Arnaud qui le paya volontairement à trois sous ; ils en avaient aussi en si grande abondance que quelques habitants en venaient acheter des soldats. Ce fut en ce camp où on termina ainsi le quatrième jour de marche.

Cinquième journée.

Le mercredi 21, on se mit en marche avant le jour ; tous les villages qu'on traversait dans la vallée d'Isère étaient tous abandonnés ; cependant, un homme, qui n'avait pas jugé à propos de fuir comme les autres, mais qui s'était enfermé dans sa maison, vendit de dessus une galerie du pain à nos soldats. Le temps étant venu de faire halte, on se reposa près d'un petit bourg nommé Sainte-Foy, qui n'était point abandonné. Ainsi, en payant, on en tira du pain, du vin et de la viande, sans qu'il arrivât le moindre désordre, ce que les officiers prévinrent en mettant partout de bonnes gardes. On fut même surpris, en cet endroit, de la manière obligeante dont on y fut reçu, car plusieurs Messieurs avec quantité du peuple vinrent au-devant de nos Vaudois, et les abordant fort civilement, marquaient de la joie de les voir, louaient leur dessein de chercher à rentrer dans leur patrie et enfin les priaient de passer la nuit chez eux, qu'ils voulaient faire cuire du pain, faire tuer des bêtes et donner du vin pour rafraîchir les troupes. Toutes ces belles paroles engageantes arrêtaient insensiblement nos gens, qui peut-être auraient bien pu, à leur malheur, se laisser persuader si M. Arnaud, qui était alors de l'arrière-garde, s'apercevant qu'on ne marchait pas, ne se fût avancé pour en savoir la raison : les officiers lui ayant fait récit des offres honnêtes que les Messieurs de la ville faisaient, il n'y fit aucune attention, et ayant pour maxime de se défier toujours des caresses affectées de l'ennemi, il fit marcher non seulement les troupes, mais avec elles Messieurs les flatteurs, comme des gens qui sans doute avaient en vue de les perdre au milieu de tous les biens qu'ils leur promettaient. De là, on entra dans un vallon fort resserré de deux montagnes chargées de bois de haute futaie fort touffus ; ce vallon était entrecoupé de pas fort faciles à garder, car en ôtant les poutres qui étaient sur la petite rivière ou ruisseau qui l'arrosait, il aurait été impossible à nos gens de forcer le passage, et ils auraient été sans doute dans l'obligation de rebrousser chemin ; cependant ils arivèrent heureusement à Villar Rougy (*Villaroger*), où l'avant-garde prit un curé qui fuyait et quelques paysans qui étaient avec lui.

En sortant de cet affreux vallon, on vit beaucoup de paysans qui, abandonnant leurs maisons, se retiraient de l'autre côté de la rivière ; on vint ensuite à Eutigne (*Tignes*), village situé dans une petite plaine entourée de montagnes. On n'y trouva personne, les habitants s'étant sauvés sur le haut des montagnes, où ils se faisaient voir armés. On fit un détachement qui leur donna la chasse, cependant un français qui était demeuré derrière fut blessé.

Sur le soir, on alla camper près d'un village nommé Laval (*Val d'Isère*), où on passa la nuit dans un pré, en y faisant grand feu et allant chercher de quoi vivre dans les maisons abandonnées ; le principal du village traita les officiers et ce fut en ce lieu que M. Arnaud et M. Montoux, son collègue, après avoir été huit jours et huit nuits sans presque ni boire ni manger, ayant soupé, reposèrent enfin trois heures sur un lit ; aussi peuvent-ils dire avec vérité que jamais repas ni repos ne leur ont été plus agréables.

Sixième journée.

Le lendemain, jeudi 22, on traversa le bourg de Tigne (*en réalité Val d'Isère*), où on se fit rendre l'argent que nous avons ci-dessus dit avoir été pris aux deux hommes que nos Vaudois avaient envoyés par avance pour épier le pays ; les habitants furent même bien aises d'en être quittes pour cette simple restitution, car ils appréhendaient fort d'être encore punis d'ailleurs. Et parce que de là on renvoya quelques gentilshommes des otages, et qu'il s'en évada quelques autres, qui sans doute corrompirent par argent quelques-uns de ceux qui les gardaient, on prit la précaution de les remplacer par deux prêtres et un avocat ; après quoi on vint à monter la montagne de la Maurienne, que l'on nomme le Mont Tisseran, pour dire le Mont Iseran, d'où vient le nom de la rivière Isère. Un garçon qu'on faisait suivre brisa contre un rocher le fusil qu'on l'obligeait de porter et se sauva par le long et le bas d'un ruisseau ; on tira sur lui trois coups, et le troisième, qui fut un coup de pistolet, le blessa. Après avoir ainsi marché quelque temps, on fit halte pour séparer les compagnies et pour créer encore quelques officiers. Cela fait, on vint passer par des chemins très fâcheux, dans des alpes à pâturage où il y avait force bétail et où les bergers qui n'avaient pas fui régalèrent nos voyageurs de leur laitage, donnant pourtant à entendre qu'ils auraient beaucoup de peine à pouvoir rentrer dans leur pays, attendu que si on ne leur avait point encore disputé le passage, il allait leur être disputé par un grand nombre de soldats qui les attendaient à pied ferme au pied du Mont Cenis.

Cette nouvelle, au lieu de les alarmer, leur enflamma au contraire le cœur, car sachant que le sort de leurs armes dépendait absolument de Dieu pour la gloire duquel ils allaient combattre, ils ne doutaient nullement qu'il ne leur ouvrit lui-même le passage partout où on prétendrait le leur fermer. Dans cette espérance ils descendirent courageusement ladite montagne de Maurienne, et traversant le territoire de même nom, ils passèrent dans un petit village appelé Bonneval, où le curé s'empressa fort à faire boire les officiers, et quoiqu'un paysan, qui ne voulait point marcher, y eût été bien battu, on obtint pourtant tout ce qu'on demanda.

De là, on marcha droit à un bourg qu'on appelle Besas (*Bessans*), où on était déjà imbu qu'il y avait la plus méchante canaille qui fût sous le ciel. En effet, y étant arrivés, on trouva que les habitants, loin de s'être sauvés, se montraient au contraire fort arrogants : oui, jusqu'à user de menaces et à obliger par leurs insolences les Vaudois à s'en venger et à les punir en leur prenant quelques mulets et en emmenant avec eux le curé, le châtelain avec six paysans qui, pour plus grande mortification, furent attachés.

Au sortir de ce bourg, on traversa la rivière et on alla camper près d'un petit village abandonné et où on eut la pluie toute la nuit sur le corps.

Septième journée.

Le vendredi 23, en passant à Lannevillard (*Lans-le-Villard*), on y prit le curé et quelques paysans, et quand on vint à monter ledit Mont Cenis, jugeant que le curé était trop gras et trop âgé pour pouvoir monter si haut, on le renvoya. Quand on eut gagné la hauteur de cette montagne, et qu'on sut que pas loin de là il y avait un bureau de la grande poste, jugeant que par le moyen de cette poste on pourrait bientôt porter partout la nouvelle et la certitude de leur marche, pour remédier à cet inconvénient, quelques-uns y allèrent et se saisirent de tous les chevaux qui s'y trouvèrent. Comme ils revenaient avec un butin qui ne s'était fait que pour la sûreté de la troupe, ils rencontrèrent en chemin faisant plusieurs mulets chargés. Tentés d'une si belle occasion, ils se jetèrent dessus, et en ayant déchargé un, ils trouvèrent dans les deux ballots qu'il portait les hardes du cardinal Ange Ranuzzi, qui retournant de sa nonciature de France, avait envoyé par là son bagage, tandis que Son Eminence par un autre chemin courait à Rome pour assister au Conclave qui se tenait alors et qui éleva Alexandre VIII à la dignité papale.

Les muletiers étant venus en porter leur plainte, prièrent les officiers de vouloir leur faire rendre ce qu'on leur avait pris ; et ceux-ci, ne voulant point en aucune manière hasarder la réputation qu'ils avaient de garder une bonne discipline en ne souffrant point qu'il fût fait tort à aucun de ceux qu ne cherchaient point à leur en faire, ordonnèrent que le tout fût rendu. Et ils le firent si sincèrement que, pour y porter plus facilement ceux qui avaient fait ce pillage, ils leur firent accroire que ce qu'ils avaient pris appartenait à des marchands de Genève.

Après la restitution dont on vient de parler, ce que les Vaudois souffrirent pour traverser le grand et le petit Mont-Cenis surpasse l'imagination (6). Etant arrivés avec une peine horrible sur ce dernier, ils trouvèrent dans des granges quelques paysans, armés de hallebardes et de bâtons ferrés. Ces gens, à leur approche, gagnèrent au pied. Cependant, on en attrapa deux dont un fut blessé à la tête. On trouva en cet endroit quelque peu de pain et de vin que l'on prit, et ayant passé outre, on s'égara malheureusement, soit par la malice du guide, soit à cause du brouillard et de la neige dont la terre était couverte d'un bon pied de haut ; car ils descendirent de la montagne de Tourliers plutôt par un précipice que par un chemin, et pour comble de malheur, la nuit les ayant surpris, plusieurs d'eux n'en pouvant plus de fatigue et de lassitude, demeurèrent derrière, écartés et dispersés les uns des autres dans les bois où ils passèrent misérablement la nuit, pendant que le gros, qui avait regagné la vallée du Jaillon, y

---

(6) Les Vaudois passèrent vraisemblablement le col Clappier.

ayant trouvé pour tout secours du bois sec, se réchauffait et se séchait dans l'état morfondu où il était.

XXVII

Le Voyage Littéraire de deux Bénédictins.

Les rats d'archives regretteront tous les parchemins disparus que deux savants bénédictins de la Congrégation de Saint-Maur, dom Martène et dom Durand, purent déchiffrer au cours de leurs pérégrinations dans les chartriers ecclésiastiques. La Savoie ne fut pas par eux oubliée et leur donna l'occasion d'enregistrer quelques observations intéressantes sur l'émigration des habitants, la simplicité de vie des hauts dignitaires ecclésiastiques, la construction des églises de Tarentaise, que nous empruntons à leur *Voyage littéraire* (1).

Nous entrâmes dans le diocèse de Genève par l'abbaye de Hautecombe. Elle est située sur le bord du lac du Bourget. Ce lac a trois lieues de longueur et une de largeur. Le poisson y est beaucoup meilleur que celui des rivières. On y prend des brochets de 36 livres, des truites de 30 et des carpes de 25 et de 28.

Pour ce qui est de l'abbaye, sa situation est des plus agréables qui soient dans le pays. Les ducs de Savoye en sont les fondateurs et la choisirent pour leur sépulture. Ils aimaient tant autrefois cette maison qu'ils avaient un palais tout proche où ils passaient ordinairement 3 ou 4 mois de l'année pour s'édifier des bons exemples des saints religieux qui l'habitaient et y prendre aussi le divertissement de la chasse.

On voit encore dans l'église plusieurs dr

---

(1) [MARTENE et DURAND] *Voyage littéraire de deux religieux bénédictins de la Congrégation de Saint-Maur.* Paris 1717.

leurs tombeaux et de quelques personnes de qualité, mais il n'y a point d'inscription. Il y en a un de bronze fort beau, à côté du grand autel, sur lequel on lit cette épitaphe : *Hic jacet Bonifacius de Sabaudia, cantuariensis archiepiscopus, operibus bonis et virtutibus plenus. Obiit apud Sanctam Helenam anno Domini MCC. septuagesimo, XVIII die julii. Magister Henricus de Colonia fecit hanc tumbam* (1 bis).

Cette abbaye était autrefois fort jolie, et le réfectoire, dont on voit encore les masures, fort beau. On dit que Saint-Bernard, l'ayant vue, en fut scandalisé, et que d'un esprit prophétique il dit : *Tu es trop belle, Hautecombe ma mignonne, tu ne pourras pas subsister*. Elle n'est effectivement rien aujourd'hui en comparaison de ce qu'elle a été.

La chose la plus remarquable que nous ayons vue à Hautecombe, c'est la fontaine, qu'on appelle *la fontaine des merveilles*. Elle est sur le penchant d'une montagne, assez près du monastère, et forme trois étangs. Ce qui attire l'admiration de tout le monde, c'est qu'en un même jour elle sourd et tarit plusieurs fois. Lorsque nous arrivâmes, elle était tarie ; un moment après, nous la vîmes couler insensiblement du rocher et se grossir à mesure qu'elle coulait. Enfin, après avoir coulé ainsi durant un quart d'heure, elle commença à diminuer insensiblement, jusqu'à ce qu'elle se tarit entièrement, et

---

(1 bis) « Ci-gît Boniface de Savoie, archevêque de Chambéry, après une vie remplie de bonnes œuvres et de vertus, mort à Sainte-Hélène-du-Lac, l'an du Seigneur 1270, le 18 juillet. Maître Henri de Cologne a fait ce tombeau. » Ce tombeau a été dévasté à la Révolution. Sous la Restauration, Charles-Félix en fit édifier un nouveau sur son emplacement. »

en cessant de couler elle fit un bruit semblable à celui d'une bouteille qui se vide ; après être demeurée tarie environ un quart d'heure, elle commença à recouler de même manière. Il y a des temps où elle se tarit plus souvent et d'autres moins. Les philosophes se sont exercés à découvrir le principe d'une chose si merveilleuse ; mais ceux qui raisonnent le mieux, ce sont ceux qui disent qu'ils n'en savent rien.

Nous séjournâmes le dimanche à Hautecombe, et le lundi nous nous rendîmes à Annecy, où le siège épiscopal de Genève a été transporté depuis que les hérétiques en ont chassé les catholiques. L'église des Cordeliers sert de cathédrale. Il y a 30 chanoines, qui doivent tous être ou docteurs ou nobles. Ils portent l'habit des chanoines de St-Pierre de Rome, par un privilège particulier que saint François de Sales leur a obtenu étant prévôt. Comme ils ont toujours voulu conserver quelque reste de l'ancienne splendeur de leur cathédrale, ils entretiennent musique dans leur église, et de 12.000 livres qui font tout le revenu du chapitre, ils en consument 9 en charges, si bien qu'il ne reste que 3.000 livres à partager entre les 30 chanoines ; c'est pourquoi, comme leur revenu est très modique, on leur permet d'avoir des cures ou d'autres bénéfices.

Nous arrivâmes tout au soir à Annecy ; le lendemain, après avoir dit la sainte messe devant le corps de saint François de Sales, nous fûmes saluer Monseigneur l'évêque [Michel-Gabriel de Rossillon de Bernex], qui nous fit l'honneur de nous retenir deux heures auprès de lui et de nous reconduire jusque dans la rue. C'est un prélat qui marche sur les traces de saint François de Sales, homme d'oraison, d'un zèle et d'une humilité exemplaires. Nous fûmes charmés de l'entretien que nous eûmes avec lui, de tout ce qu'il nous fit l'honneur de nous dire de l'état de son diocèse, et ce fut pour nous une consolation bien sensible d'apprendre que tous les environs de Genève, excepté ce qui est du côté de Berne, sont tous catholiques, et que les prêtres y reçoivent beaucoup plus de messes des habitants de Genève qu'ils n'en reçoivent de leurs paroissiens. Il nous fit voir plusieurs lettres originales de saint François de Sales, pleines de vigueur pour soutenir ses droits. Il en sort une odeur qui embaume tous ceux qui sont présents. Il nous montra aussi un état de son diocèse écrit de la propre main du saint, tel qu'il l'envoyait au pape de 5 ans en 5 ans. Il paraît, par cet état, que saint François de Sales n'avait de revenus, charges faites, que 700 ducatons (je crois qu'un ducaton vaut 3 livres 10 sols). L'évêque d'aujourd'hui n'en a guère davantage, et cela n'empêche pas qu'il ne soit autant évêque que ceux qui ont 50 ou 60.000 livres de rente. Il est vrai qu'il n'a ni carrosse ni train ; mais il n'en est pas moins heureux, et il est plus conforme aux apôtres et aux saints évêques qui se sont fait un mérite d'être pauvres et qui n'ont eu des richesses que pour les distribuer aux misérables. Lorsque nous quittâmes ce saint évêque, il nous donna son aumônier, qui nous mena chez son grand-vicaire, docteur de Sorbonne et très saint homme, pour lui dire de sa part d'écrire à M. le prévôt de Sales, qui était à deux lieues d'Annecy, le sujet de notre arrivée, et lui mander de venir incessamment pour nous communiquer tous les mémoires qu'il avait de son église.

L'après-dîner, nous fûmes aux abbayes de Bonlieu et de Sainte-Catherine, toutes deux de l'ordre de Citeaux. Celle-ci est à une petite lieue d'Annecy, sur une haute montagne d'où l'on découvre toute la ville. Lorsque nous y arrivâmes, les religieuses, qui ne gardent point la clôture, étaient a la promenade, et ne revinrent que le soir ; mais Madame de Saint-Thomas, qui en est l'abbesse, nous reçut et nous donna toute la satisfaction que nous pouvions désirer ; elle nous fit voir un ancien martyrologe dans lequel ses religieuses lisent tous les jours au chapitre lorsqu'elles annoncent la fête des saints du jour suivant, car elle ne veut pas qu'elles lisent dans un martyrologe imprimé. Elle nous mena aussi à l'église, où l'on voit sous le portique un tombeau élevé, avec cette suscription : *Hîc jacet felicis memoriæ piïssimus Willelmus Gebennarum comes hujus abbatiae insignis benefactor, et pater Beatricis a Sabaudia ejusdem abbatiae fondatricis in capitulo recumbentis* (2). Il y a aussi le tombeau d'un bienheureux Guigue, parent de la fondatrice, à qui les peuples ont une grande dévotion. Je ne doute pas que ce ne soit le tombeau de Guigo ou Guy de Genève, évêque de Langres, enterré à Sainte-Catherine, dont il est fait mention dans le martyrologe de cette abbaye, l'onzième des calendes de décembre. Avant que de sortir de Sainte-Catherine, Madame l'abbesse nous donna à souper avec un des petits neveux de saint François de Sales, et voulut nous retenir à coucher ; mais comme nous avions affaire à Annecy, elle nous donna des chevaux pour nous en retourner.

Le lendemain, comme nous venions de dire

---

(2) « Ci-gît le très pieux Guillaume, comte de Genève, d'heureuse mémoire, bienfaiteur de cette insigne abbaye et père de Béatrice de Savoie, fondatrice de cette abbaye, dont la sépulture se trouve dans le chapitre. »

la sainte messe au tombeau de saint François de Sales, le père de Bellegarde, savant Barnabite et parent du fameux Octave de Bellegarde, archevêque de Sens, vint nous prendre et nous donna toutes les marques d'estime et de vénération qu'on peut donner aux plus savants. Il nous mena dans leur collège [le collège Chappuisien] et nous fit voir tout ce qu'il y a de curieux. Nous fûmes ensuite chez M. le prévôt de Sales, qui était venu exprès pour nous voir et nous communiquer ce qu'il y avait de plus rare dans les archives du chapitre. Il nous fit part de la liste des prévôts de Genève, qu'il a faite lui-même, et de ses remarques sur les évêques de son église ; il nous retint à dîner et nous régala d'un concert de musique. Nous travaillâmes toute la journée chez lui, et sur le soir nous fûmes voir Monseigneur l'évêque, qui nous fit l'honneur de nous mener lui-même à l'église du Saint-Sépulcre, pour y voir le tombeau d'un bienheureux André, qu'on fait fils d'un prince d'Achaïe et ensuite religieux et prieur du monastère, qui était autrefois de chanoines réguliers. Nous admirions l'humilité et la modestie de ce saint prélat, qui se découvrait pour saluer tous les pauvres gens qui se levaient dans les rues pour lui faire des révérences.

Le jeudi, nous vîmes les archives du Saint-Sépulcre, où l'on nous avait dit que nous trouverions bien des antiquités. Le plus ancien titre que nous y maniâmes était de 1347 et commençait ainsi : *Nos frater Andreas de Antiochia, canonicus claviger S.-Sepulcri Hierosolymitani, prior domorum in Lombardia, Ungaria, Campania, Marchia, Pedemontio.* Il y a bien de l'apparence que c'est ce bienheureux André, prieur de cette maison, dont on voit le tombeau dans l'église, et qu'elle n'est pas plus ancienne :

ce qui se confirme par le nécrologe qui met la mort du 4ᵉ prieur en 1408 (3).

Nous fûmes de là visiter les archives de Monseigneur, dans lesquelles nous vîmes plusieurs titres qui prouvent très clairement qu'il est non seulement évêque, mais prince et seigneur souverain de Genève. Nous prîmes ensuite congé de Sa Grandeur, qui souffrit avec peine que nous restassions si peu à Annecy, et nous fit l'honneur de nous rendre visite dans notre hôtellerie.

Nous nous rendîmes le même jour au monastère de Talloires, qui originairement n'était qu'un prieuré dépendant de l'abbaye de Savigny, dans le diocèse de Lyon, et fondé par Ermengarde, femme de Raoul, roi de Bourgogne. Claude Granier, qui fut ensuite évêque de Genève et qui fit saint François de Sales son coadjuteur, en avait été religieux et prieur, et y avait établi une réforme qui depuis s'est unie à la Congrégation du Mont-Cassin. A présent c'est une abbaye située sur le bord du lac d'Annecy, dans laquelle il y a 20 religieux qui gardent l'abstinence dans le monastère et récitent tous les jours l'office de la Sainte-Vierge. Ils nous firent tout l'accueil possible, surtout Monsieur l'abbé, et nous retinrent deux ou trois jours. Nous vîmes pendant ce temps-là les manuscrits, qui sont pour la plupart fort beaux et anciens. Il y a entre autres un très ancien qui contient les lois des Allemands, celles des Bourguignons par Gondebaut, la loi salique et les lois romaines ; un ouvrage qui a pour titre

---

(3) L'ancienne église du Saint-Sépulcre, près du cimetière, est occupée par une poterie. On conserve au Palais de l'Isle d'intéressants débris d'une *Pietà* provenant de cet édifice.

Polipticon ou *Perpendiculum*, composé par un Felanus, évêque d'Espagne ; un poème sur le martyre de la légion thébaine, composé par Ogerius, évêque d'Ivrée *Yporiensis episcopi*, un ancien antiphonaire, dans lequel il y a un traité d'Agobard qu'il adresse aux chantres de l'église de Lyon ; un ouvrage d'Amalaire, qui a pour titre *Liber de significatione mysteriorum ecclesiae* ; un ouvrage sur l'oraison dominicale et sur la salutation de l'Ange, par Nicolas de Gange, professeur en théologie de l'ordre des Mineurs en la province de Sicile ; un livre des vertus et des vices, par un religieux de l'ordre des Mineurs, appelé Johannes Wialensis. Nous vîmes aussi dans la sacristie une ancienne chappe et une chasuble d'un fond d'or, avec des figures faites à l'aiguille et un morceau du bois de la vraie croix, avec laquelle on donne la bénédiction au peuple à la porte de l'église à la fin de la messe (4).

A trois ou quatre lieues de Talloires est l'abbaye de Tamié qui, dans la Savoie, a la même réputation que la Trappe en France. Dom Arsène Jougla, qui en est l'abbé, est Français ; né à Toulouse d'une maison illustre, il quitta les biens et les honneurs qu'une grande famille lui offrait et de riches bénéfices qu'il possédait pour embrasser la vie pauvre et pénitente des religieux de la Trappe. Après y avoir fait pro-

---

(4) Tous ces manuscrits ont disparu à la Révolution. Toutefois, le *British Museum*, depuis 1858, possède un *Martyrologium et Obituarium prioratus Talluriarum* (n° 22495 Addit. Ms.) dont le professeur allemand Bresslau fut le premier à signaler l'importance en 1890. La Bibliothèque de la Société Florimontane d'Annecy possède aussi quelques débris du chartrier de Talloires, mais peu importants.

fession, il y exerça la fonction de Père maître ; de là il fut envoyé en Toscane, au monastère de Bonsolazo, dont il fut fait prieur. L'abbé de Tamié étant mort, les religieux, qui étaient des réformés, l'élurent pour leur abbé. Comme il trouva en eux de bonnes dispositions, il n'eut pas de peine à leur persuader de se réformer davantage. Ils embrassèrent sans difficulté le silence perpétuel de la Trappe, le travail des mains durant deux heures, une entière séparation du monde. Ils boivent du vin, mangent des œufs et accommodent leurs légumes avec du beurre, et ne s'accordent l'usage du poisson que trois ou quatre fois l'année. Ils répandent l'odeur de leur vertu dans tout le pays, et certainement il est impossible de les voir sans être touché de leur modestie et de leur recueillement. Cette modestie passe des religieux aux domestiques, qui gardent également le silence, se voient et font leurs ouvrages ensemble sans se parler. Les hôtes y sont reçus avec toute la charité et la propreté possible ; mais leur appartement est tellement séparé de celui des religieux qu'ils ne peuvent avoir de communication avec eux. Nous y trouvâmes M. le baron de Villette de Chevron, dont on regarde les ancêtres comme fondateurs de l'abbaye. Nous avions eu l'honneur de le voir à Talloires, et il vint exprès à Tamié à cause de nous. Comme nous étions là, Monsieur l'abbé de Sissery, frère naturel du duc de Savoie, y arriva ; nous eûmes l'honneur de souper avec lui, car il est fort familier. Il nous témoigna l'estime qu'il faisait du père dom François de Laini, dont il a toujours les ouvrages entre les mains, les portant même en campagne avec lui ; il but à sa santé. Il nous entretint aussi de Son Altesse Royale [Victor-Amédée II, duc de Savoie] et nous en parla comme d'un prince très pieux, qui faisait tous les jours trois heures d'oraison, et qui avait fait une ordonnance par laquelle il défendait à tous ses sujets de causer à l'église, sous peine aux personnes de première qualité d'être enfermées trois mois dans une citadelle, aux personnes de moindre qualité de garder trois mois la prison, et au menu peuple de subir une punition exemplaire.

La grande retraite des religieux de Tamié n'empêche pas qu'ils aient une bibliothèque. Nous y trouvâmes même des manuscrits parmi lesquels il y a un ouvrage de Pierre Abailard, qui a pour titre *Petri Abaelardi de Universalibus et singularibus ad Olivarium filium suum tractatus*. Leur chartrier est le plus propre et le mieux arrangé que j'aie vu. Nous vimes dans la sacristie une main de saint Pierre de Tarentaise, ses habits pontificaux, et un morceau du bois de la vraie croix.

L'abbaye de Tamié est l'unique du diocèse de Tarentaise, qui est très petit et qui, dans dix lieues de longueur et trois de largeur, n'a pas plus de 70 paroisses ; mais elles ont l'avantage d'être toutes renouvelées et bâties à neuf, par les soins et aux dépens du dernier archevêque ; quelques-uns croient néanmoins que les diocésains y ont un peu contribué, et voici comment. Tous les ans, il sort de Tarentaise et des autres pays d'alentour une infinité de Savoyards, qui se partagent par bandes et se répandent en plusieurs royaumes. Les uns vont en Allemagne, les autres en France, les autres en Italie, tous sous un chef qui a soin d'eux et à qui ils remettent ce qu'ils gagnent à ramoner les cheminées. Avant que de partir, ils vont tous recevoir la bénédiction de l'évêque, et après l'hiver ils font la même chose à leur retour. Pour lors on partage en trois ce qu'ils ont apporté. La première partie est pour l'église, la seconde pour les pauvres et la troisième pour eux. C'est donc en partie de ce premier lot qu'ont été rebâties toutes les églises du diocèse. La cathédrale est assez belle pour le pays. Elle doit aussi une partie de sa splendeur à son dernier archevêque [François-Amédée Milliet de Challes], qui a rendu encore magnifique son palais archiépiscopal qui, n'étant point habité depuis la mort de ce grand prélat, servait alors de corps de garde aux soldats. La ville épiscopale est peu considérable. On l'appelle Montier (*lire Moûtiers*).

Ceux du pays croient que c'est parce qu'elle est entre trois montagnes, mais elle est plutôt entre cinq que trois, et le mot latin de Monasterium fait voir que c'est parce qu'originairement l'église cathédrale était desservie par des moines.

Nous en partîmes le 25 juillet, pour aller à Saint-Jean-de-Maurienne. On nous conseilla de passer par la montagne, parce qu'en prenant cette route nous gagnerions dix lieues de chemin, qu'on pouvait y aller en toute assurance, parce que la cavalerie française y avait passé ; mais on ne nous disait pas que cette cavalerie avait été 15 heures à faire 4 lieues. Pour nous, nous les fîmes en 10 heures, mais nous étions si fatigués lorsque nous arrivâmes à La Chambre, petite ville à deux lieues de Maurienne, que nous n'en pouvions plus. Le jour suivant, fête de sainte Anne, nous fûmes dire la messe aux Cordeliers, et après nous allâmes à Maurienne, qui n'est qu'à deux petites lieues de là, sur la rivière d'Arc. L'évêque, qui a beaucoup de mérite [François-Hyacinthe de Masin], nous reçut parfaitement bien, et non seulement nous ouvrit ses archives, mais il nous retint chez lui. Son palais épiscopal est fort magnifique, quoiqu'il n'y ait que des châssis de papier. Car dans toute la Savoie et dans une partie du Dauphiné on n'emploie le verre aux fenêtres que dans les églises. On voit dans la cathédrale de Maurienne quelques tombeaux d'évêques, et à l'entrée quelques-uns des ducs de Savoie. Le Saint Sacrement, non plus qu'à Moûtiers, ne se conserve pas au grand autel, mais à côté, dans un tabernacle d'un très beau travail (5). Il est dans un vase de marbre, dans lequel il y a une petite boîte où il est renfermé. On ne l'expose jamais dans la cathédrale de Maurienne, et ce n'est que depuis environ huit ans qu'on y donne la bénédiction avec la Sainte Eucharistie, depuis que l'église de la paroisse, étant interdite, elle fut transférée à la cathédrale. On montre dans le trésor deux doigts en chair et en os de saint Jean-Baptiste, et on prétend que le roi Gontrand fonda l'église de Maurienne pour les y mettre. Nous vimes aussi dans le trésor une crosse d'ivoire : car les anciens évêques aimaient mieux employer leur argent à soulager les pauvres qu'en des ornements vains et superflus.

Nous séjournâmes deux ou trois jours à Maurienne, et nous en partîmes comblés des bontés de Monseigneur l'évêque, pour aller à l'abbaye de Beton, de l'ordre de Citeaux. Madame de la Roche d'Alleri, sœur du comte de la Roche, qui défendit Turin assiégé par les Français, en est l'abbesse. Nous fûmes de là à l'abbaye des Hayes, à deux lieues de Grenoble, fondée par Marquise ou Marguerite de Bourgogne, qui y est enterrée dans le chapitre.

---

(5) Ce *repositorium* admirable est aujourd'hui classé comme monument historique.

XXVIII

Pourquoi Montesquieu n'aurait jamais voulu être sujet du duc de Savoie.

Montesquieu, que ses *Lettres persanes* venaient de faire entrer à l'Académie française, après avoir vendu sa charge de président à mortier du Parlement de Guyenne, entreprit un voyage en Europe pour rassembler les matériaux de son célèbre livre sur l'*Esprit des lois*. La Cour de Savoie ne fut point par lui oubliée, et fut l'objet de quelques observations aiguës particulièrement dignes d'être rapportées.

Le duc Victor-Amédée II, qui régnait alors à Turin, était une puissante personnalité, la plus remarquable à coup sûr de la belle lignée issue du glorieux Emmanuel-Philibert. Vainqueur des armées de Louis XIV en 1706, lors du célèbre siège de Turin, devenu roi de Sardaigne 12 ans après, le duc de Savoie était non seulement un homme de guerre, mais un diplomate consommé et un administrateur dont les réformes firent l'admiration de l'Europe.

C'était un tyran incontestablement, mais le bon tyran. Et si, en 1721, il déclarait, dans des instructions confidentielles, que « la Savoie étant le premier patrimoine et Etat de ses ancêtres, son autorité, qui y a été exercée jusqu'à présent, est despotique, sans qu'elle ait besoin du concours d'aucun corps », par contre il recommandait au gouverneur du duché « d'avoir un soin singulier à protéger le menu peuple et d'empêcher qu'aucun tort ne lui soit fait ».

Montesquieu se rendit à Turin en octobre 1728, au moment où Victor-Amédée II était dans l'apogée de sa gloire. Voici ses plus piquantes impressions, extraites de ses *Voyages*, publiés en 1894 par le baron Albert de Montesquieu.

... Le roi de Sardaigne a très bien fait ses affaires avec le pape Benoit qui, charmé de la dévotion du roi, ne peut rien lui refuser...

Le roi de Sardaigne a gagné des points que

le roi de France n'a pas par le Concordat, car les bénéfices vacants *in curia* sont confisqués par le roi de Sardaigne. Le marquis d'Ormea [ministre de Victor-Amédée II] est venu à Rome, a répandu de l'argent et a fait tout cela...

On ne saurait croire avec quelle économie [le roi de Sardaigne] règle sa maison...

Pour rien [je] ne voudrais être sujet de ces petits princes. Ils savent tout ce que vous faites ; ils vous ont toujours sous les yeux ; ils savent vos revenus au juste, trouvent le moyen de vous les faire dépenser si vous en avez beaucoup, vous envoient des commissaires qui vous font mettre en prés ce que vous avez en vignes. Il vaut bien mieux être perdu dans les états d'un grand maître...

Le roi a à la Venerie [près Turin] ses cens, son blé, ses foins. Il sait tout le détail de l'agriculture... Il va lui-même parler à ses gens et laboureurs et a la bonté de s'entretenir avec eux...

Ses financiers, qui savent qu'ils feront leur cour en lui proposant des profits clairs, lui font perdre beaucoup pour un profit présent. Les marchandises d'Italie passaient par la Savoie. On lui a fait charger ces lieux-là de droits et on crut que les marchands ne changeraient pas de route parce que les passages se fermaient par la neige et qu'ils étaient difficiles, et point de chemin. Mais on s'est trompé. On a pris le passage par la Suisse, par une montagne appelée le Simplon, que l'on a fait bien accommoder, et toutes les marchandises y passent à présent.

Autrefois, les douanes, excessivement rebutantes et mauvais procédés des commis, qui étaient d'une sévérité et malhonnêteté indicibles à tous égards, sans distinction de condition. A présent, un peu moins de sévérité. Le plus grand seigneur du pays visité est condamné à l'amende pour une livre de tabac pour sa provision...

Quand un grand de l'état reçoit ordre du prince d'aller exercer quelque emploi, il ne peut le refuser sans punition...; mais en France, si l'on n'est pas le maitre de parvenir aux honneurs, au moins on est le maitre de les refuser...

On sait les moindres détails de la famille, jusqu'aux mariages des moindres bourgeois, et on s'en occupe...

Seigneurs, aucune puissance dans leurs terres ; un paysan ne les salue seulement pas...

Comme on ne croit jamais que celui que vous employez vous serve bien, on lui envoie toujours un espion, et un espion à l'espion...

Ici, les murailles parlent...

Les gentilshommes piémontais sont très pauvres... Les appointements de la Cour sont très modiques... Les Nouvelles Constitutions que le roi a fait publier sont désolantes pour la noblesse. On ne peut point sortir du pays sans permission, à peine de confiscation et de peine arbitraire ; et comme le pays est petit, la servitude est encore plus dure. On ne peut faire passer ses effets dans le pays étranger, à peine de confiscation.

XXIX

Le voyage de Windham et Pococke aux glacières de Savoie, en 1741.

La vallée de Chamonix passe pour avoir été découverte en 1741, par l'anglais Windham et ses compagnons de route. On a pu prouver que, bien avant eux, des visiteurs étrangers l'avaient parcourue. Mais, comme on l'a très finement observé, Windham a fait une chose que les autres n'ont pas faite, c'est d'en parler, et sa relation constitue véritablement le plus ancien voyage de touristes aux glaciers de Chamonix.

William Windham, qui faisait partie d'une petite colonie d'Anglais séjournant à Genève pour y compléter leur éducation, était si passionné pour les exercices physiques qu'on l'avait surnommé à Londres « Windham le boxeur ». Il avait remarqué que les divers ouvrages publiés sur les voyages dans les Alpes ne parlaient point des glaciers de Chamonix, placés pourtant à proximité du Léman. Windham, auquel d'aucuns déconseillaient l'exploration de cette vallée, s'ouvrit de son projet à un compatriote connu déjà par plusieurs années de voyages en Orient, Richard Pococke ; le projet prit corps, et le 19 juin 1741 une petite caravane partait, sous leur direction, pour faire l'ascension du Montanvert.

Voici la relation de ce voyage historique, rédigée par Windham (1).

... Il y avait longtemps que je souhaitais de faire ce voyage aux glaciers de Savoie, mais la difficulté de trouver de la compagnie m'avait toujours fait le différer. Heureusement, au mois de juin 1741, il arriva à Genève un Anglais nommé Pocock, qui avait déjà parcouru toute l'Egypte et le Levant. Je lui fis part de ma curiosité, et lui, qui ne craignait point un voyage pénible, témoigna beaucoup d'envie de le faire, de sorte que nous fîmes la partie. Quand nos autres amis la virent engagée, ils se joignirent bientôt à nous.

Comme tout le monde assurait qu'on ne trouverait aucunes des nécessités de la vie dans ce pays, nous prîmes avec nous des chevaux de bât, chargés de toute sorte de provisions de bouche et d'une tente, qui ne laissa pas de nous être utile, quoique la mauvaise idée qu'on nous avait donnée de ce pays fût un peu outrée.

Je m'étais pourvu de plusieurs instruments

---

(1) D'après l'édition critique de Th. DUFOUR, publiée en 1879 dans l'*Echo des Alpes*, et suivie de la *Relation de Pierre Martel*, faite en 1742.

de mathématiques pour prendre des hauteurs et faire des observations, espérant que M. Willamson, gouverneur de Mylord Hadington et habile mathématicien, aurait été des nôtres ; mais la crainte de la fatigue l'ayant fait abandonner la partie, je les laissai, à cause de la difficulté de les porter, n'y ayant d'ailleurs personne d'autre dans la compagnie si capable de diriger de telles entreprises.

Nous partîmes de Genève le 19 juin 1741, au nombre de huit maîtres et cinq domestiques, tous bien armés ; nos chevaux de bâts nous accompagnaient et cela nous donnait tout l'air d'une petite caravane.

Nous ne fûmes ce jour-là qu'à la Bonneville, éloignée de quatre lieues de Genève, selon le calcul du pays, mais qui nous prirent six grandes heures pour les faire. Cet endroit est situé aux pieds du mont du Môle et au bord de l'Arve, entouré de hautes montagnes, couvertes d'arbres, et de belles prairies qui forment une situation très agréable. Il y a un pont de pierre assez beau, mais l'inondation de la rivière en avait emporté une partie. Nous trouvâmes l'auberge assez passable aux lits près.

Le lendemain 20, nous partîmes de grand matin et traversâmes l'Arve. Nous continuâmes notre route entre l'Arve et les montagnes, ce qui nous fournissait une diversité agréable de beaux paysages. On compte deux lieues jusqu'à Cluses, mais nous mîmes trois heures et demie pour faire ce chemin. Cluses est situé dans une gorge de montagnes qui se joignent dans cet endroit, laisant seulement un passage à l'Arve, qui est resserrée pendant plus d'une lieue par de hautes montagnes.

Avant que d'arriver à Cluses, il y a une espèce d'ermitage sur un rocher à droite, où nous grimpâmes pour découvrir la vue, qui est charmante ; ensuite nous passâmes l'Arve sur un pont de pierre. Nous continuâmes notre marche pendant une heure et demie par un chemin étroit entre l'Arve et des rochers d'une hauteur prodigieuse, qui semblaient s'être fendus pour donner passage à la rivière. Outre la beauté de la vue, nous étions fort amusés par nombre d'échos et le retentissement que causait le claquement du fouet ou les coups de pistolet que nous tirâmes chemin faisant. Nous vîmes de tous côtés de belles cascades, qui tombaient du haut des rochers dans l'Arve. Il y en a une, entre autres, d'une grande beauté : on l'appelle le Nant d'Arpenas ; c'est un gros torrent qui se précipite d'un rocher fort haut. Tous mes compagnons s'accordèrent à juger sa hauteur plus grande que celle du Salève ; pour moi, je n'en décide pas. La cascade de Terni [dans les Etats romains] ne tombe pas de si haut, à beaucoup près, à ce qui me parut, quoique, dans le temps que nous vîmes celle-ci, il n'y avait pas une si grande nappe d'eau qu'à Terni. Les paysans nous assurèrent pourtant que, dans certaines saisons, l'eau y était beaucoup plus abondante qu'alors.

Après environ trois heures de marche depuis Cluses, nous arrivâmes au Pont-Saint-Martin, vis-à-vis de Sallanches, qui est de l'autre côté de l'Arve. Nous n'y voulûmes pas entrer, mais nous campâmes dnas une belle prairie, près du pont, pour y faire halte. [Notre voyageur Pocock avait apporté avec lui, à notre insu, un habit arabe ; pendant que nous étions occupés à préparer quelque chose pour diner, il s'en vêtit. Nous ne le connûmes pas au premier abord, mais aussitôt que nous vîmes qui c'était, nous mimes sur-le-champ une sentinelle à la porte de la tente, et à tous égards nous agissions avec lui avec un respect particulier. Une scène si extraordinaire ne manqua pas de se répandre à Sallanches, d'où en moins de rien nous eûmes presque toute la ville pour nous voir, et leurs différentes conjectures nous amusèrent extrêmement. Cependant, quelques dames de considération étant venues, nous leur avouâmes le badinage et décampâmes.]

Après quatre heures de marche par de très mauvais chemins, étant obligés de traverser de fort mauvais torrents, nous arrivâmes à un petit village nommé Servoz. Nos chevaux y souffrirent beaucoup, étant attachés au piquet toute la nuit, faute d'écurie, et, de plus, n'ayant point d'avoine, ni autre fourrage que de l'herbe nouvellement coupée. Pour nous, ayant apporté tout avec nous, nous fûmes bien et nous dormîmes tranquillement dans une grange, sur de la paille.

De là, nous nous mîmes en marche dès la pointe du jour, et ayant traversé de nouveau l'Arve, sur un fort mauvais pont de bois, et grimpé et descendu une montagne très rude, où nous eûmes de la peine à faire passer nos chevaux, qui se déferraient à tous moments et dont quelques-uns faillirent à se précipiter dans l'Arve, qui passait au bas du rocher, nous arrivâmes dans une vallée assez agréable, où nous traversâmes l'Arve une quatrième fois sur un pont de pierre, et nous eûmes la première vue des glacières. Nous continuâmes notre route jusqu'à Chamougny, qui est un village sur le bord de l'Arve, dans une vallée, où il y a un prieuré dépendant des chanoines de Sallanches. Nous y campâmes, et pendant que l'on préparait des rafraîchissements, nous nous informâmes des paysans touchant les glacières. D'abord, ils nous en montrèrent les bouts, qui paraissaient dans la vallée et que nous voyions depuis le village, où ils semblaient des rochers blancs, ou plutôt des glaçons énormes formés par une eau qui découlait au bas de la montagne. Cela ne contentait pas notre curiosité, et nous trouvions que nous étions venus de trop loin pour en rester là.

Nous fimes donc plusieurs questions à ces paysans, pour savoir si, en montant sur la montagne, on pouvait découvrir quelque chose de plus. Ils dirent que oui, mais la plupart nous firent la chose très difficile et très pénible. Ils nous dirent que personne n'y allait que les chercheurs de cristaux ou ceux qui chassaient les bouquetins et les chamois, que tous les étrangers qui étaient venus à Chamouny s'étaient contentés de voir ce que nous voyions. Un bon vieillard, prieur du lieu, qui nous fit mille politesses, nous dissuada fort d'aller plus haut. Il y avait d'autres personnes qui nous représentaient la chose comme fort facile, mais nous nous apercevions bien qu'ils comptaient qu'après être convenus avec eux pour nous servir de guides, nous nous lasserions bientôt, et qu'ils gagneraient leur argent aisément. Cependant notre curiosité l'emporta, et nous confiant en nos forces et en notre courage, nous résolûmes d'entreprendre de monter la montagne. Nous primes plusieurs paysans, les uns pour nous servir de guides et les autres pour porter du vin et quelques provisions. Ces gens-là étaient si persuadés que nous n'en viendrions pas à bout qu'ils prirent avec eux des chandelles et des instruments pour battre le feu, en cas qu'accablés de lassitude nous fussions obligés de passer la nuit à la montagne.

Pour éviter que ceux d'entre nous qui étaient les plus lestes et les plus en haleine ne fatiguassent les autres à force de se presser, nous fimes une règle pour la marche, que personne ne devrait devancer un autre, que celui qui tiendrait la tête eût à marcher d'un pas lent et réglé, que quiconque se sentirait las et étouffé pourrait demander une halte, et qu'enfin, quand nous trouverions quelque source, nous eussions à boire du vin mêlé avec de l'eau et remplir d'eau les bouteilles que nous avions avec nous pour servir à une halte. Ces précautions nous furent si utiles que peut-être, si nous ne les avions pas observées, les paysans ne se seraient pas trompés dans leurs conjectures.

Nous nous mîmes en marche à midi du 22 juin, et nous traversâmes l'Arve sur un pont de bois. La plupart des cartes marquent les glaciers du même côté que Chamoigny, mais elles se trompent. Nous fûmes bientôt au pied de la montagne et nous commençâmes à monter par un sentier extrêmement rapide, à travers un bois de sapins et de larches. Nous faisions souvent des haltes, pour nous reposer et pour reprendre haleine, mais nous ne laissions pas de monter avec diligence. Après avoir passé le bois, nous vînmes à une espèce de prairie, pleine de grosses pierres de roche qui s'étaient détachées de la montagne. La montée était si rapide qu'il nous fallait quelquefois nous accrocher avec nos mains et nous servir de bâtons ferrés pour nous soutenir. Notre chemin allait en biaisant, et nous eûmes à traverser plusieurs endroits où les avalanches de neige étaient tombées et avaient fait un dégât affreux. Ce n'étaient qu'arbres déracinés et de grosses pierres qui semblaient ne tenir à rien. A mesure que nous posions les pieds, tout s'écroulait. Rien ne nous empêchait de voir jusqu'au pied de la montagne, et la rapidité de la pente, jointe à la hauteur où nous étions, faisait un spectacle affreux et capable de faire tourner la tête à la plupart des gens. Enfin, après quatre heures trois quarts de marche très pénible, nous nous trouvâmes au sommet de la montagne, d'où nous jouîmes de la vue des objets les plus extraordinaires.

Nous étions sur le sommet d'une montagne qui, à ce que nous pouvions juger, était au moins deux fois de la hauteur de Salève. De là, nous avions une pleine vue de la glacière. Je vous avoue que je suis extrêmement embarrassé à vous en donner une idée juste, ne connaissant, de tout ce que j'ai encore vu, rien qui y ait le moindre rapport. La description que donnent les voyageurs des mers de Groenland me paraît en approcher le mieux. Il faut s'imaginer le lac agité d'une grosse bise et gelé tout d'un coup ; encore ne sais-je pas bien si cela ferait le même effet.

La glacière consiste en trois grandes vallées formant un Y dont la queue va jusqu'à la Val-d'Aoste, et les deux cornes viennent jusqu'à la vallée de Chamouny (Chamoigny). L'endroit où nous sommes montés était entre ces deux cornes, d'où nous voyions en plein la vallée qui forme une de ces cornes.

J'avais malheureusement oublié ma boussole, de sorte que je ne pus bien m'orienter par rapport à la situation de la glacière, mais je la crois à peu près du septentrion au midi. Ces vallées, quoiqu'au sommet d'une haute montagne, sont environnées d'autres encore plus hautes, dont les rochers arides et escarpés s'élèvent d'une hauteur immense, ressemblant en quelque façon à des bâtiments d'architecture gothique [et qui nous paraissaient infiniment plus hauts que la montagne où nous étions]. Il n'y croit rien, la neige y reste toute l'année, et nos guides nous assurèrent que les chamois, ni les oiseaux, n'allaient pas jusqu'au sommet.

Les chercheurs de cristaux vont, dans le mois d'août, au bas de ces rochers et frappent sur le roc avec des pics. S'ils entendent résonner, comme s'il y a un creux, ils travaillent et ouvrent le roc : ils trouvent des cavernes pleines de cristallisations. Nous aurions souhaité d'y aller, mais la saison n'était pas encore assez avancée ; les neiges n'étaient pas encore assez fondues.

Tant que notre vue pouvait s'étendre, nous voyions cette vallée. La hauteur des rochers qui l'environnaient rendait impossible d'en décider la largeur, mais je crois qu'elle doit être de près de trois quarts de lieue. Notre curiosité ne se borna pas là ; nous voulûmes descendre jusque sur la glace. Nous avions bien 400 pas à descendre. La descente était extrêmement rude, d'une terre sèche entremêlée de gravier et de petites pierres, qui ne nous donnaient point d'appui fixe pour nos pieds, de sorte que nous descendîmes moitié en tombant, moitié en glissant sur nos pieds et nos mains. Nous fûmes sur la glace : cela ne nous était pas difficile. La glace était extrêmement raboteuse. Nous y trouvâmes une quantité de fentes infinie ; nous en pouvions enjamber quelques-unes, d'autres avaient plusieurs pieds de largeur. Ces fentes étaient si profondes que nous n'en pouvions pas même voir le fond. Souvent les chercheurs de cristaux s'y perdent ; on retrouve au bout de quelque temps leurs corps [sur la glace] tout à fait conservés. Tous nos guides nous assurèrent que ces fentes changent continuellement, et que toute la glacière a un certain mouvement. En montant, nous entendîmes souvent comme des coups de tonnerre, que nos guides nous assurèrent être de nouvelles fentes qui se faisaient, mais il ne s'en fit point pendant que nous étions sur la glace. Je n'oserais décider si c'était cela, ou bien des avalanches ou des rochers qui tombaient. Cependant les voyageurs remarquent que dans le Groenland la glace se fend avec des éclats qui ressemblent au tonnerre, de sorte que ce pourrait bien être ce que disaient nos guides. Comme dans tous les pays ignorants on est assez superstitieux, ils nous firent plusieurs contes ridicules de sorciers, etc., qui venaient faire leur sabbat sur la glacière et danser au son des instruments ; nous aurions été fort surpris s'ils n'avaient pas eu de légendes pareilles.

Les bouquetins se tiennent souvent par troupes, au nombre de quinze ou seize, sur la glace. Nous n'en vîmes point ; il y avait bien des chamois, sur lesquels nous tirâmes, mais de trop loin pour faire quelque effet.

Il y avait de l'eau qui découlait continuellement de la glacière, que nos guides estimaient fort saine, et ils disent qu'on en peut boire [en tout temps] sans en ressentir la moindre incommodité, quand même on a bien chaud.

Le soleil y donnait avec beaucoup d'ardeur, et la réverbération de la glace et des rochers circonvoisins faisait qu'il y avait beaucoup d'eau dégelée dans les cavités de la glace, mais la nuit je crois qu'elle y gèle toujours.

Nos guides nous assurèrent que, du temps de leurs pères, la glacière était peu de chose, et que même il y avait un passage par ces vallées par lequel on pouvait, en six heures de temps, entrer dans le Val-d'Aoste, mais que la glacière avait accru considérablement, que le passage était à présent bouché et que la glace s'augmentait toutes les années.

Nous trouvâmes au bord de la glacière plusieurs morceaux de glace, que nous prîmes d'abord pour des rochers, qui étaient gros comme des maisons et qui étaient séparés de la glacière. Je ne comprends pas comment ils s'y sont formés.

Ayant resté à peu près demi-heure sur la glace et ayant bu en cérémonie à la santé de l'amiral Vernon et au succès des armes britanniques, nous grimpâmes avec une fatigue incroyable au sommet d'où nous étions descendus, la terre s'écroulant sous nos pieds à chaque pas. De là, après nous être reposés quelques moments, nous commençâmes à descendre et nous arrivâmes à Chamoigny (Chamouny) que la nuit commençait, au grand étonnement des gens du pays et même de nos guides, qui nous avouèrent qu'ils ne croyaient pas que nous eussions achevé notre entreprise.

Notre curiosité étant pleinement satisfaite, nous partîmes le lendemain de Chamouny (Chamoigny) et, ayant couché à Sallanches, nous arrivâmes le 23 à la Bonneville. La proximité de cet endroit au Môle nous inspira l'envie d'y monter : nous partîmes donc le matin à la pointe du jour de la Bonneville pour y aller.

Nous crûmes qu'après les glacières toute montagne nous paraîtrait facile ; cependant nous mîmes cinq grandes heures à monter au sommet du Môle, la pente étant d'une rapidité extraordinaire quoiqu'après avoir fait les deux tiers du chemin on se trouve dans une belle prairie qui va jusqu'au sommet, qui est absolument pointu, la montagne étant en pain de sucre et fort escarpée du côté opposé à Genève. De cette pointe on a une vue des plus charmantes, d'un côté, sur le lac de Genève et les pays circonvoisins, et de l'autre sur des montagnes escarpées qui fournissent une perspective des plus pittoresques. Après avoir resté quelque temps dans cet endroit, nous descendîmes la montagne et allâmes coucher à Annecy, d'où le lendemain nous retournâmes à Genève.

Il faudrait que ceux qui, dans la suite, auraient envie de faire ce voyage fissent en sorte de ne partir que vers la mi-août ; ils trouveraient beaucoup moins de neige sur les montagnes et pourraient aller aux mines de cristal et à la chasse des bouquetins. Ils trouveraient aussi les avoines coupées et leurs chevaux ne souffriraient pas tant. Quoique nous n'ayons rien trouvé de dangereux, cependant je recommanderais toujours d'aller bien armés ; c'est une précaution aisée et, dans certaines occasions, bien utile ; on ne s'en trouve jamais mal. Des baromètres pour juger de la hauteur des montagnes seraient fort utiles, s'il y avait des mathématiciens dans la compagnie [aussi bien qu'une lunette portative]. Une tente ne serait pas nécessaire, à moins qu'on ne voulût examiner tout avec la dernière exactitude et faire des observations. Dans ce cas, on la pourrait dresser sur la montagne [dite le Montanvert] et y rester, si on était obligé d'y passer la nuit, car il n'y fait pas extrêmement froid, et l'on pourrait s'assurer si les fentes de la glacière changent de jour en jour, comme on l'a dit. Même on pourrait examiner la glacière et faire beaucoup d'autres observations curieuses. Une personne qui saurait dessiner aurait de quoi s'exercer, soit dans la route, soit au même lieu. Enfin, les habiles gens feraient bien des choses que nous n'avons pas faites. Tout le mérite que nous pouvons prétendre, c'est d'avoir frayé le chemin à quelques curieux.

Il faut porter avec soi des viandes cuites et du salé, du pain et du vin, parce qu'on ne trouve rien de cela qu'en certains endroits, et le peu qu'on trouve est mauvais. Nous achetâmes des bêtes vivantes que nous fîmes tuer et apprêter sur-le-champ. Il est nécessaire de se pourvoir de licols pour attacher les chevaux, de fers à tous pieds et autres instruments pour ferrer les chevaux, qui se déferrent à chaque instant [et on doit avoir l'œil réciproquement sur les chevaux de ses compagnons pour voir s'ils ne sont pas déferrés].

Avec de telles précautions, tout voyage devient aisé et agréable, même dans les pays les plus sauvages, et l'on est plus en état d'examiner avec soin ce qu'ils offrent de curieux.

XXX
Les impressions du duc de la Rochefoucauld d'Enville à Chamonix.

Le succès des relations de Windham et Martel sur leur voyage aux glacières de Savoie attira, dans la seconde moitié du XVIIIe siècle, une quantité de touristes, à la grande surprise des Chamoniards ; l'un d'eux ne déclarait-il pas, dans un mémoire officiel daté de 1776, qu' « il n'y a rien de remarquable dans la vallée, à moins qu'on ne veuille dire que les glaciers qui y sont méritent attention, puisque la curiosité y attire beaucoup d'étrangers, qui regardent le Mont-Blanc comme très respectable, comme étant la montagne la plus élevée de notre globe » (1). En 1790, l'affluence des voyageurs était telle qu'on voyait arriver, durant les deux beaux mois d'été, jusqu'à trente touristes par jour.

Le duc de la Rochefoucauld, apparenté au célèbre auteur des *Maximes*, entreprit à dix-neuf ans le voyage de Chamonix, dont on parlait tant que, dans les meilleurs salons, quand on croyait avoir raconté un fait curieux, on entendait dire : « Cela est fort bien, mais tout cela comparé aux glacières est bien peu de chose. » Sa relation, la première qui ait été faite par un Français, remonte au 30 juillet 1762 ; elle est particulièrement précieuse par la curiosité d'esprit de l'auteur et l'abondance des observations personnelles (2).

---

(1) Statistique du notaire Paccard. (Arch. de la Haute-Savoie.)

(2) Bibl. Nat., ms. fr. 14657, publié avec des notes très curieuses par M. RAULET dans l'*Annuaire du Club-Alpin*, 1893.

... Nous partîmes le 30 juillet 1762, à 4 heures du soir, trois jeunes Genevois [Jalabert, Pictet et Claparède] et moi. Ces trois messieurs voulurent bien faire le voyage avec moi, dont je fus fort aise. Je ne pouvais certainement le faire en meilleure compagnie.

Nous avions fait partir le matin ce que nous avions jugé nous devoir être nécessaire sur la route. Nous emportions avec nous un excellent baromètre pour mesurer les hauteurs, deux thermomètres, dont l'un propre à être plongé dans l'eau, et une très bonne boussole d'Angleterre. Je menais deux domestiques, ces messieurs un, et un guide, tous montés d'assez bons chevaux de louage, et bien armés.

Après une heure et dix minutes de marche (ce qui fait un peu plus d'une lieue, les lieues de Savoie étant d'une heure), nous arrivâmes à Etrembières, petit village sur les bords de l'Arve (l'Arve est une rivière assez considérable qui sort des Glacières et qui vient se jeter dans le Rhône très peu au-dessous de Genève).

Nous marchâmes une heure vingt minutes pour arriver à Nangy, village très petit et fort misérable qui est situé au milieu d'une vallée assez fertile et où il y a des vignobles dont le vin est assez bon.

A trois quarts de lieue de Nangy est un autre village nommé Contamine-sur-Arve, un peu plus grand, mais au moins aussi misérable. Il est dans la même vallée que Nangy, et son terroir est de même nature.

De Contamine à la Bonneville, où nous couchâmes, il y a une grande lieue et demie, durant laquelle on côtoie le pied d'une montagne fort haute nommée le Môle.

La Bonneville est la capitale du Faucigny ; elle est fort petite, mais il y a quelques maisons assez bien bâties, et une place où se tient le marché qui est fort grande. Ce fut là que nous nous aperçûmes que notre baromètre était cassé et que le mercure était tombé ; nous en trouvâmes un autre que nous eûmes le bonheur de pouvoir arranger dans le bois où était enfermé le premier. Nous le gardâmes et nous le crûmes en sûreté après l'avoir bien entouré de foin et de papier.

Nous couchâmes dans des lits si affreux que nous regrettâmes de n'avoir pas couché sur la paille.

Nous en repartîmes le lendemain 31, à 7 heures du matin, et nous fîmes environ trois lieues pour arriver à Cluses, où nous dînâmes.

En sortant de la Bonneville on passe l'Arve sur un pont de pierre qui est fort bon ; on la repasse encore sur un autre pont de pierre pour entrer dans Cluses.

Entre le pont et la porte de cette petite ville est un rocher fort singulier ; il est très haut et fait le talus en sens contraire, pendant sur la tête des passants.

... Nous partîmes de Cluses à 4 heures après-midi, laissant en garde au cabaretier les malheureux débris de nos instruments, pour nous les rendre à notre retour.

A une heure de Cluses est un village nommé Maglans, fort bien bâti, quoiqu'en Savoie. Plusieurs habitants de ce village ont racheté les droits qu'ils doivent à leurs seigneurs ; ce qui est fort considérable, la plupart des Savoyards étant taillables à miséricorde. Ils sont tous maçons dans ce village.

Il y a aux environs de Maglans de très beaux échos qui répètent plusieurs fois les sons ; nous y tirâmes plusieurs coups de pistolet et quelques grenades dont nous avions apporté provisions.

Après avoir fait une seconde lieue, nous arrivâmes au Nan d'Arpenas. Il tombe de six ou sept cents pieds de haut et forme une cascade qui, quand elle est bien fournie, doit être très belle ; la grande sécheresse fut cause qu'y ayant très peu d'eau nous ne la vîmes pas dans toute sa beauté.

Du Nan à Sallanches, où nous couchâmes ce jour-là, il y a trois quarts de lieue. Avant que d'y arriver on passe un pont nommé le pont Saint-Martin ; il n'a qu'une arche très grande. L'Arve forme précisément dessous le pont une très belle cascade accompagnée d'un bouillonnement fort considérable causé par les rochers qui se trouvent en cet endroit.

Un juge mage, qui faisait sa tournée, occupait deux chambres passables dans l'unique cabaret qui fût à Sallanches ; nous fûmes réduits à une petite chambre très vilaine, aux lits de laquelle nous fûmes trois qui préférâmes de la paille dont on remplit des toiles à paillasse que nous avions apportées, ainsi que des draps, chose fort nécessaire.

Après avoir soupé, nous nous couchâmes ; un de ces messieurs eut l'audace de coucher dans un lit. L'envie de dormir nous empêcha de sentir les attaques des différents insectes qui, par le droit du premier occupant, habitaient la chambre. Nous dormîmes un peu.

Le 1er août, à 7 heures du matin, nous quittâmes Sallanches, et après avoir repassé le pont Saint-Martin, nous prîmes un guide pour éviter des marais où nous aurions couru risque de nous embourber. Après avoir fait trois grandes lieues et demie, nous arrivâmes à Servoz, lieu de la dînée.

Entre Sallanches et Servoz, on trouve à peu près à moitié chemin une montagne nommé Planagé, à laquelle il arriva il y a quelque temps une chose assez singulière. Pendant environ cinq ans, il s'en détachait souvent des morceaux. Elle est d'une pierre que l'on appelle, dans le pays, pierre de Luze ou molasse fusée. Enfin il y a environ deux ans, de nuit et par un fort beau temps, il s'en écroula une très grande partie avec beaucoup de bruit, et dans sa chute elle jeta de la poussière jusqu'à deux lieues. Le fait est certain ; pour les circonstances, nous les tenons des gens du pays. Beaucoup de personnes crurent dans ce temps-là que c'était un volcan qui s'y ouvrait, mais l'on en est maintenant désabusé.

Une demi-lieue avant Servoz est un Nan appelé le Nan des Bois, qui tombe d'aussi haut que le Nan d'Arpenas, mais dont la cascade se sépare en deux vers son milieu. Il faut le traverser et le passage en est assez difficile, même en temps sec, et dans les temps de pluie ou dans le temps de la fonte des neiges il doit être fort dangereux, parce qu'alors son lit devient fort large et qu'il est malaisé de retrouver le chemin, qui n'est pas tracé dans cet endroit-là.

En tout, le chemin de Sallanches à Servoz est très mauvais : il faut toujours monter et descendre au milieu des pierres.

Nous dînâmes à Servoz, dans un grenier. Une langue fourrée que nous avions apportée, et une omelette que nous fîmes faire, composèrent ce dîner, n'y ayant rien de plus dans le cabaret.

Près de Servoz, de l'autre côté de l'Arve, il y avait autrefois un lac sur les bords duquel était une ville nommée Saint-Denis (et non point Saint-Pierre comme l'ont dit Windham et d'autres voyageurs).

Dans cette ville ou tout auprès, était un château nommé Saint-Michel. Un beau matin le lac s'écroula dans l'Arve et emporta la ville avec lui : l'on voit encore les ruines du château. Il y a cent et quelques années de cet événement. Nous avions été chargés de nous informer de ce fait. Voilà ce que les gens du pays nous en ont dit ; vous pouvez en juger et je ne l'assurerai pas.

En sortant de Servoz, on côtoie une montagne nommée Promenas (*Pormenaz*), où les gens du pays disent qu'il y a des mines d'argent et d'antimoine. Je n'en ai pu avoir de minerais ; mais j'en rapporte de plomb et de soufre qui se trouvent à Promenas et aux Chenets, montagne voisine.

Nous partîmes de Servoz à 3 heures ; après avoir fait une bonne demi-lieue, nous arrivâmes au pont Pelissier ; c'est un pont de bois sur lequel nous traversons l'Arve. Tout à côté est une montagne où il y a une mine qui a été exploitée autrefois, et qui est maintenant abandonnée ; nous ne fûmes la voir qu'en revenant, mais je vais toujours vous en parler à présent. On ne peut pas y descendre, parce que l'eau l'a remplie ; mais dessus et autour nous trouvâmes des minerais de cuivre, de plomb, de soufre et peut-être d'argent dans le plomb. Sur quelques-uns de ces minerais il y a un peu de cristal qui commence à croître. Je rapporte tout ce que j'ai pu trouver de plus riche et de plus beau.

Au sortir du pont Pelissier est un chemin d'environ trois quarts de lieue de long, qu'on nomme les Montées, passage fort difficile. C'est un escalier composé de gros morceaux de rochers arrangés par les mains de la nature, et point du tout symétriquement ; la plupart sont fort glissants, et en quelques endroits le chemin qui, dans toute la longueur, est bordé d'un précipice assez profond, au bas duquel est l'Arve, devient très étroit. Nous fûmes obligés de faire le chemin à pied et, après avoir mis la bride sur le col de nos chevaux, nous les laissâmes aller comme ils purent, ayant eu soin de faire marcher à leur tête un homme pour les arrêter ou les conduire en cas de besoin, tandis que nos gens à la queue avaient soin des traîneurs. Comme heureusement ces animaux étaient montagnards, ils s'en tirèrent fort bien.

Après avoir grimpé les Montées, nous nous nous trouvâmes dans la vallée de Chamonix, vallée qui nous parut la Terre promise, tant nous souhaitions d'y arriver. Ce fut alors que nous vîmes d'un peu plus près les Glacières que nous avions déjà aperçues de Sallanches et de Servoz. Nous vimes le 1er d'août la glace qui descendait jusqu'au fond de la vallée, tandis que le soleil nous rôtissait les épaules.

Au haut des Montées nous reprîmes nos chevaux et, après avoir fait deux mortelles lieues, par un chemin dont le fond est de roc inégal et en traversant à gué plusieurs Nans qui descendent des Glacières, nous arrivâmes à Chamonix. L'honnête prieur de ce lieu nous engagea à aller loger chez lui, ce que nous acceptâmes avec grande joie, espérant y être mieux qu'au cabaret ; il nous reçut fort bien et nous donna trois chambres dans chacune desquelles était une paillasse sur un bois de lit.

Nous reçûmes à notre arrivée la visite d'une partie des paysans de Chamonix, qui briguèrent l'honneur de nous conduire le lendemain pour voir la glace ; nous en choisîmes six à qui nous donnâmes l'ordre, et nous fixâmes le départ à 4 heures du matin. Nous soupâmes de bonne heure avec M. le curé et M. son vicaire, qui nous parurent bonnes gens. Après le souper, nous observâmes le seul thermomètre qui nous restât ; il était à 9 heures du soir à 13 degrés au-dessus de la congélation.

L'observation faite, nous nous couchâmes et dormîmes fort bien.

Nous nous fîmes réveiller le 2, à 3 heures et demie, le thermomètre étant à 10 degrés. Nous nous préparâmes aussitôt à partir, mais nos guides nous firent attendre si longtemps que nous ne pûmes partir qu'à 4 heures trois quarts. Nous nous mîmes en marche et voici comment : tous à pied, armés de longs bâtons au bout desquels était une pointe de fer pour pouvoir s'appuyer en sûreté, et afin qu'ils ne glissassent point. Quatre de nos guides portaient des hottes dans lesquelles étaient nos provisions ; deux restèrent libres pour aider ceux qui auraient de la peine à marcher dans la montagne que nous avions à monter, ou plutôt à grimper.

Après un quart d'heure d'une marche assez leste, nous arrivâmes au pied de la fameuse montagne dont le haut s'appelle Mont-Tanvert (*Montenvers*) et en langage savoyard Mont-Tainvert. Alors nous commençâmes à monter par un chemin assez rapide et pierreux, mais que nos guides nous assurèrent être un chemin à carrosses, en comparaison de ceux que nous aurions. Presque au pied de la montagne nous nous séparâmes en deux bandes ; deux de nos compagnons, plus forts et plus agiles, prirent les devants, et montèrent la montagne en trois heures. Ils prirent avec eux un guide ; le troisième Genevois et moi, accompagnés de nos trois domestiques et de cinq guides, nous marchâmes plus lentement et nous eûmes moins de fatigue.

Après avoir monté une demi-lieue, nous arrivâmes à un chalet assez grand où nous trouvâmes du beurre qui nous servit pour déjeuner. Nous recommençâmes à monter par un chemin assez difficile, et pendant lequel, pour éviter les chutes que les pierres dont est composé le chemin auraient pu rendre dangereuses, je fus obligé de prendre à la main un bout de ma redingote qu'un des paysans tenait sur son épaule.

Au quart de la montagne nous trouvâmes une source fort limpide qui nous excita à boire de son eau, que nous mêlâmes avec de l'eau cordiale que nous avions apportée. Après nous être un peu reposés, nous regrimpâmes, le chemin devenant de plus en plus mauvais à mesure que nous montions. A moitié chemin nous fîmes rencontre d'une autre source, au moins aussi claire que la première : nouvelle invitation à boire. Nous y succombâmes, mêlant cependant toujours de l'eau cordiale pour éviter le mal que nous aurait pu faire l'eau pure. Nous nous remîmes en marche, et le chemin était si mauvais que je fus obligé de me faire soutenir par un et quelquefois par deux paysans qui, heureusement, étant montagnards, avaient les pieds fort sûrs.

Vers les trois quarts de la montagne est un pas dangereux ; il faut faire une trentaine de tours à travers des pierres fort grosses et roulantes. Au haut de cette pente est un rocher dont il tombe très souvent des morceaux ; le bruit seul, à ce que nous dirent les paysans, suffit pour en détacher ; ils nous y firent passer en silence. Enfin, après avoir descendu un peu par une pente extrêmement roide, nous remontâmes de nouveau pour arriver à un chalet qui est environ aux 7/8 du Mont-Tanvert. Il était alors 9 heures et demie.

En arrivant à ce chalet, nous sentîmes un vent assez froid qui nous obligea de reprendre nos redingotes, que nous avions quittées pour marcher plus légèrement, étant en veste. Aussitôt nous tirâmes une grenade, signal qui était convenu avec ceux des nôtres qui avaient pris les devants ; ils nous répondirent tout de suite, et nous nous mîmes en marche pour les aller rejoindre sur le glacier où ils étaient.

Après avoir marché un quart d'heure par une descente, partie douce et partie roide, nous arrivâmes à la Pierre aux Anglais, où nous les trouvâmes. La Pierre aux Anglais est une pierre qui a quinze ou seize pieds de long sur cinq ou six de large ; elle est située sur la pente de la montagne, quelques toises au-dessus de la glace ; elle est consacrée pour dîner le jour qu'on monte le Mont-Tanvert, et tire son nom des Anglais, qui sont les premiers qui s'en soient servis pour cet usage. On peut se mettre dessus ou dessous, car le dessous forme une caverne qui a les mêmes dimensions, et où l'on serait assez commodément.

Nos compagnons nous montrèrent les observations qu'ils avaient faites. Le thermomètre, à 9 heures du matin, posé sur la glace, était à 6 degrés au-dessus de la congélation, et trempé dans l'eau d'une fente (elles sont communes), il ne descendit que d'un demi-degré et fut à 5 ½. Nous voulions renouveler les observations à midi, mais le thermomètre s'était malheureusement cassé aussitôt après celle-là.

Nous descendîmes sur la glace, sur laquelle il est assez difficile de marcher parce qu'elle n'est pas unie, et que même il y a d'assez grandes hauteurs. On y trouve plusieurs fentes extrêmement profondes, plus ou moins larges, quelques-unes même le sont beaucoup. La direction de ces fentes est presque de traverser diagonalement le glacier ; elles sont pleines de l'eau de la glace que le soleil fait fondre et qui regèle toutes les nuits, hors dans les chaleurs les plus excessives. Comme il faisait un grand soleil, nous eûmes assez chaud pour être obligés de déboutonner nos redingotes, afin de nous donner de l'air. Après y être restés assez longtemps et n'y avoir eu qu'un peu froid aux pieds, nous retournâmes dîner sur la Pierre aux Anglais, où nous eûmes très chaud. L'eau que nous tirions des fentes de la glace s'échauffait dans le petit trajet qu'il fallait faire pour nous l'apporter. Après avoir mangé un jambon que nous avions apporté de Genève et bu du vin, du lait et de la crème, nous nous reposâmes un peu et nous nous remîmes en marche pour le chalet. Vous avez ci-joint une vue du glacier prise sur la Pierre aux Anglais. Il ressemble à un bras de mer qui, dans le moment d'une fort grande agitation, se serait congelé. D'un bout il va, par une pente assez roide, se rendre dans la vallée de Chamonix, et de l'autre va joindre un autre glacier qui descend entre le Mont-Blanc et l'Aiguille du Midi, aussi dans la vallée de Chamonix. Ces deux-là réunis descendent d'une vallée immense de glace que les paysans nous ont dit être parallèle à la vallée. Nous ne pûmes pas la voir, parce qu'il aurait fallu monter sur des montagnes inaccessibles à tous autres gens qu'aux Savoyards. Suivant ce qu'ils disent, cette grande vallée est unie comme la glace d'un miroir, longue à peu près de cinq lieues et large au moins d'une, sans aucune fente ; mais plusieurs autres personnes prétendent qu'il y a de grandes fentes qui la divisent en compartiments à peu près carrés. Elle va se rendre dans le Val d'Aoste, qui est vis-à-vis, par plusieurs glaciers semblables à ceux qu'on voit dans la vallée de Chamonix. Ce qui est certain, c'est qu'il y a environ quarante ans il y avait une communication établie entre Courmayeur, petit village du Val d'Aoste, et Chamonix. Voici à peu près le chemin qu'ils tenaient. Ils montaient le mont Logan (*Lognan*), qui est de l'autre côté du glacier des Bois (c'est le glacier sur lequel nous fûmes), ils passaient derrière l'Aiguille du Dru, montagne placée exactement vis-à-vis le Mont-Tanvert, trouvaient là, derrière, la grande vallée de glace qu'ils traversaient, et descendaient dans le Val d'Aoste aux environs de Courmayeur par un glacier semblable à celui que nous vimes, ou bien par quelque montagne voisine. Le chemin était à peu près de six à sept heures. Un frère d'un de nos guides est le dernier qui est fait ce chemin. Un changement arrivé subitement dans la vallée, qui y est fort sujette, lui rendit le retour impraticable par cette route. Il fut obligé de revenir par le Mont-Saint-Bernard et le Valais, ce qui fait un tour considérable (3).

Il y a cinq glaciers semblables à celui des Bois

---

(3) M. de la Rochefoucauld relate cette tradition d'un passage direct et facile entre Chamonix et Cormayeur. Bordier, en 1772, trouva à Sallanches « un capucin, homme d'esprit, qui prétendait avoir traversé sur la glace, de la cité d'Aoste à Chamonix, dans quatorze heures de marche. » (*Voyage pittoresque aux glacières de Savoye fait en 1772*, par M. B., Genève, 1773, p. 290.) Une carte de Sanson publiée chez Jaillot en 1675 : *Les montagnes des Alpes, où sont remarqués les passages de France en Italie*, indique un chemin allant

qui descendent de cette grande vallée dans celle de Chamonix. De ces glaciers sortent des Nans et des ruisseaux qui viennent se jeter dans l'Arve. Les gens du pays prétendent que la grande Glacière et les glaciers qui en découlent augmentent pendant sept ans et diminuent ensuite pendant le même temps, ce que je ne crois point ; mais ce qu'il y a de certain c'est qu'il arrive très souvent de grands changements, soit par les fentes comme il y en a dans les glaciers, soit par la fonte des neiges qui découlent des montagnes dont sont dominées les Glacières.

... Nous quittâmes la Pierre aux Anglais à midi et nous arrivâmes au chalet à midi un quart. Nous en repartimes à une heure, très légèrement vêtus à cause de la chaleur excessive qu'il faisait. Le soleil, qui donnait à plomb sur le penchant de la montagne, avait excessivement échauffé les endroits que les sapins dont elle est à moitié couverte laissaient en proie à ses rayons. Nous désirions ardemment la source qui est au milieu de la montagne ; la soif nous pressait, et la fatigue, jointe à la chaleur, nous obligeait de nous arrêter à chaque ombrage que nous trouvions et de nous étendre un moment par terre, cherchant à nous rafraîchir, et le cherchant inutilement. Ce fut ici que les bâtons ferrés nous servirent beaucoup. On les enfonce dans les endroits où le roc est couvert d'un peu de terre, toujours du côté le plus haut, et, s'appuyant fortement dessus, on se laisse glisser. La descente est beaucoup plus rude que la montée, parce qu'en descendant tous les muscles, étant fortement tendus, se fatiguent beaucoup plus vite qu'en montant, où ils sont pliés. Enfin, après deux heures et demie de marche et de repos fréquents, mais courts, nous arrivâmes à la source chérie ; mais, hélas ! elle était presque tarie, et pour avoir un verre d'eau il fallait un temps assez considérable. Comme, un moment

---

de « Chamonix à Cormayeur passant par le Col major». Voir Windham, Bourrit, Ch. Durier, Coolidge, Vaccarone (pour le versant italien), etc.

après, elle devint un peu plus abondante, nous bûmes de son eau à longs traits, d'abord avec un peu d'eau cordiale, et ensuite l'eau pure. Nous y prîmes un peu de repos, et nous marchâmes ensuite vers l'autre source, que nous trouvâmes après une heure de marche. Nouvelle chaleur, nouvelle soif, nouveau plaisir à boire ; nous le goûtâmes tout à notre aise, couchés à l'ombre des sapins.

Nous nous remîmes en route quelque temps après pour arriver au chalet où nous avions déjeuné ; nous y bûmes du lait et nous y reposâmes jusqu'au coucher du soleil. Jusque-là le chemin était si affreux que je marchai toujours aidé d'un ou de deux paysans. Il nous fallut encore trois quarts d'heure pour arriver à Chamonix ; en y arrivant, nous mangeâmes des fraises, nous changeâmes de tout, nous soupâmes et nous nous couchâmes, le tout fort vite. Nous dormîmes neuf heures ; il y eut un de mes compagnons de voyage, à qui beaucoup de lait qu'il avait bu et six assiettées de fraises, qu'il mangea tout de suite, donnèrent une violente colique, qui l'empêcha de dormir.

Suivant notre calcul, nous fîmes ce jour-là cinq lieues de Savoie, qui en valent bien huit de France.

Le lendemain 3, à 7 heures du matin, la pluie qu'il avait fait toute la nuit ayant cessé, nous partimes pour aller voir la source de l'Arvairon. Nous commençâmes par bien déjeuner avec des œufs frais et du beurre, ce qui composait tous les jours notre déjeuner. Celui de ces messieurs qui avait eu la colique trouva le moyen de s'en guérir en mangeant deux fois plus qu'à son ordinaire.

Après une heure de marche, nous arrivâmes dans un bois où nous laissâmes nos chevaux ; en un quart d'heure nous montâmes sur une hauteur très proche de la source et d'où nous la voyions à merveille. Un demi-quart d'heure avant que d'y arriver, nous entendîmes un bruit semblable au plus fort tonnerre. C'était une très grosse avalanche de glace qui tombait : nous en vîmes tomber devant nous quelques petites.

... Nous achetâmes à Chamonix des cristaux et des marcassites. Je rapporte deux belles matrices de cristal, un morceau de cristal noir et plusieurs morceaux de cristal blanc. Il se trouve dans ces rochers nus dont je vous ai parlé ci-dessus ; il est attaché au rocher et croît dans des creux. Les paysans savent où ils en trouveront par un certain son aigu que les coups de marteau font rendre aux rochers qui en contiennent. Les marquisettes ou pierres de santé sont des marcassites qu'on trouve sur le Mont Logan, au pied de l'Aiguille du Dru ; elles se taillent et se brillantent, comme vous le pouvez voir par celles que j'apporte. Les paysans nous ont dit qu'il y en avait des mines qu'on ne fouille pas, en trouvant suffisamment sur la surface de la terre ; ils disent encore que partout où l'on trouve du cristal on trouve aussi d'autres mines de toute espèce.

Il faut à présent vous parler un peu de la vallée de Chamonix.

... Il y a deux paroisses, outre celle de Chamonix ; les habitants de celle-ci, pour la plupart, sont à leur aise pour des Savoyards. Il y en a presque toujours un tiers à Paris, d'où ils rapportent du bien. Ils en rapportent aussi le jeu. Nous fûmes on ne peut pas plus étonnés en apprenant, le lendemain de notre arrivée, que le domestique d'un de mes compagnons de voyage avait passé une partie de la nuit à jouer au breland avec plusieurs paysans de Chamonix. Ils sont bonnes gens, mais rusés. Ma qualité de Français et de premier Français qui eût voyagé dans ce pays fut cause qu'ils me reçurent très bien ; plusieurs me connaissaient, et entre autres j'en trouvai un qui avait frotté un mois au logis.

... Nous partîmes le 4 à 5 heures du matin, et nous revînmes coucher à Sallanches dans notre même chambre, ayant à notre porte une compagnie de cent mulets. Nous arrivâmes le lendemain 5 à Genève.

... Quoique nous n'ayons fait aucune mauvaise rencontre, et que même l'on n'entende parler sur cette route que de contrebandiers polis pour tout le monde, hors pour les employés, je crois qu'on fait bien de porter des pistolets, ne fût-ce que pour les échos. Il est agréable aussi de porter des grenades.

Ceux qui voudront faire des observations, pour qu'il ne leur arrive pas les mêmes malheurs qu'à nous, doivent porter plusieurs gros tubes de Torricelli et quelques fioles de mercure, afin que, s'il s'en casse, ils en aient toujours de reste. Une autre chose fort utile, ce serait un graphomètre pour mesurer les hauteurs des montagnes et comparer ces observations avec celles du mercure.

Les gourmands, ou bien ceux à qui le régime des œufs et du laitage ne conviendront pas, feront bien d'apporter des viandes salées. Il faut aussi avoir avec soi une toile à paillasse et des draps, ou bien coucher dans des lits auxquels le bivouac est préférable.

XXXI

Comment le physicien genevois Deluc fut pris pour un sorcier par les gens de Sixt.

Le genevois Jean-André Deluc, auteur de divers travaux de météorologie qui lui valurent, en 1773, l'honneur d'être nommé lecteur de la reine d'Angleterre, commença à 17 ans sa première excursion scientifique dans les Alpes de Savoie. Il fut de suite conquis par le charme de la montagne.

C'est lui qui fut si vivement impressionné par la beauté du type de Vallorcine. « Presque au pied du Buet, disait-il, est une agréable vallée qu'on nomme la Valorsine, dont les habitants peuvent être rangés parmi les plus belles races humaines. Je me rappelle encore avec le plus grand plaisir un spectacle délicieux que j'y eus il y a 20 ans. Je passais dans cette vallée avec mon frère, trois Anglais et nos domestiques, ce qui faisait une cavalcade... Nous passâmes au milieu de tous les habitants de la vallée [le jour de la fête de Notre-Dame, à l'issue de la messe]. Notre cortège fit tourner vers nous les visages. Je n'ai jamais rien vu de plus réjoui ni de plus réjouissant. Toutes les femmes étaient robustes et jolies, et les hommes ne déparaient pas ces groupes. » (1)

---

(1) Deluc, *Lettres sur les Montagnes*, La Haye 1778, p. 16.

Le Buet, ce splendide belvédère de 3.109 mètres d'altitude, fut particulièrement le centre des observations météorologiques de Deluc. Au mois d'août 1765, après avoir couché à Sixt à l'abbaye, il monta aux Granges de Commune, pensant de là atteindre le Buet, pour expérimenter un thermomètre à eau bouillante, qu'il cassa malheureusement en cours de route ; il enregistra, en passant, cette curieuse opinion des habitants sur l'une des causes des avalanches : « Les montagnards sont convaincus que le son des sonnettes de leurs mulets suffit seul pour déterminer cette chute de neige. Aussi, dans les passages dangereux, ils ôtent toujours ces sonnettes au printemps. Quelquefois aussi, quand les avalanches ont trop tardé de se faire en des endroits où elles se font annuellement, ils cherchent à les accélérer en tirant des coups de fusil dans les environs. » (2)

Le 25 août 1770, Deluc recommença l'ascension du Buet avec son frère et un ami ; il ne put suivre le chemin des Fonds, faute d'un guide expérimenté, reprit celui des Granges des Communes, et parvint au sommet du Grenairon, où il expérimenta à grande peine son thermomètre, à cause de la difficulté de faire bouillir de l'eau à cette altitude. Pendant qu'il était occupé à souffler la braise pour la maintenir allumée, le guide, à ce que raconte l'un des compagnons de route de Deluc, « après s'être émerveillé un moment de ce que nous grimpions les rochers pour y faire bouillir de l'eau, ce qui lui paraissait bien ridicule, se jeta lourdement à terre et s'assit sur un de mes pieds, qui malheureusement portait à faux pas sur des rocailles. Aux cris que je fis, il se releva ; mais le mal était fait : il m'avait foulé le pied. »

Le malheureux physicien dut redescendre appuyé sur le bras de son frère — le guide s'étant enfui, moins par méchanceté que pour aller traire ses vaches et les rassembler avant la nuit — cou-

---

(2) Ces détails et les suivants sont extraits de la *Relation de divers voyages dans les Alpes de Faucigny* par MM. D. et D. Maestricht, 1776.

cher à la belle étoile sans manteau par un froid de 0°, repasser par les Granges des Communes, renouveler là l'expérience du baromètre et celle de la chaleur de l'eau bouillante, rassembler ses instruments et revenir à Sixt, où il y avait foule, car c'était l'heure de la messe. Les montagnards crurent voir arriver des chercheurs de mines. « La vue d'étrangers, est-il dit dans la relation de ce voyage, venant de la montagne et portant des instruments, attira leur attention. Ces gens-là s'imaginent toujours qu'on vient dans leurs montagnes pour y chercher des mines ; et lorsqu'on entreprend sérieusement de leur rendre compte d'observations telles qu'étaient les nôtres à leurs yeux, ils ricanent, comme pour montrer qu'ils ne sont pas dupes. Quelques-uns des montagnards de Sixt cherchèrent à nous tirer à l'écart pour nous enseigner des lieux où ils avaient remarqué les traces de quelques minéraux. « Enseignez-nous un chemin pour aller sur le glacier, leur disions-nous avec impatience, voilà ce que nous cherchons. »

Dans une autre excursion, Deluc avait eu l'occasion de connaître les idées singulières que se font les montagnards du but de ceux qui les visitent. « Pour vérifier ses observations barométriques sur la mesure des hauteurs, il avait eu besoin de mesurer ses stations avec un quart de cercle ; il lui fallut en conséquence des signaux. Et comme l'une de ces stations était dans un bois, il y porta pour signal une serviette qu'il cloua au tronc d'un arbre, avec plusieurs clous, afin qu'on ne pût aisément l'enlever. Réfléchissant ensuite qu'à l'appât d'une serviette c'était en joindre un autre assez puissant pour des montagnards que de multiplier ainsi les clous, et n'ayant pas le temps de les arracher, il voulut diminuer au moins la tentation, et fit à sa serviette mille incisions en tous sens. Pour compléter ces précautions, il suspendit au bout d'une ficelle et dans un des lambeaux de la serviette une pièce de monnaie, espérant que les montagnards, devinant par là qu'il avait un but, voudraient bien ne pas le troubler, en faveur de la bonhomie qui lui faisait ainsi exposer de l'argent. Ce n'est pas la première fois qu'un philosophe a eu tort de juger du cœur des autres par le sien : « Il y a pour lui des coins inconnus dans l'esprit humain, et celui-ci, pour dire vrai, était difficile à deviner. *C'est un sorcier*, dirent ceux qui virent cet appareil comique. *Voyez ces figures cabalistiques sur la serviette et cet argent pour payer le Diable.* M. Deluc vient pour prendre ses angles, cherche inutilement son signal et envoie un messager dans la montagne pour savoir ce qu'il était devenu. Cet homme, en passant près de l'église, voit des guenilles pendues à la porte, s'approche, et reconnait la serviette en lambeaux, les clous et l'argent. Il demande ce que cela signifie. *On a trouvé*, lui dit-on, *l'appareil d'un grand sortilège dans la montagne, heureusement on l'a prévenu : le curé et le vicaire s'y sont rendus avec de l'eau bénite, et l'exorcisme a réussi.* Le bon curé, qui n'était pas cagot, avait soupçonné l'usage de la serviette ; mais il avoua ensuite qu'étant suspect à son évêque, il n'avait pas voulu qu'on pût l'accuser auprès de lui de favoriser la sorcellerie ».

Deluc alla se reposer à Genève puis, le 20 septembre de cette même année 1770, il partit de nouveau de Sixt pour faire l'ascension du Buet par la route des Fonds. Il coucha dans un chalet garni de sièges, de tables et de lits, et remarqua que « l'on ne ferme pas ces cabanes à clef, quoiqu'elles restent toujours meublées ». Empêché par l'orage de faire l'ascension du Buet, il put toutefois atteindre le chalet de Grasse-Chèvre, et de là se réfugier sous un sapin, qui le mit si merveilleusement à l'abri que, malgré la pluie, il continua « à y faire commodément les observations de la chaleur de l'eau bouillante et du baromètre ».

Il fallut revenir coucher à Sixt ; mais le surlendemain, nouvel essai pour l'ascension du Buet, toujours par la route des Fonds. Ce fut, ce jour-là, un beau souvenir d'alpiniste. « Parti avec le plaisir qu'on n'éprouve qu'après de grands obstacles, déclare l'un des membres de la petite caravane genevoise, ...nous montions sur une sommité isolée, les objets les plus voisins s'abaissaient et nous en découvrions continuellement de nouveaux par derrière ; et le mélange d'une vive lumière à de grandes masses d'ombre affaiblies çà et là par des vapeurs éclairées détachaient merveilleusement toutes les parties de ce tableau changeant. Nous étions en marche depuis plus de trois heures par des chemins bien fatigants, et cependant, soit satisfaction d'atteindre enfin notre but, et dans un moment si favorable, soit plaisir d'étendre toujours plus notre vue, soit effet physique de la nature de l'air que nous respirions, ou le tout ensemble, nous sentions une ardeur à monter que rien n'arrêtait. »

Deluc et ses compagnons de route atteignirent enfin le sommet du Buet, et furent de retour à l'abbaye de Sixt à 8 heures et demie du soir. Deux ans plus tard, le 29 août 1772, le physicien fit encore l'ascension du Buet pour expérimenter un nouvel hygromètre, qui fut ensuite l'objet d'un mémoire très remarqué à la Société royale de Londres. Ce nouveau séjour dans les Alpes du Faucigny donne au pasteur Dentand, qui accompagnait le physicien, l'occasion de faire un remarquable éloge de l'hospitalité des montagnards et exprimer des « vœux pour la conservation d'un asile dont les tranquilles habitants rachetaient l'inutilité de leur vie par l'hospitalité qu'ils y exercent »

La caravane, arrivée aux chalets d'Anterne après le coucher du soleil, frappa à la porte d'une cabane dont la lumière se voyait. « Elle appartenait, raconte Dentand, à deux femmes que nous trouvâmes avec une petite compagnie rassemblée autour du feu. Ces bonnes gens, étonnées d'abord de voir des étrangers dans un lieu où il n'aborde que quelques chasseurs, des bergers et leurs troupeaux, nous reçurent ensuite avec l'hospitalité la plus tendre ; la cabane étant trop petite pour nous loger tous, la compagnie se retira et nous laissa avec la maîtresse du chalet et sa compagne. Cette honnête femme nous offrit de bon cœur toutes ses provisions, c'est-à-dire du laitage ; elle voulait même nous céder son lit, mais nous le refusâmes ; et au pied des planches qui formaient cette espèce de lit, elle étendit un tas d'herbes sèches sur lequel nous nous jetâmes pour passer la nuit, et elle se coucha ensuite avec sa compagne. Si la petitesse de la cabane, l'impossibilité de nous donner une retraite séparée eut gendarmé la pudeur de ces femmes, nous eussions passé une fort mauvaise nuit. Heureusement pour nous, elles n'étaient pas venues dans nos villes apprendre à rougir de l'apparence du mal, pour acquérir, ce semble, le droit de ne plus rougir du mal même. »

Les Genevois purent ensuite faire leur ascension au Buet, mais, au retour, furent pris par la nuit avant d'avoir pu regagner les chalets d'Anterne. Leurs deux hôtesses, averties par leurs cris, allèrent à leur rencontre en allumant des tisons, et leur donnèrent de nouveau l'hospitalité. « Elles semblaient chercher le plaisir de nous plaindre et de nous consoler. Je crois encore les entendre s'écrier : les pauvres hommes. Mon cœur leur répondait : les excellentes femmes... Le désintéressement de ces bonnes femmes qui les porta à refuser les légères marques de notre reconnaissance acheva de nous toucher. »

Cet hommage rendu par un Genevois à d'humbles chalesans du col d'Anterne rappelle cette belle page d'un autre illustre Genevois, de Saussure, sur l'hospitalité qu'il rencontra à la même époque dans les montagnes de Savoie (3).

« Si l'on peut espérer de trouver quelque part en Europe des hommes assez civilisés pour n'être pas féroces et assez naturels pour n'être pas corrompus, c'est dans les Alpes qu'il faut les chercher ; dans ces hautes vallées où il n'y a ni seigneurs ni riches, ni un abord fréquent d'étrangers. Ceux qui n'ont vu le paysan que dans les environs des villes n'ont aucune idée de l'homme de la nature. Là, connaissant des maitres, obligé à des respects avilissants, écrasé par le faste, corrompu et méprisé, même par des hommes avilis par la servitude, il devient aussi abject que ceux qui le corrompent. Mais ceux des Alpes, ne voyant que leurs égaux, oublient qu'il existe des hommes plus puissants ; leur âme s'ennoblit et s'élève ; les ser-

---

(3) *Voyage dans les Alpes*, éd. de Neuchâtel, 1803, tome I, p. XII.

vices qu'ils rendent, l'hospitalité qu'ils exercent n'ont rien de servile ni de mercenaire ; on voit briller en eux des étincelles de cette noble fierté, compagne et gardienne de toutes les vertus. Combien de fois, arrivant à l'entrée de la nuit dans des hameaux écartés, où il n'y avait point d'hôtellerie, je suis allé heurter à la porte d'une cabane ; et là, après quelques questions sur les motifs de mon voyage, j'ai été reçu avec une honnêteté, une cordialité et un désintéressement dont on aurait peine à trouver ailleurs des exemples. Et croirait-on que dans ces sauvages retraites, j'ai trouvé des penseurs, des hommes qui, par la seule force de leur raison naturelle, se sont élevés fort au-dessus des superstitions dont s'abreuve avec tant d'avidité le petit peuple des villes ? Tels sont les plaisirs que goûtent dans les montagnes ceux qui se livrent à leur étude. »

XXXII.

De quelques précurseurs de Baedeker au XVIIe et au XVIIIe siècles.

Les plus anciens guides des voyageurs à travers la France et la Savoie sont dus à des étrangers. Le commencement du XVIIe siècle vit éclore toute une littérature, dont l'une des plus remarquables productions fut l'*Ulysses Belgico-Gallicus* qu'un lettré de Dantzig, Abraham Golnitz, fit paraître tout d'abord à Leyde, en 1631, dans la célèbre collection des Elzevirs.

Golnitz traversa à diverses reprises les routes de la Savoie, en 1629 et en 1630.

Pour se rendre de Genève à la Grande Chartreuse, notre voyageur, sous la conduite de guides, payés tous frais compris à raison de quatre florins de France par jour, après avoir quitté Plainpalais, pasa l'Arve sur un pont couvert qui servait de frontière entre Genève et la Savoie. La première bourgade où l'on fit halte fut l'Eluiset, dont l'auberge de la *Croix-Blanche* était des plus médiocres, et comme nourriture et comme chambres.

Le lendemain, on traversa le Fier sur un pont

d'une seule arche, au lieu dit le Copet, apercevant dans le lointain les ruines du fort de l'Annonciade, pour arriver à midi à Rumilly, à l'hôtel du *Cheval-Blanc*, après avoir franchi le Chéran sur un pont de deux arches. Les fatigues d'une route accidentée suggèrent au voyageur une comparaison musicale : « Il n'y a pas autre chose à noter, déclare Golnitz en parlant de Rumilly, que des chemins pierreux. Presque toute la Savoie, d'ailleurs, s'élève sur des montagnes, et peut être comparée à la gamme musicale ut, ré, mi, fa, sol, la, à cause des hauteurs et des vallées. Le sol est caillouteux, marécageux et froid, et produit peu de fruits, bien qu'il y en ait cependant suffisamment pour la population. » On alla coucher dans un petit pays, difficile à identifier (appelé par l'auteur Trochon) à proximité de la tour de Montfalcon, et dont l'auberge à la *Croix-Blanche* était, à dire vrai, peu recommandable à cause de la malpropreté des lits et de la rusticité des gens.

Le jour suivant, laissant à gauche la tour de Brison-Saint-Innocent et à droite le lac du Bourget, Golnitz arrive à Aix. « Ce qui donne de l'éclat à cette localité, dit-il, ce sont ses deux sources thermales, l'une sulfureuse, l'autre nitreuse, d'une eau très limpide. Les bassins sont grands et les réservoirs sont construits en pierres carrées bien appareillées ; les enfants qui s'y baignent nagent avec tant d'habileté qu'on les voit prendre avec la bouche et rapporter, sans le secours des mains, la pièce de monnaie qu'on leur jette. A la source nitreuse, la canalisation amène une eau très douce, chose très rare à voir. » D'Aix, Golnitz se rendit à Chambéry, en passant à proximité du château de Sonnaz et en dévalant à travers des vignes coupées d'amandiers et de pêchers ; il se logea à l'hôtel de la *Pomme d'Or*, au faubourg Saint-Antoine.

La capitale de la Savoie intéressa médiocrement notre touriste. Le Château, tout au moins à l'extérieur, attira cependant son attention, mais l'intérieur lui parut indigne de la façade. Il remarqua encore le tombeau du jurisconsulte Favre, dans l'église des Cordeliers, ainsi que les portiques de bois de la *rue Couverte*. Il s'achemina ensuite sur

Montmélian, où il descendit à l'hôtel de la *Croix d'Or*. La forteresse lui parut, comme à la plupart des voyageurs, l'une des grandes curiosités de la route. Il put la visiter sans trop de difficultés. « Quelquefois, dit-il, les étrangers, à l'arrivée, sont gardés devant la porte. On leur demande d'où ils viennent et où ils vont, leurs noms et leur nationalité ; après toutes ces questions, on consulte le fonctionnaire préposé à la garde de l'entrée si on peut laisser entrer, et, si la réponse est affirmative, la porte est ouverte. Aussitôt après notre arrivée, des soldats portèrent les noms que nous avions consignés au gouverneur du château, et le lendemain, par leur entremise, nous fûmes conduits dans le fort lui-même. Le château, commandé par un certain comte italien *il signore Rogiero Campignano, conte de Lucerna,* avait sous ses ordres 500 soldats logés au fort, sans compter 300 hommes placés dans la ville. C'était un vieillard grave, d'un abord bienveillant car, contre notre opinion, il vint avec nous faire le tour des remparts, nous expliquant la situation topographique et la nécessité de la défense de ce château. Ce château, dis-je, placé sur un rocher, ne peut ni être miné par des galeries souterraines, ni être pris d'assaut à l'aide d'échelles ; les gens de guerre estiment qu'il est à l'abri de tous projectiles, et beaucoup pensent que ce fort est inexpugnable. Il fut pris cependant, en 1536, du temps du roi François Ier, par le comte de Saint-Paul. On monte de la ville pour aller au château, défendu par une double courtine placées l'une au-dessus de l'autre. On y trouvait en abondance et des fascines de bois nécessaires à la défense et d'importantes pièces d'artillerie, d'où le proverbe : *Quand tous les canons de Montmélian seraient là, je ne le ferais pas.* »

Golnitz raconte à cette occasion comment, lors de l'occupation de la Savoie par Henri IV, Sully réussit à prendre l'inexpugnable citadelle. Il décrit ensuite le pénible chemin qu'il suivit pour aller de Montmélian à la Grande Chartreuse, en passant par les abîmes de Myans, le col du Frêne et Saint-Pierre-d'Entremont.

Dans une autre partie de son livre, l'auteur donne au voyageur arrivé à Lyon pour se rendre en Italie par la Savoie de précieux conseils. Il a paru curieux de traduire ce passage.

« Nous nous arrêtâmes, dit-il, six jours [à Lyon, à l'hôtellerie « au Lion d'Or de la Lanterne »], pour nous reposer, afin d'entreprendre plus alertement, avec nos conducteurs, la route d'Italie. Avant de quitter cette ville, nous arrêtâmes trois précautions bonnes à savoir : le contrat entre le conducteur et les voyageurs, le certificat de santé et l'avis sur l'exportation de l'argent. Et d'abord, voici, pour l'édification du voyageur, pour l'empêcher d'être trompé et circonvenu. Il faut passer une convention avec son conducteur touchant la route à suivre, le prix, la nourriture du voyageur et du conducteur, et toutes autres choses nécessaires pendant le voyage ; on rédigera en double expédition les conventions, en prenant le soin de les faire signer par les deux parties, en se servant de la formule suivante : « Je soussigné, N. N. à Lyon, promets à MM. N. N., aussi soussignés, de conduire ou faire conduire par un homme qui sera à cheval lesdits sieurs gentilshommes d'ici à Genève, et de là à Turin, et de fournir à chacun d'eux, à mes frais, un bon cheval, les défrayer eux et leurs chevaux honorablement et ainsi qu'il convient à personnes de leur qualité, tant de tous les péages et passages qu'ils auront à payer que de la nourriture de leurs personnes et chevaux, depuis cette ville jusques audit Turin ; et c'est pour le prix de trente-neuf ou... livres que lesdits sieurs gentilshommes me promettent payer pour homme et cheval d'ici audit Turin, dont j'ai reçu en cette ville... livres à mon contentement, et le restant sera payé à moi ou à mon homme qui les conduira pour moi en chemin ou à Turin, en monnaie de France ou en or, au prix qu'il vaut à présent à Lyon, savoir : la pistole d'Espagne..., celle d'Italien..., l'escul sol..., le sequin... Et si lesdits gentilshommes voulaient séjourner plus d'une nuit à Genève, ils promettent de me payer à part les dépenses de bouche pour eux et leurs chevaux, et aussi pour mon homme et son cheval, durant ledit séjour. En foi de ce ont été faits deux semblables écrits, dont l'un a été retiré par lesdits sieurs gentilshommes et l'autre par moi, N. N. A Lyon, ce...

« Muni d'un contrat de voyage ainsi signé, il faut en second lieu se procurer un bulletin de santé, qui servira à prouver que tu n'es atteint ni par la peste ni par une autre maladie contagieuse. Si on néglige de prendre cette précaution, on ne peut continuer son voyage dès qu'on entre en Italie, à Novalaise en Piémont, il est impossible d'avancer. Si au contraire on est muni de ce certificat, on le présente au visa du commissaire du lieu. Ce certificat, appelé « le bulletin de la santé », que l'on demande à Lyon à l'administration, doit contenir le nom et le lieu de la naissance, ainsi que l'attestation de six mois de résidence et davantage à Blois et Lyon, localités réputées en Italie par leur salubrité.

« Le troisième avertissement que je veux donner concerne l'argent qu'il convient d'emporter. Prends garde de prendre de la monnaie rognée, démonétisée ou de mauvais poids. Choisis les pièces d'or françaises au soleil et les pistoles dites d'Espagne, « écus d'or en or ou en espèce et pistoles d'Espagne de poids » ; le voyage te sera facilité et ta bourse peu lourde. Je veux toutefois te donner encore un avis. Dès que tu pénètres en Savoie, aie à la main, si tu payes ta nourriture et celle de ton conducteur, de la monnaie de France et non de Savoie, car les habitants refusent la monnaie de Savoie comme mauvaise et n'ayant pas cours en dehors de ce pays. Prends garde aussi de lui donner non pas la même valeur qu'en France, mais un cours plus élevé, car en Savoie les « quarts d'écus » valent plus qu'en France, et de même à proportion pour les autres pièces de monnaie... »

Golnitz, après avoir décrit la route de Lyon à Genève par Nantua, donne ensuite l'itinéraire de Genève au Mont-Cenis par Annecy, Faverges, Albertville et la Maurienne, qu'il traversa au mois de juin.

De Genève, il s'achemina par Beaumont, Cruseilles, Sallenôves et le pont de Brogny, sur Annecy, où il descendit à l'hôtel du *Gryphon*. Le lendemain, passant par Veyrier, Menthon, Talloires, Verthier, il alla déjeuner à Faverges, à l'hôtel du *Chapeau Rouge*, le jour de la Fête-Dieu, que les gens du pays célébraient en tirant des coups de fusil (1). Notre voyageur atteignit ensuite l'Isère à Conflans et en suivit le cours jusqu'au confluent de l'Arc, à l'entrée de la Maurienne. Il répète, à l'occasion du fort de Charbonnières, dont il admire l'escarpement, la tradition qui faisait de ce lieu inaccessible la résidence de l'ancêtre légendaire Berold de Saxe, dont la critique moderne a démontré la non existence. Sur la route du Mont-Cenis, il passe notamment à Aiguebelle, Epierre, La Chambre, Pontamafrey, Saint-Jean-de-Maurienne (pont de deux arches), Saint-Julien, Saint-Michel (bon hôtel à l'*Ecu de France*), Saint-André, Modane (importantes fabriques de fer, costume particulier des femmes), Bourget-Villarodin, Avrieux, Bramans, Sollières, Termignon et Lans-le-Bourg (hôtel des *Trois Rois*).

L'âpreté au gain des porteurs de Lans-le-Bourg et la traversée du Mont-Cenis donnent lieu à d'in-

---

(1) « Festum Domini corporis celebrant incolae explosione Scloporum : devotio plumbeos per aera egerebat. » ABRAH. GOLNITZI Dantisc. *Ulysses belgico-gallicus...* Lugd. Bat., 1631, p. 660.

téressants développements. Golnitz porte sur les moines de l'hospice une accusation dont je n'ai point trouvé confirmation ailleurs ; d'après lui, les malheureux voyageurs disparus dans la neige n'auraient eu les honneurs de la *Chapelle des Transis* que s'ils portaient sur eux un scapulaire ou une croix prouvant qu'ils étaient bons catholiques (2). Quand notre auteur traversa le célèbre col, on lui parla du souvenir inoubliable laissé par la fête que le prince de Piémont, Victor-Amédée, offrit à sa jeune femme, Christine de France, sur le lac du Mont-Cenis, où l'on vit évoluer une douzaine de bateaux.

Le succès du Guide de Golnitz suscita des imitateurs. L'*Ulysse français*, que Coulon publia en 1643, est loin d'avoir la même originalité. On y remarque surtout, dans son jugement sur les populations de la Savoie, une sévérité excessive, sauf pour les gens de qualité, « car les gentilshommes, dit-il, y sont d'une agréable conversation et aussi bien faits que leurs voisins ; et les compagnies de Chambéry valent bien autant que celles de plu-

---

(2) Ad sinistram porro devexa via sacellum est (*la chapelle des corps morts*) in quod, qui nive vel frigore congelantes pereunt viatores, sine omni ordine et situ, abominabili modo abjiciuntur ; pereunt vero non pauci in via hae, signata perticis erectis, quas tamen ventus vehementior quandoque dejicit, ita ut viatores subita cadente nive et viam et vitam perdant. Post, regelata nive, inque aquam versa, exeunt ex enodochio (*l'hôpital de Saint-Nicolas*), quod medio mill. abest a lacu et Sabaudiam a Pedermontio determinat, quaesituri si qui nive suffocati sint, repertorum excutiunt Sacciperia, iisque exeunt vestimenta ; si destituuntur sphaerulis precatoriis, sub dio reliquuntur cadavera a volucribus et silvestribus animalibus lanianda ; sin vero sphaerulae tales vel cruces lignee videntur, e via communi in sacellum modo dictum deportantur, tanta huic itineri devotio tribuitur. Talis planitiei hujus est situs.

sieurs bonnes villes de France » (3). Dans un autre ouvrage, le même auteur, à propos du Faucigny, a un curieux passage sur le Mont-Blanc, connu alors sous le nom de Montagne Maudite : « la plus haute montagne du pays, dit-il, est la glaciale appelée Maudite par les habitants, à cause des neiges perpétuelles qui la couvrent, dont se forme le cristal. Elle est si élevée que, sortant de Lyon par la porte de Saint-Sébastien, on l'aperçoit facilement, bien qu'elle en soit éloignée de quarante lieues. Aussi n'est-elle point habitée en sa cime, comme sont toutes les autres du Faune, sort de cette montagne ». (4)

C'est, croyons-nous, avec l'atlas de Blaeu, le plus ancien itinéraire qui fait entrevoir les montagnes de la vallée de Chamonix ; si l'auteur ne trouve point les expressions précieuses du galant Le Pays, dans une lettre souvent exhumée et adressée de Chamonix, le 16 mai 1669, à une dame dont il compare la froideur à celle des plus froids sommets, « montagnes qui sont de glace toute pure depuis la tête jusqu'aux pieds, mais d'une glace qu'on peut appeler perpétuelle » (5). Coulon a du moins le mérite de prendre date. Il donne aussi divers détails qu'on cherchera vainement avant lui. C'est ainsi qu'il parle du Lac Bénit (près Mont-Saxonnex) « que deux paroisses voisines bénissent tous les ans, le jour de saint Claude, pour être préservées de son inondation ». Il constate qu'à Chambéry et à Annecy « les eaux sont si propres aux teintures que les marchands préfèrent les soies teintes en ces quartiers à plusieurs autres ». (6) Il n'est point insensible aux charmes des belles Chambériennes, mais il regrette la gaucherie de leur accoutrement : « Quand je considère les femmes de Chambéry, si mal ajustées,

---

(3) COULON : *Ulysse français*, Paris 1643, p. 481.
(4) COULON : *Les rivières de France*, Paris 1644, 2ᵉ partie, p. 27.
(5) *Les nouvelles œuvres de M. Le Pays*, Amsterdam 1674, 2ᵉ partie, p. 124.
(6) COULON : *Les rivières de France*, p. 47.

déclare-t-il, il me semble que je vois de belles prisonnières dans une laide prison, ou des astres dans une nue sombre et obscure. Ce que la nature a mis de beau sur leur visage est gâté par les atours du corps. »

Un autre Français, Jouvin, de Rochefort, qui avec les secours des nombreux Guides publiés avant lui et ses observations personnelles, souvent intéressantes, compila sept volumes de voyages, donne en 1672 une curieuse description de Chambéry.

Nous arrivâmes à Chambéry, dit-il, par la porte et le grand faubourg de Montmélian, rempli de toutes sortes d'ouvriers, ensuite duquel il y a la belle rue de la Croix-d'Or, ainsi nommée d'une grande croix d'or qui paraît au milieu de la même rue, qui fait un tournant, auquel il y a une fontaine, pour joindre le commencement de la grande rue, qui fait le plus beau quartier de la ville de Chambéry. Cette rue a plus de 400 pas de long, dont les maisons sont si bien bâties qu'on s'imaginerait en s'y promenant être dans quelque galerie, comme aussi à cause qu'elle est couverte d'un grand toit, ce qui fait qu'il y fait toujours net et propre, et qu'on y est à l'abri des injures du temps. Elle aboutit au marché de poissons, assez proche du Couvent des Jacobins, où est le palais du Parlement, qui a si peu d'apparence qu'on n'y peut rien remarquer que son antiquité.

L'église de ce couvent est belle, eu égard à son maître-autel, orné de colonnes de marbre façonnées à merveille, et à la chapelle Notre-Dame. On peut encore ajouter quelques peintures de ses cloîtres, qui représentent les principaux qui ont vécu sous le même ordre de ce couvent. Nous traversâmes une petite rue pour aller à la place du Marché, qui est de forme carrée, en laquelle on voit une très belle fontaine devant la maison de ville, faite en façon d'un petit pavillon, dont l'architecture est jolie. Le couvent des Pères de saint Antoine est tout proche. La petite rivière qui passe à côté de ce grand marché ne sert pas peu à le rendre toujours net.

Entre toutes les églises de Chambéry, celle de Saint-Léger, dans la grande rue, est la principale et paroissiale, car il n'y a point d'évêché à Chambéry ; mais la plus belle est celle du couvent de Saint-François ou des Cordeliers, à cause de ses belles peintures et de la magnificence de son bâtiment ; après laquelle on peut mettre l'église et le collège des Pères Jésuites, qui sont dans la grande rue du Reclus. Nous sortions par la porte de même nom pour nous aller promener au mail, qui a la vue sur la rivière et les prairies qu'elle arrose, qui y font une verdure des plus charmantes. Joignez à cela le beau monde qui y vient prendre le frais sur le soir et pour y voir la belle jeunesse qui y paraît dans un ajustement des plus galants.

... Ce qui est remarquable dans le château [de Chambéry], est un grand corps de logis qui tient une face de sa grande cour, dont le milieu est orné d'une belle fontaine et de quelques grosses tours carrées qui l'accompagnent, qui nous parurent très anciennes. On voit dans la même cour..... (7)

Jouvin signale Annecy comme la plus belle ville de la Savoie après Chambéry. Il recommande la visite de l'église Saint-Pierre (aujourd'hui Cathédrale) et de son bel escalier, du couvent des Dominicains et du collège des Barnabites (collège Chapuisien). Il s'étend assez longuement sur l'église de la Visitation, « dépositaire du corps de saint François de Sales, qui est sur le maître-autel

---

(7) *Le Voyageur d'Europe...*, par M. A. JOUVIN, Paris 1672-1676, 7 vol. in-16, tome II, p. 862.

dans une châsse d'argent du prix de 8.000 ducatons (7 *bis*). Outre cela je fais estime de ses belles peintures, dont toutes les murailles sont comme tapissées, qui représentent les principales actions de ce grand saint. Et pour dire vrai, nous fûmes surpris, en entrant, de la beauté et de l'éclat de tout ce qui se voit dans cette église magnifique, dans ses ornements bien conçus, dans son architecture, et admirable dans son exécution. » (8)

En dehors des églises, l'observation la plus intéressante enregistrée par Jouvin est la construction des arcades dans la ville, et l'usage des barques employées par les gens des bords du lac pour se rendre au marché. « On y va presque partout [à Annecy] à couvert sous les arcades qui en soutiennent les maisons, en quoi nous nous imaginions d'être encore dans Boulogne, en Italie. »

Nous trouvâmes dès l'entrée de la ville l'église Sainte-Claire, qui est un couvent de filles qui n'a rien d'égal à celui des Bénédictines. La grande église paroissiale et chanoiniale Notre-Dame tient quasi le milieu de la ville, la chanoinie de Saint-Maurice en relève, l'église est au pied du Château, élevé sur une éminence, d'où il a la vue entière non seulement sur toute la ville, mais aussi sur tous les environs et sur le grand lac. Ce palais est composé de plusieurs

---

(7 *bis*) On trouve dans la *Bibliothèque curieuse et instructive* de Trévoux, en 1704, ces détails complémentaires sur le tombeau de saint François de Sales : « Ses reliques reposent sur le maître-autel des dames religieuses de la Visitation, dans un grand reliquaire d'argent où, à travers les cristaux, on voit l'image de ce saint, vêtu des ornements sacerdotaux, avec la mitre et la crosse à ses côtés. Ses ossements sont recouverts de cette représentation, et l'on peut baiser le crâne de sa tête par une petite ouverture pratiquée dans ce reliquaire. »

(8) JOUVIN, t. II, p. 873.

grands corps de logis, capables d'y loger un roi et toute sa suite.

Nous logions à la Cloche, dans le grand faubourg du Buffe, où il y a quasi autant de monde que dans la ville, dont il est distingué par une des branches de la rivière qui sort du lac, sur lequel les bateaux vont à voiles comme sur la mer, ce qui est une belle commodité pour les habitants de plusieurs villages qu'il arrose, qui veinnent à la ville les jours de marché apporter leurs denrées ou y acheter quelque chose... Le lac... est peu poissonneux, rarement on y pêchait des truites et quelques gros poissons, si ce n'était des truites... (9)

Dans sa description de la Tarentaise, Jouvin déclare qu'à Moûtiers « les rues sont si étroites et si mal bâties qu'on ne peut quasi s'y promener sans s'ennuyer, bien que l'assiette en soit fort unie. » Il fait aussi, à propos de la vallée d'Aoste, une constatation nitéressante : « On ne parle plus ici italien, dit-il, on se sert de la langue française, qui est aussi grossière comme est un peu auparavant l'italienne. » (10) A Saint-Jean-de-Maurienne, les rues sont si étroites « que deux mulets chargés ont de la peine à y passer de front ». (11) A Saint-Michel, où l'on voit un beau vignoble, « il est à remarquer qu'ici les vivres et les denrées sont à très bon marché, principalement les poulets, les œufs, le fromage, le beurre, le fruit et le vin ». L'ingéniosité industrielle des montagnards inspire à Jouvin cette page curieuse et très personnelle à propos des fabriques de fer situées entre Saint-Michel et Saint-André, où se trouvaient des « martinets », sortes de petites usines métallurgiques où l'on utilisait l'eau comme force motrice.

On voit un petit torrent qui vient se précipi-

---

(9) JOUVIN, t. II, p. 873.
(10) JOUVIN, t. II, p. 857.
(11) *Ibidem*, t. VI, p. 57.

ter à travers les rochers du plus haut des montagnes, qu'on réduit dans un petit canal en forme d'une gouttière, qui verse les eaux sur un moulin qui sert à faire jouer toute la machine, car le même moulin fait aller deux gros soufflets de la forge, où ils se servent de charbon de bois de sapin, qui croit en quantité dans les montagnes, au lieu de celui de terre... pour chauffer le fer qu'on veut réduire en diverses sortes de barres, après qu'on l'a tiré de la mine, qu'on l'a fendu et qu'on l'a réduit en une masse grossière en façon d'un saumon de plomb, par le moyen du même moulin qui fait aller des marteaux qui sont de la grosseur du corps, et qui battent si peu et si fort le morceau de fer qu'on expose sur l'enclume, qu'ils frappent avec une telle justesse et une telle force qu'en un moment on voit une grosse masse de fer réduite en une longue barre, n'y ayant autre chose à faire qu'à avancer sur l'enclume peu à peu le morceau de fer pour lui faire prendre la forme que l'on souhaite. De plus, le même moulin apporte de l'eau à la forge ; il en apporte même à la petite marmite des ouvriers quand il faut la remplir d'eau ; en sorte que tout cela est sous un même grand toit, et on s'imagine être dans la boutique de Vulcain qui fait agir ses cyclopes, de manière qu'on ne se peut faire entendre que par signes et par figures. Je dirai en passant qu'il n'est pas mal à propos de donner quelque petite gracieuseté à ces forgerons, à qui il ne tient que de vous prendre et de vous jeter dans leur fournaise pour y servir à raffiner le fer qu'ils y chauffent. Je vis arriver plusieurs chevaux qu'on en chargeait pour le porter aux villes prochaines, d'où je poursuivis ma route et trouvai le grand chemin qui descend de Saint-André au Pont de Fresney, paroisse et un peu plus avant Fourneaux, paroisse, demi-lieue, où il y a aussi plusieurs forges pour la commodité de son petit ruisseau qui descend des montagnes et qui sert à faire aller les martinets et quelques moulins où on fait du fil de richard de toute grosseur. (11)

Cette ingéniosité naturelle des gens de la haute Maurienne avait déjà frappé, en 1622, précisément sur le même trajet, entre Saint-Michel et Saint-André, un voyageur resté anonyme et inédit (12).

Je fus surpris, dit notre anonyme, par la nuit et obligé de coucher à mi-chemin de Saint-Michel à Saint-André, dans une très misérable auberge. Je ne me serais point imaginé d'y trouver une machine assez curieuse. Je parle d'un tournebroche, qui était d'une construction particulière. Un voyageur ne doit rien négliger. Le tuyau de la cheminée était assez étroit pour que l'entrée en fût occupée par une roue qui avait environ deux pieds de diamètre. Elle était faite en forme d'éventail, c'est-à-dire qu'elle était composée de seize rayons d'une forme plate, posés obliquement et plus larges vers la circonférence que vers le centre. L'agitation de l'air produite par le feu faisait tourner cette roue. Dans toutes les machines, il n'y a de difficile à produire que le premier mouvement.

Le baron de Poellnitz, qui traversa la Savoie en février 1732, rend hommage à l'honnêteté des montagnards, disant que, dans le passage du Mont-Cenis, « une chose qui mérite d'être remarquée, c'est qu'au milieu d'une telle solitude et environné de gens qu'on ne connait point, il ne se perd ja-

---

(11) JOUVIN, t. VI, p. 59.
(12) Son récit de voyage est conservé à la Bibliothèque de la ville de Toulouse, manuscrit 800, p. 37.

mais rien » (13). Il enregistre aussi d'autres faits des plus curieux, notamment le cas d'un amateur passionné pour le sport de la luge au point de séjourner en plein hiver à Lans-le-Bourg.

La descente du Mont-Cenis du côté de la Savoie est beaucoup moins rude, dit-il ; en hiver on a le plaisir de pouvoir faire cette descente en traineau, ce que les gens du pays appellent *se faire ramasser*. Cette manière d'aller est très commode et fort divertissante ; il n'y a point de trait d'arbalète qui aille plus vite. Je connais un gentilhomme anlgais qui a demeuré huit jours à Lans-le-Bourg, et qui ne cessait de remonter la montagne après qu'il l'avait descendue, et le tout pour avoir le plaisir de se faire *ramasser* (14).

... Depuis Lans-le-Bourg à Chambéry, l'on est toujours enseveli dans les montagnes et les rochers, et l'on voit souvent des précipices qui font frayeur. On y a véritablement des barrières, mais elles sont si faibles qu'elles ne peuvent point arrêter une voiture. J'ai vu tomber une charrette attelée de quatre chevaux dans un de ces précipices : les chevaux se tuèrent, la voiture et toute sa charge, qui consistait en porcelaines et en glaces appartenant à M. le prince de Carignan, furent brisées en mille pièces. Le voiturier, qui ne perdait cependant pas sa voiture par sa faute, voulut se tuer : il tira son couteau et s'en serait poignardé si mon postillon et d'autres gens ne l'eussent empêché.

J'ai passé par plusieurs petites villes qui ne méritent pas d'être nommées... Chambéry, capitale de la Savoie, n'est pas une ville où on doive

---

(13) *Lettres et Mémoires* du baron de POELLNITZ Amsterdam 1737, t. V, p. 197.
(14) *Ibidem*, t. II, p. 364.

chercher de somptueux édifices ; les maisons y sont de peu d'apparence. Mais le séjour n'en est pas moins agréable. Elle est située sur la rivière d'*Orbanne*, dans une fort petite plaine entourée de collines. Les promenades y sont spacieuses, et on y a très bonne compagnie. Il y a une nombreuse noblesse, qui à la vérité n'est pas des plus pécunieuses, mais qui ne laisse pas de faire bonne chère et de se beaucoup voir. Les dames y sont belles et les hommes bien faits ; le peuple est doux et civil, et en général les Savoyards sont de très bonnes gens. On les accuse d'être trop économes, mais ils le sont peut-être plus par nécessité que par inclination. Lorsqu'avec peu de bien on est obligé de soutenir noblesse, il faut user de ménage, malgré qu'on en ait. (15)

Un autre voyageur, souvent perspicace, Grosley, a remarqué avec finesse le mouvement d'opinion qui portait la Savoie vers la France.

Il contribua à faire la réputation des truites du Mont-Cenis et raconte avec humour quelques menus faits de son passage en Maurienne, qu'il traversa en juin 1758. (16)

Les peuples de la partie de la Savoie que nous avons parcourue, si l'on en excepte les cantons de Chambéry et de la Maurienne, portent dans leur air et sur leur physionomie l'empreinte de la dureté du climat qu'ils habitent. Des visages d'une pâleur livide, des goîtres énormes, des corps décharnés et languissants forment la partie animée du spectacle qu'offre la nature. Les incommodités politiques se réu-

---

(15) *Ibidem*, t. II, p. 365 et 366.
(16) [GROSLEY] *Nouveaux mémoires ou observations sur l'Italie et les Italiens par deux gentilshommes suédois...* Londres 1764. Les citations sont extraites du tome I, p. 31, 33, 48, 55 et 56.

nissent contre ces malheureux aux incommodités physiques. La paix ne les exempte point de la levée des milices ; les impôts qu'ils paient sont énormes, si on les en croit. Et ils peuvent le paraître, quelque légers qu'ils soient, dès que ceux sur qui on les lève ont à peine de quoi vivre misérablement ; la dureté de la perception ajoute encore au poids de l'imposition. Jugeant de leur souverain par eux-mêmes, croyant tout le pays de sa domination pareil à celui qu'ils habitent, frappés de l'air d'opulence et de grandeur que présente la France en comparaison de leur pays, ils désireraient que la Savoie fût unie à la France, dans l'idée sans doute qu'un puissant monarque se ferait conscience d'exiger quelque chose d'un pays tel que le leur. Cependant ce pays paraît cultivé autant qu'il le peut être, quoiqu'il y ait lieu de présumer qu'il serait et mieux cultivé et plus peuplé si un peu de relâchement dans les levées d'hommes et d'argent laissait à l'industrie d'un peuple très sobre et très laborieux les moyens de se développer.

Annecy ne paraît se soutenir et subsister que par la dévotion aux reliques de saint François de Sales et par l'argent des étrangers qu'y attire cette dévotion.

Aiguebelle. C'est sans doute par antiphrase qu'on a donné ce joli nom à un aussi vilain lieu. J'imaginai que les habitants d'un tel lieu devaient être autochtones. Pour m'en assurer, je fis visite au doyen du bourg, qui était un maréchal, et je lui demandai si de sa connaissance ou de celle de son père il était jamais venu quelque étranger à Aiguebelle. Il me jura que le sang d'Aiguebelle n'avait jamais été mêlé d'aucun sang étranger, fors les passants et les chanoines d'une petite collégiale qui se trouve là. Il me fit cette réponse, il me demanda des nouvelles de France et mon sentiment sur les beautés d'Aiguebelle avec une gaieté qui m'étonna. Je tins ensuite tout le bourg pour me procurer la monnaie d'un écu de France, sans pouvoir en trouver. Tous les gens à qui je m'adressai me dirent unanimement que les mallotiers avaient depuis quelques jours fait leur recouvrement et qu'ils n'avaient pas laissé un sol dans tout Aiguebelle...

Nous nous arrêtâmes dans un prieuré bâti au milieu du plateau [du Mont-Cenis]... En y arrivant nous trouvâmes le couvert mis, de l'excellent vin et des truites qu'il venait de pêcher dans un lac qui fait face à son ermitage... Les truites, que le prieur fit cuire lui-même, étaient d'un rouge, d'une fermeté et d'un goût qui pourraient déterminer des gourmands à faire le voyage du Mont-Cenis pour en manger sur le lieu même. Ce prieur exerce ainsi l'hospitalité envers les pèlerins qu'il juge capables d'apprécier ses truites ; la reconnaissance des pèlerins fait le plus solide revenu du prieuré...

Nous passâmes le Mont-Cenis dans la voiture ordinaire, c'est-à-dire sur une civière en forme de claie fixée sur deux bâtons ; c'est la voiture commune à toutes les grandeurs de ce monde qui ont à passer les Alpes. Le prix, assez modique, en est fixé par des règlements du roi de Sardaigne, à tant par porteur. Mais le nombre de porteurs est laissé à l'arbitraire du syndic de Lanslebourg pour ceux qui viennent de France. Ce syndic nous vint voir à notre arrivée, et après nous avoir mesurés, toisés et pesés de l'œil, il décida qu'il nous fallait 14 porteurs, 6 pour moi et 8 pour mon compagnon, moins léger que moi. Enfin, par composition, nous n'eûmes que 10 porteurs, dans la proportion arithmétique établie par le syndic. Ces porteurs vont très vite, en se relayant alternativement, et dans la marche le relais fait la conversation avec le *porté*. Cette conversation roule communément sur les cardinaux, les généraux, les princes et les princesses qu'ils ont l'honneur de porter, et sur la générosité de ces Éminences et de ces Altesses... Ce portage dure près de 4 lieues ; nos gens passèrent sur des mulets pris aussi à Lanslebourg, suivant la taxe et dont ils furent contents, à quelques quintes près.

Dans les impressions recueillies par l'illustre astronome Lalande au cours de son passage en Savoie, en 1765, on peut glaner quelques observations qui ont échappé aux précédents voyageurs. Voici les plus intéressantes :

Il y a entre les habitants de la Savoie et ceux du Piémont une certaine antipathie, quoiqu'ils soient depuis longtemps sous la même domination. L'on y a vu avec peine, pendant bien des années, un Piémontais qui était gouverneur et premier président du Sénat, c'était M. de Saint-Georges (17) [de 1726 à 1739]...

Le chemin le plus usité actuellement, le meilleur et le plus sûr en tout temps, est celui du Mont-Cenis. Aussi le roi de Sardaigne y a passé deux fois et Madame l'infante duchesse de Parme, dans son dernier voyage en France, lasse de traverser la mer, se fit porter de Suse jusqu'au Pont de Beauvoisin et passa le Mont-Cenis...

Aiguebelle. Tout le monde y fait de la soie, et ce village ne m'a pas paru aussi pauvre qu'un de nos derniers voyageurs l'a dépeint...

Vis-à-vis d'Aiguebelle, et de l'autre côté de la rivière, on voit les restes de l'église de Ran-

---

(17) [LALANDE.] *Voyage d'un Français en Italie*, fait dans les années 1765 et 1766, Venise 1769, t. I, p. 6.

dens, qui a été renversée, le 12 juin 1750, par des torrents descendus des montagnes du Briançonnais : ces eaux ont entrainé par leur chute des monceaux de terre et des cailloux qui ont enseveli l'église, de manière que le sol du terrain est actuellement au milieu du clocher, où l'on entre par les fenêtres...

Après avoir passé la montagne [de Saint-André], on trouve les *Fourneaux*, hameau composé de quelques maisons où l'on exploite des mines de plomb et de cuivre, qui contiennent même beaucoup d'argent, et qui sont dans une montagne peu éloignée de là. On vient de construire de nouveaux pilons pour briser la mine et la laver. Un morceau d'environ une livre de cette mine de Modane, que j'avais rapporté, a été examiné par M. Cadet, l'un des chimistes de l'Académie royale des sciences : il a donné à raison de 31 livres et demie de plomb par quintal. Le grain de cette mine parait annoncer qu'elle est riche en argent...

Lans-le-Bourg est de tous les villages de cette route celui qui parait le plus peuplé et le moins pauvre. Plus de cent personnes et environ cent mulets ou chevaux y sont occupés à porter sans cesse les voyageurs et les équipages jusqu'à la Novalèse, qui est de l'autre côté du Mont-Cenis, à 6 lieues ou environ de Lans-le-Bourg ; ce passage se fait en 5 heures de temps et même moins. Les porteurs de la Novalèse passent pour être meilleurs que ceux de Lans-le-Bourg ; du moins on dit dans le pays : *Porteurs de la Novalèse, Mulets de Lanebourg.*

... On trouve sur le Mont-Cenis un grand et beau papillon blanc, qui a des taches rondes, et que M. de Linné a observé souvent sur les montagnes de Suède ; c'est celui qu'il appelle *Papilio heliconius apollo.*

Le plus précis et le plus pratique des guides publiés au XVIIIᵉ siècle, tout au moins pour la partie relative à la Savoie, est celui d'un capitaine d'infanterie française nommé de la Roque, qui visita les Alpes vers 1776. Il renferme d'ailleurs des observations très personnelles souvent intéressantes (18).

Il est peu de voyageurs qui, arrivés à Genève, se refusent, si la saison le permet, au plaisir de voir les vallées et montagnes de glaces situées dans le Faucigny. Six ou huit jours suffisent pour ce voyage, qui fournit en même temps l'occasion de connaitre (si l'on veut) la plus belle partie du lac et du canton de Berne (sic). Il est moins embarrassant de faire cette course à cheval, parce que les voitures ne peuvent pénétrer partout. Le parti que doivent prendre ceux que l'usage du cheval fatiguerait trop serait (étant arrivé à Bonneville) de faire rétrograder leur voiture sur Thonon ou Evian ; elle traverserait le lac dans l'un ou l'autre endroit ; et en lui faisant longer la grande route qui borde toute cette belle côte, elle se rendrait à Vevey ou même jusqu'à Villeneuve ; alors il ne resterait que la courte traversée du Faucigny pour aller la rejoindre.

La vallée qui conduit de Genève à Bonneville est agréable et bien cultivée ; les maisons de campagne y sont fréquentes ; elles ont pour la plupart un air d'aisance et de propreté qui plait. On traverse la rivière d'Arve à la sortie de Bonneville sur un pont de pierre composé de 5 grandes arches ; une suscription apprend qu'il a été restauré par la munificence de Benoit

---

(18) *Voyage d'un amateur des arts dans les Pays-Bas..., en Savoie, en Italie, en Suisse*, fait dans les années 1775 à 1778, par M. de la R***. Amsterdam 1783, 4 vol. in-12, t. I, p. 287 et suiv.

XIV. Il est construit avec solidité, mais beaucoup trop étroit.

Avis utile. — Les postes n'étant point établies à Genève, non plus que dans aucun des cantons suisses, on est obligé de se servir de *voiturins*, que l'on peut prendre si l'on veut de ville en ville, ou les retenir pour une partie ou pour toute la route que l'on se propose de faire. Le prix ordinaire est de six livres de France par jour, pour chaque cheval de trait ou de monture ; ils doivent faire, dans la belle saison, huit à dix lieues par jour. On leur paye la même solde pour le nombre de jours qu'ils devront employer pour revenir où ils ont été pris. Il est bien essentiel de s'expliquer clairement avec eux, par écrit ou devant témoins, sur toutes les clauses du marché ; spécifier jour par jour le lieu du dîner et du coucher ; le nombre des séjours... parce que ces jours de repos ne se payent communément que la moitié ; et enfin du nombre de jours dont on sera tenu de leur faire bon pour leur retour.

Bonneville... Ce n'est qu'un amas d'un couple d'une centaine de maisons, assez mal bâties. On y voit une sorte de place au milieu de laquelle jaillit une vieille fontaine entourée de quelques arbres. L'église est laide, mal éclairée et d'une odeur cadavéreuse qui révolte. Vis-à-vis est situé un couvent de Barnabites ; la façade de cette maison donne la meilleure décoration de la place, et même de toute la ville ; c'est à côté de ce bâtiment que demeure M. l'intendant de la province ; on doit le plaindre, s'il est obligé à résidence.

Nous eûmes [à Bonneville] le spectacle d'une pompe funèbre dont tout le cortège (un ou deux prêtres exceptés) était composé de femmes, au nombre d'une soixantaine, toutes masquées par une longue chemise et un capuchon de grosse toile grise, horriblement sales. Les prières à l'église expédiées, elles portèrent et mirent bravement le cercueil dans la fosse qu'elles avaient préparée, et qu'elles comblèrent ; ensuite, chacune plia avec grand soin sa souquenille, pour une autre occasion sans doute. On nous dit que la défunte était douairière de leur pieuse confrérie.

Cluse... dans une situation encore plus resserrée, plus vaste que Bonneville ; elle lui est aussi fort inférieure dans le nombre, comme dans l'extérieur des maisons : elle a toute l'empreinte de la pauvreté. On y traverse l'Arve sur un assez mauvais pont de pierre fort élevé... A une lieue environ de Cluse on rencontre le hameau de *Balme* ; il est situé au pied d'une très haute montagne, vers le milieu de laquelle la nature s'est pratiqué une caverne ou long souterrain que l'on compte pour une des curiosités du pays, et que beaucoup de voyageurs veulent voir.

Cette montagne étant fort escarpée, nous conseillons aux curieux de faire en sorte d'arriver à Balme le plus grand matin possible, pour s'éviter la fatigue de cette montée, qui ne demande pas moins d'une heure et demie dans la grande chaleur du jour. Il est essentiel de s'approvisionner à Genève de quelques bons flambeaux de cire et de quelques grenades ou pétards... On trouve à Genève et à Lausanne une petite brochure qui donne, dans un très grand détail, tout ce que ce très petit voyage offre de remarquable ; elle se ferait lire avec quelque plaisir sans le ton d'emphase qui la caractérise et la trop grande importance que l'auteur a prétendu mettre à quelques courses peu ordinaires qu'il a faites dans les régions glacées. Au reste, si l'on peut en rigueur reprocher à l'auteur (le sieur Bourrit) de charger ou d'embellir trop ses récits, il a le mérite de dessiner et de rendre avec vérité ces mêmes tableaux : nous en avons vu plusieurs chez lui de très curieux. L'on grave actuellement (1776), en Angleterre, d'après ses dessins, tout ce que les glaciers du Faucigny et du canton de Berne offrent de plus pittoresque.

Caverne ou souterrain de Balme. — On trouve sur les lieux des guides, qui se présentent aussitôt que quelque étranger paraît s'y arrêter. Il est prudent d'en prendre avec soi un couple : on leur donne communément 3 livres chacun pour leur peine. (*L'auteur donne la description de cette caverne, où l'on accède, quand on en arrive au pied du rocher, par une échelle de 9 à 10 pieds de haut.*)

On descend si l'on veut cette montagne [de la Balme] avec moins de fatigue qu'il n'en a fallu pour la montée. Vos guides vous proposent alors de vous laisser glisser sur un amas de branchages, sur lequel ils vous font asseoir, et qu'ils dirigent avec adresse et célérité ; vous n'avez d'autre accident à craindre que l'éboulement des pierres que votre course entraîne quelquefois après vous. C'est proprement une *ramasse*...

On traverse l'Arve, au village de Saint-Martin, sur un assez beau pont de pierre.

Sallanches. — *Avis utile*. — La seule auberge qu'il y ait à Sallanches est attenante au mur du couvent des Capucins ; les chambres et les lits y sont d'une malpropreté à faire passer la plus violente envie de dormir. Le meilleur parti à prendre est celui-ci : faire partir, la veille de son départ de Genève, les chevaux de monture, qui viendraient coucher ici ; partir de Genève après dîner et venir coucher à Bonneville. L'auberge appelée la *Ville de Genève* est mauvaise ; mais il faut se munir de quelques provisions à Genève, que l'on porte dans sa voiture ; cela gêne peu, et une méchante nuit est bientôt passée. Quitter Bonneville le plus grand matin possible ; déjeuner solidement à Balme au retour du souterrain, et se rendre en diligence à Sallanches, d'où la voiture rétrograde sur Genève. Les ordres doivent avoir été donnés tels que l'on puisse monter à cheval d'abord à son arivée à Sallanches ; alors la traite d'ici à Chamonix ne sera point trop forte et l'on y arrivera facilement avant la fin du jour. Cette route offre des tableaux d'un pittoresque très fier et toujours neuf.

Sallanches... La majeure partie des maisons sont construites en bois ; la masse totale est peu de chose. L'église est jolie, elle vient d'être nouvellement reconstruite... Le chemin d'ici à Chamonix est impraticable avec des voitures ; il faut nécessairement les quitter et s'y rendre à cheval. On repasse au travers du village de Saint-Martin, et l'on continue de remonter vers la source de l'Arve ; dès lors, la route devient de plus en plus montueuse et difficile, sans cependant offrir aucun danger. On traverse l'Arve plusieurs fois sur des ponts de bois, d'une construction hardie et singulièrement ingénieuse et légère. Ce torrent, continuellement resserré entre des rochers, y précipite sa source avec un bruit, une impétuosité et des sifflements qui ne permettent point de s'entendre...

La vallée de Chamonix plaît au premier coup d'œil ; sa base est parfaitement cultivée, et toutes sortes de graines et de légumes y réussissent ; les fruits seuls y sont d'une qualité médiocre. Le contraste qui résulte entre de si beaux champs et les glaces éternelles qui couronnent une partie des hautes montagnes qui l'environnent offre un des plus beaux tableaux de la nature...

L'on porte la population de cette vallée de 450 à 500 feux, qui donnent environ 2.000 âmes. La plupart des maisons sont construites en bois ; elles sont éparses dans l'étendue de la vallée.

Chamonix, chef-lieu de la vallée, est composé d'une centaine de maisons.

L'auberge est bonne, propre et ordinairement bien approvisionnée, et à un prix raisonnable.

(*L'auteur décrit le glacier des Bossons et la tentative de Michel Paccard et Victor Tissot pour arriver au sommet du Mont-Blanc, d'après le récit du premier de ces guides.*)

On se rend de Chamonix à la vallée des glaces par le Montanvert ; on commence ordinairement par cette curiosité-ci, parce que la fatigue qu'elle donne prépare et met en haleine pour la montée du Brévent, beaucoup plus laborieuse et plus fatigante. Il convient de s'assurer d'un couple de guides et de mulets pour soi. Les premiers, en dirigeant votre marche, portent avec eux, dans de petites hottes, les menus approvisionnements, toujours nécessaires dans ces sortes de courses, du linge pour changer, etc. Les mulets allègent la fatigue ; on en fait usage près de la moitié de cette longue montée et, lorsque la trop grande roideur du talus ne permet plus de s'en servir, on les envoie au pied de la source de l'Arveyron attendre votre retour pour vous reporter à Chamonix.

Les deux frères Paccard, étant plus fréquemment employés, connaissent mieux que d'autres les localités de ces différents lieux. Ils sont d'ailleurs robustes, prudents, adroits et très serviables. L'on donne communément de 4 à 6 livres (argent de France) par jour à ces guides ; les mulets se payent 3 à 4 livres. De bons piétons peuvent se passer de ceux-ci, particulièrement pour la course du Brévent, parce que la roideur du talus de cette montagne rend leur secours impraticable dès la première moitié de sa hauteur. L'on doit compter sur 4 fortes heures de marche.

L'on traverse l'Arveyron à peu de distance du bourg et l'on procède à la montée du Montanvert par un sentier partout roide et pénible, mais nulle part dangereux. Arrivé près de son sommet, on trouve une malheureuse baraque qu'il plait aux guides d'appeler le *Château de Montanvert*. Quelques portions de terrain sont ici cultivées ; le reste forme de vastes pâturages. De cette espèce de plateau on aperçoit une partie de la *vallée des glaces*... Rien de plus imposant ni de plus pittoresque que ce spectacle... On peut à l'aide de bâtons ferrés (dont les guides ont soin de se munir) et l'assistance de ces mêmes guides, faire quelques courses sur ces flots ou blocs de glace et parcourir les plus accessibles.

Il serait bon de se précautionner d'une forte paire de souliers garnis de clous et (ce qui vaut encore mieux) y adapter (sur les lieux) une espèce de crampons dont les guides font communément usage, et qui fixent et assurent bien plus solidement les pieds... On peut faire cette petite emplette (de crampons) à Genève...

On remonte sur le plateau du Montanvert ; mais avant que de nous y rendre, nos guides nous firent remarquer un banc de rocher auquel on a donné le nom de *Table des Anglais*. Elle est commode et nous en fîmes usage.

Quelques jours avant notre arrivée à Chamonix, un ours avait attaqué un troupeau de 40 moutons, dont il avait eu l'intelligence de diriger la fuite vers un fond inaccessible. Des chasseurs étaient à sa poursuite le jour de notre départ de Chamonix, et nous apprîmes à la Vallorcine qu'il avait été tiré dans le bouquet de bois qui sépare le glacier des Bossons.

Il passe pour certain sur les lieux, à propos de la Table des Anglais au Montanvert, que les premiers êtres raisonnables qui pénétrèrent dans ces régions glacées furent des voyageurs anglais, et l'on fixe cette tentative à seulement une quinzaine d'années [en réalité à 1741].

(*L'auteur fait ensuite le récit d'une ascension au Brévent, dont il raconte avoir vu au village qui se trouve en bas du glacier des bois deux garçons regardés dans les environs comme phénomènes.*) Nous leur trouvâmes les cils, sourcils et les cheveux d'un blond extraordinairement pâle et presque blanc, et leur carnation est de même. Leurs paupières ne font que s'entr'ouvrir, elles ont peu de vibrations, et ne se séparent guère plus d'une ligne et demie l'une de l'autre. Ils ne peuvent voir les objets un peu élevés de terre qu'en renversant proportionnellement leur tête en arrière, et l'aspect d'une lumière trop vive leur est plutôt nuisible...

Sur la route de la Tête-Noire, dans un défilé très étroit, près de la frontière, ruines d'une porte et d'une ancienne tour carrée construite autrefois pour la défense de l'entrée du pays ; ce poste est depuis longtemps abandonné.

Description de Martigny, Saint-Maurice, Bex, Villeneuve, Vevey, Lausanne, Yverdon et Morges.

Vis-à-vis de Morges est situé le bourg d'Evian, dont les eaux minérales ont dans le pays quelque réputation ; le chemin qui y conduit de Genève est parfaitement bien tenu...

Le chemin de Genève au Châble est bon, et la campagne qu'il fait parcourir est très belle ; il n'en est point de même de Châble à [la] Caille ; cette traversée est hérissée de montagnes, dont plusieurs fort longues et fort rudes.

Avis utile. — Les postes sont établies dans les états de Sa Majesté sarde et passablement montées ; lorsqu'on se détermine à ne point faire usage de voiturins, l'on fait chercher des chevaux à *Carouge* (poste française qui est située à une petite lieue de Genève) qui conduisent à *Caille,* première station (sur la présente route) des états de Savoie. Le maître de poste de Carouge est autorisé à se faire payer (lorsque ses chevaux rétrogradent sur Genève) un quart de poste de gratification ; on s'arrange facilement avec lui et à meilleur compte.

Annecy. L'auberge située hors de la ville est très bonne ; petite ville située sur le lac de ce nom, au centre de trois gorges assez étroites qui y aboutissent (*sic*) les rues y sont étroites et sales ; et la majeure partie des maisons y sont construites en bois. Cette ville, qui annonce peu de population, d'aisance et de commerce, est néanmoins dévorée par 3 ou 4 couvents d'ordres mendiants qui y sont en nombre et qui y vivent : deux de religieuses de la Visitation, un de Dominicains, un de Capucins, deux de Bénédictins et de religieuses de Saint-Clair, un de Cordeliers, un de Barnabites, etc. La route d'Annecy à Saint-Philippe [lire Saint-Félix] longe une gorge étroite, triste, inanimée et pauvrement cultivée. De Saint-Philippe (St-Félix) à Aix-les-Bains, le chemin est à peu près le même. Les curieux qui ne veulent rien omettre s'arrêtent ici pour voir les bains et les bâtiments qui en dépendent ; la réputation de ces eaux minérales n'est point équivoque ; elles sont cependant peu fréquentées, quoiqu'il s'y réunisse dans la belle saison quelques compagnies du voisinage, ce qui y donne un peu de mouvement.

D'Aix-les-Bains à Chambéry, on remonte la

rivière d'Orbanne [Albane] ; elle est peu large, mais fort rapide ; elle s'est emparée de tout le vallon par l'inconstance de son cours et le peu de profondeur de son lit. La descente qui amène à Chambéry a nécessité et demande encore un très grand travail : les terrasses qu'il a fallu faire (et que l'on continue de construire) pour l'élargissement du chemin et le soutien des terres méritent les éloges des gens de l'art et la reconnaissance des voyageurs.

Chambéry (*à la Poste*, bonne auberge)... Il n'y a guère qu'une seule rue, un peu large et ornée de quelques belles maisons ; c'est dans cette rue-ci où se fait le plus de commerce et où l'on remarque un peu de mouvement, et tous les autres quartiers sont tristes, mal pavés et déserts.

Avis utile. — Arrivé à Chambéry, on ne doit point négliger de faire chercher chez le commandant un *bulletin de poste*, qui devient indispensable pour le reste de la route. Les postes y sont indiquées, ainsi que le prix des chevaux, le salaire des postillons et le droit du garçon d'écurie qui attelle...

D'Aiguebelle à Saint-Jean, le chemin devient moins beau, moins agréable, mais il est bon partout.

... C'est à partir d'Aiguebelle que l'œil commence à être fatigué de la vue des goîtreux : hommes et femmes, jeunes et vieux, en portent d'excessivement grosses, et souvent doubles. Les habitants de la vallée d'Aoste passent pour en être les plus affligés. Il en est nombre dont les goitres descendent presque vers la poitrine et d'une grosseur effrayante ; en général le sang (*sic*) sur toute cette route jusqu'à Suse, est excessivement laid...

Toute cette route [de Saint-Jean à Lans-le-Bourg] est pénible, quelques soins que l'on ait apportés pour la perfectionner, il reste des montagnes à franchir très longues et fort roides ; mais nulle part la route n'est dangereuse ; les barrières et les garde-fous y sont prodigués de manière à dissiper jusqu'à l'ombre de la peur.

Avis utile. — L'auberge de Lans-le-Bourg est détestable, mal approvisionnée, logements malpropres et ridiculement chers. Nous proposons aux voyageurs qui feraient cette même route de disposer leur marche d'après les deux plans ci-dessous.

Premier plan.

De Genève à Chambéry	postes.	8 1/4
De Chambéry à Saint-André	—	9 1/2
De Saint-André à Suse	—	7
De Suse à Turin	—	5
Total	—	29 3/4

Second plan.

De Genève à Aiguebelle	postes.	11 3/4
D'Aiguebelle à la Novalaise	—	12
De la Novalaise à Turin	—	6
Total	—	29 3/4

Suivant le premier plan, on partirait à sa commodité de Genève, et cette première couchée est très bonne ; la seconde sera moins favorable ; il sera prudent même de s'approvisionner de quelques vivres avant de quitter Chambéry. De Saint-André à Suse on a la traversée du Mont-Cenis, qui fait perdre du temps ; on peut s'arrêter à la *Grande Croix* pour le diner : on est sûr d'y trouver d'excellents poissons, mais rarement autre chose ; cela donnera le temps de remonter et de recharger la voiture (*sic*). L'auberge de la *Poste*, à Suse, est passablement bonne.

Le second plan ne peut être adopté que dans la plus belle saison, et lorsqu'on ne traine point avec soi un trop volumineux et trop pesant équipage. La journée de Genève à Aiguebelle est facile si l'on part à l'ouverture des portes, et si l'on ne fait que se rafraîchir en route. Il faut compter sur près de 15 heures de marche d'Aiguebelle à la Novalaise ; on doit s'attendre à près de 16 heures de route, encore supposons-nous qu'un courrier intelligent et au fait de ce passage aura été envoyé quelques heures en avant pour s'assurer des muletiers nécessaires et de convenir avec eux du prix de toutes choses, etc., en sorte que la voiture arrivant à Lans-le-Bourg, elle soit aussitôt déchargée et les malles et équipages mis avec la même diligence sur le dos des mulets.

Deux mulets sont employés à porter la caisse de la voiture ; un troisième est chargé de deux malles et du panier (ou vache), si ces trois articles n'excèdent point le poids qu'il est prescrit que ces animaux doivent porter ; on en attelle deux autres au train de la voiture, et on y ajoute quatre hommes, qui ne sont point de trop : en tout 5 mulets et 6 hommes.

Cette journée est pénible, sans doute, mais elle avance beaucoup. On se repose à la Novalaise, et pendant votre sommeil la voiture se remonte, se recharge, et vous arrivez le lendemain à Turin, fort à l'aise, pour y dîner.

On ne saurait trop surveiller la manœuvre des ouvriers qui se présentent pour décharger et démonter la voiture, non seulement à cause de leur maladresse, mais encore par l'infidélité de quelques-uns d'entre eux. On doit consigner au chef conducteur, par écrit ou devant témoins et dans le plus grand détail, tout ce dont on les charge, afin qu'ils les représentent de l'autre côté de la montagne. Encore, quelque précaution que l'on prenne à leur égard, s'apercevra-t-on que l'on n'aura point tout prévu. Notre avis subsiste également, et pour les mêmes motifs, relativement aux ouvriers et hommes de main de la Novalaise, ces derniers ne sont pas plus scrupuleux que les premiers : nous en parlons d'après expérience. Nous donnâmes 60 livres de Piémont, tant pour le roulage du train de notre voiture dans son entier que pour le transport de la caisse, de deux malles, d'un vaste panier, etc. Ils étaient six hommes et autant de mulets.

Lans-le-Bourg est situé au pied du Mont-Cenis : c'est de ce côté le dernier village du duché de Savoie. Il est le plus riche de tous ceux que traverse cette route. Un nombre considérable de ses habitants ne cessent d'y être occupés pour le passage des voyageurs, le transport des équipages et des marchandises qui prennent ce débouché. On ne compte pas moins de 200 mulets ou chevaux qui ne cessent de faire le trajet d'ici à la Novalaise. Le nombre est moindre d'un tiers (dit-on) à la Novalaise, pour ce même service, parce que peu de voyageurs rétrogradent sur ce passage ; beaucoup passent d'Italie en Allemagne ; d'autres préfèrent de s'embarquer à Livourne ou à Gênes, pour se rendre à Antibes ou Toulon ; d'autres enfin pénètrent d'Italie en Suisse par le Milanais et le Mont Saint-Gothard.

Ce passage célèbre [du Mont-Cenis] auquel on ne cesse point de travailler, n'a presque plus rien de son ancienne roideur ; il ne lui reste aucun endroit dangereux ; on a tellement adouci le chemin que l'on parvient des deux côtés sur le plateau sans descendre de cheval ; il est même probable qu'on le perfectionnera, avec le temps, au point d'y faire passer les voitures avec leur caisse. On commence, depuis quelques années, à transporter dans leur entier les trains à deux et à quatre roues ; il en coûte un peu plus de cette façon, mais elle est néanmoins plus avantageuse au propriétaire de la voiture. Le démembrement qu'il en fallait faire occasionnait une perte de temps considérable de l'un et de l'autre côté, et souvent nécessitait des réparations dispendieuses (toujours mal faites) par le manque d'attention, la maladresse ou l'envie de gagner de la part de ceux qui se présentent pour ce double travail. Quatre hommes aidés de deux ou trois mulets suffisent pour ce transport. La caisse et tout le reste de l'équipage se voiturent séparément et emploient plus ou moins de mulets, en raison de leur volume et de leur pesanteur.

Sa Majesté sarde avait précédemment établi à Lans-le-Bourg et à la Novalaise un bureau dans lequel était exposé un tarif qui déterminait le prix de chaque objet à transporter : tant pour la caisse, pour les roues, le brancard, etc., selon leur poids. Cette sage police vient d'être supprimée. Il a été établi un poste à Lans-le-Bourg qui conduit à *Tavernette*, et de Tavernette à la Novalaise ; elle se paie sur le même pied que toutes celles des états de Sa Majesté, c'est-à-dire 40 sols de Piémont pour chaque cheval et 15 sols pour chaque postillon. Quant au transport des voitures, malles ou ballots quelconques, on est aujourd'hui dans la nécessité de s'arranger le moins désavantageusement que l'on peut avec les muletiers qui se présentent, et qui sont toujours en nombre de l'un et de l'autre côté de la montagne. Cette concurrence fait que les voyageurs sont un peu moins rançonnés.

De Lans-le-Bourg à la plateforme du Mont-Cenis, on s'élève tantôt lentement, tantôt rapidement. On passe quelques endroits désagréables : ce sont ceux qui traversent les torrents... On met communément une forte heure pour arriver (à la plateforme du Mont-Cenis) à partir du pont de Lans-le-Bourg, et un peu moins pour descendre de ce même plateau à Lans-le-Bourg. Quand les neiges couvrent cette pente, dix minutes suffisent : c'est ce que l'on appelle sur les lieux *se faire ramasser*. Le voyageur se place sur une espèce de petit traîneau, qu'un conducteur dirige de la manière la plus adroite et la plus sûre au moyen de deux courts bâtons ferrés qu'il tient dans ses mains, qui lui servent à ralentir, précipiter ou arrêter la course, selon la nature du terrain. La *ramasse* du côté de la Novalaise est beaucoup moins vive, par la grande fréquence des zig-zag qu'il faut suivre, et qui ralentissent la marche.

... On compte sur cette petite plaine [du Mont-Cenis] trois établissements (il ne reste l'hiver que sept feux en tout) : celui de *Tavernette* (placé à peu près au centre), où s'est établie la poste ; l'*Hôpital*, situé à une portée de carabine de Tavernette, et l'hôtellerie de la Grande Croix, placée à l'extrémité de la plaine et peu éloignée de la première descente, dite des *Echelles*... Les maisons ou plutôt les baraques que l'on voit éparses çà et là sur les côtes et dans cette petite plaine ne sont habitées que l'été par ceux qui y amènent leurs bestiaux et qui y fabriquent des fromages...

Il est encore une autre manière de faire ce passage pour ceux qui ne pourraient supporter la fatigue du cheval. On trouve à Lans-le-Bourg, ainsi qu'à Novalaise, des porteurs qui vous transportent d'un côté de la montagne à l'autre dans des chaises depuis peu couvertes, fermées et même assez propres (car tout se perfectionne et le luxe perce partout)...

La *Novalaise*... 100 ou 150 maisons bordent de droite et de gauche une rue extraordinairement étroite, que le continuel passage des mulets et des chevaux rend de la plus grande malpropreté. On remonte et l'on recharge les voitures à la *Novalaise*. On est harcelé dans ce village par les commis des douanes de Piémont. Leur visite est de rigueur et fait perdre beaucoup de temps, si l'on se refuse d'abréger la cérémonie au moyen d'une petite rétribution qu'on leur fait donner. Dans tous les cas, c'est assurément le meilleur parti que l'on puisse prendre, parce que, outre le dérangement des malles qu'ils peuvent visiter de fond en comble, et la nécessité de les refaire ensuite (ce qui n'est point une petite besogne) on est alors entouré d'un tas de coquins qui dévorent des yeux vos effets, et quelque attention que vous y donniez, il est rare de les soustraire tous de leurs mains.

XXXIII.

L'économiste anglais Young en Savoie.

Les historiens font souvent appel au témoignage du célèbre *Voyage en France*, d'Arthur Young.

L'économiste anglais a laissé des pages curieuses sur la Savoie, qu'il traversa à la descente du Mont-Cenis, en décembre 1789 (1). Toutefois, son jugement sur le régime seigneurial est trop sommaire, quand il dit que, dans les communes de la montagne, il n'y avait plus de seigneurs, et que, dans la plaine, il y en avait partout. Young ignorait que, grâce à l'initiative prise le 19 décembre 1771 par le roi de Sardaigne dans le mémorable édit d'affranchissement, les divers droits féodaux étaient peu à peu expropriés, moyennant indemnité ; exemple remarquable de l'initiative intelligente de la maison de Savoie. De 1771 à 1792, dans le duché de

---

(1) YOUNG : *Voyages en France pendant les années 1787, 1788, 1789*. Traduit de l'anglais par LESAGE, Paris 1882, 2 vol., t. I, p. 333.

Savoie, trois millions de livres furent payées aux seigneurs pour le rachat de divers droits féodaux, et cinq autres millions furent l'objet de contrats de rachat, dont l'exécution fut arrêtée par l'invasion du pays par l'armée française.

Le 21 décembre [1789]. — Jour le plus court de l'année pour une expédition qui eût demandé tout le contraire, le passage du Mont-Cenis, sur lequel tant de choses ont été écrites. Pour ceux que la lecture a remplis de l'attente de quelque chose de sublime, c'est une illusion aussi grande qu'on en peut trouver dans les romans ; si l'on en croyait les voyageurs, la descente en « ramassant » sur la neige se fait avec la rapidité de l'éclair. Mon malheur ne me permit pas de rencontrer quelque chose d'aussi merveilleux. A la *Grande Croix*, nous nous assîmes entre quatre bâtons parés du nom de traîneau, on y attelle une mule, et un conducteur qui marche entre l'animal et le traîneau sert principalement à fouetter de neige la figure du voyageur. Arrivés au précipice qui mène à Lans-le-Bourg, on renvoie la mule et on commence à « ramasser ». Le poids de deux personnes, le guide s'étant mis à l'avant du traîneau pour le diriger avec ses talons dans la neige, est suffisant à mettre le tout en mouvement. Pendant la plus grande partie de la route, il se contente de suivre très modestement le sentier des mules, mais de temps en temps, pour éviter un détour, il prend la droite ligne, et alors le mouvement est assez rapide pour être agréable. Les guides pourraient raccourcir de moitié et satisfaire les Anglais avec cette rapidité qui leur plaît tant. Actuellement, on ne va pas plus vite qu'un bon cheval anglais au trot. Les exagérations viennent peut-être de voyageurs qui, passant l'été, ont cru les muletiers sur parole. Voyager sur la neige fait naître assez communément de risibles incidents : la route des traineaux n'est pas plus large que ce véhicule, et quelquefois nous rencontrions des mules. On se démandait souvent qui céderait le pas, et avec raison, car la neige a dix pieds de profondeur, et les pauvres bêtes y regardaient avant de s'engloutir. Une jeune Savoyarde, montée sur un mulet, fut tout à fait malheureuse ; en passant près du traineau, sa monture, qui était rétive, trébucha et la jeta dans la neige. La pauvrette y tomba la tête la première, et assez profondément pour que ses grâces fissent l'effet d'un poteau fourchu. Les mauvais plaisants de muletiers riaient de trop bon cœur pour songer à la tirer d'embarras. Si c'eût été une ballerina italienne, l'attitude n'aurait eu pour elle rien de bien mortifiant. Ces aventures joviales et un beau soleil firent passer agréablement la journée, et à Lans-le-Bourg nous étions d'assez bonne humeur pour avaler de bon appétit un dîner qu'en Angleterre nous eussions fait porter au chenil.

Le 22 décembre. — Passé tout le jour dans les hautes Alpes. Les villages paraissent pauvres, les maisons sont mal bâties, et les gens n'ont pour leur bien-être que du bois de pin en abondance, encore les forêts qui le fournissent sont-elles le refuge des ours et des loups. Dîner à Modane, coucher à Saint-Michel.

Le 23. — Traversé Saint-Jean-de-Maurienne, siège épiscopal ; rencontré tout auprès quelque chose de mieux qu'un évêque, la plus jolie ou plus exactement la seule jolie femme que nous ayons vue en Savoie. On nous dit que c'était Mad. de la Coste, femme d'un fermier des tabacs. J'aurais été plus content de savoir qu'elle appartenait à la charrue. Les montagnes se montrent moins menaçantes, elles s'écartent assez pour offrir à la courageuse industrie des habitants quelque chose comme une vallée, mais le torrent, qui en est jaloux, s'en empare avec la violence du despotisme, et comme ses frères les tyrans, il ne règne que pour ravager. Les vignes s'étendent sur quelques pentes, les mûriers commencent à paraître, les villages deviennent plus grands, mais ce sont des amas informes de pierres plutôt que des rangées régulières de maisons. Cependant, à l'intérieur de ces humbles chaumières, au pied de ces montagnes couvertes de neige où la lumière ne vient que tardivement, et où la main de l'homme semble plutôt l'exclure que la rechercher, la paix et le contentement qui accompagnent une vie honnête pourraient, devraient trouver un asile si la nature seule y faisait sentir sa misère ; le poids du despotisme peut être plus lourd encore. Par instants la vue est pittoresque et agréable, des enclos s'attachant aux parois de la montagne, comme un tableau fixé au mur d'une chambre. Les gens sont en général mortellement laids et de petite taille. La Chambre, triste diner, coucher à Aiguebelle.

Le 24. — Aujourd'hui le pays devient bien meilleur, nous approchons de Chambéry ; les montagnes s'éloignent, tout en gardant leur hauteur imposante ; les vallées s'élargissent, les versants se cultivent, et près de la capitale de la Savoie de nombreuses maisons de campagne animent cette scène. Au-dessus de Mal-Taverne se trouve Châteauneuf, résidence de la comtesse de ce nom. Je fus indigné de voir au village un *carcan* avec une chaîne et un collier de fer, signe de l'arrogance seigneuriale de la noblesse et de la servitude du peuple. Je demandai pourquoi il n'avait pas été brûlé avec l'horreur qu'il méritait. Cette question n'excita pas la surprise. comme je m'y attendais, et comme elle l'aurait fait avant la Révolution française. Ceci amena une conversation dans laquelle j'appris qu'en Hte-Savoie (2) il n'y a pas de seigneurs ; les gens y sont en général à leur aise ; ils ont quelques petites propriétés et, malgré la nature, la terre y est presque aussi chère que dans le pays bas, où les gens sont pauvres et malheureux. Pourquoi ? — Parce qu'il y a partout des seigneurs. Quel malheur que la noblesse, au lieu d'être le soutien, la bienfaitrice de ses pauvres voisins, devienne son tyran par ces exécrables droits féodaux. N'y a-t-il donc que les révolutions qui, en brûlant ses châteaux, la force à céder à la violence ce qu'elle devrait accorder à la misère et à l'humanité ?

Nous nous étions arrangés de manière à arriver de bone heure à Chambéry, pour visiter le peu qu'il y a de curieux. C'est le séjour d'hiver de presque toute la noblesse savoyarde. Le plus beau domaine du duché ne donne pas au-delà de 60.000 livres de Piémont (3.000 livres sterling), mais on vit ici en grand seigneur pour 20.000 livres. Un gentilhomme qui n'a que 150 louis de revenu veut passer trois mois à la ville ; pour y faire pauvre figure, il doit donc mener une misérable vie pendant les neuf mois de campagne.

Les oisifs de Chambéry voient leur Noël manquée, la cour n'a pas permis l'entrée de la troupe ordinaire de comédiens français, craignant qu'ils n'apportassent avec eux, à ces rudes montagnards, l'esprit de liberté de leur pays. Est-ce faiblesse, est-ce bonne politique ?

Chambéry avait pour moi des objets plus intéressants. Je brûlais de voir les Charmettes, le chemin, la maison de Mme de Warens, la vigne, le jardin, tout en un mot de ce qui a été décrit par l'inimitable plume de Rousseau. Il y

---

(2) C'est-à-dire dans les hautes vallées du duché de Savoie.

avait dans Mme de Warens quelque chose de si délicieusement aimable, en dépit de ses faiblesses : sa gaieté constante, son égalité d'humeur, sa tendresse, son humanité, ses entreprises agricoles, et plus que tout, l'amour de Rousseau, ont gravé son nom parmi le petit nombre de ceux dont la mémoire nous est chère, par des raisons plus aisées à sentir qu'à expliquer. La maison est à un mille environ de Chambéry, faisant face au chemin rocailleux qui mène à la vigne et à la châtaigneraie, située dans la vallée. Elle est petite, semblable à celle d'un fermier de cent acres, sans prétentions, en Angleterre ; le jardin pour les fleurs et les arbustes est très simple. Le tableau plaît ; on aime à se savoir près de la ville sans la sentir en rien, comme Rousseau l'a décrit. Il ne pouvait que m'intéresser, et je le vis avec la plus grande émotion, il me souriait même avec la triste nudité de décembre. Je m'égarai sur ces collines où Rousseau s'était certainement promené, et qu'il avait peintes de couleurs si agréables. En retournant à Chambéry, mon cœur était plein de Mme de Warens.

Nous avions dans notre compagnie un jeune médecin, M. Bernard, de Modane en Maurienne, homme de bonnes manières, ayant des relations à Chambéry ; je fus fâché de le voir ignorant de tout ce qui concernait Mme de Warens, excepté sa mort...

Le 26. — Quitté Chambéry avec le regret de ne pas le connaitre davantage. Rousseau fait une agréable peinture du caractère de ses habitants : « s'il est une petite ville au monde où « l'on goûte la douceur de la vie dans un com- « merce agréable et sûr, c'est Chambéry. » J'aurais voulu pouvoir l'apprécier. Voici la pire journée qu'il y ait eu pour moi depuis bien des mois : un dégel glacial accompagné de pluie et de neige fondue ; cependant, à cette époque de l'année où la nature laisse à peine paraître un sourire, les environs étaient charmants ; les vallées, les collines se mêlent dans une telle confusion que l'ensemble est assez pittoresque pour accompagner une scène du désert, et assez adouci par la culture et les habitations pour produire une beauté enchanteresse...

XXXIV.

Les perplexités d'un curé français fuyant la Révolution et la retrouvant en Savoie.

Lors de l'exécution du décret sur la déportation des prêtres réfractaires, une véritable panique s'empara du clergé du diocèse d'Orléans. L'abbé Desnoues, curé de Cravant, dans le Loiret, décida de se réfugier en Savoie et se mit en route, le 1er septembre 1792, emmenant dans son cabriolet son collègue, le curé de Saint-Pierre de Meung.

Le moment était mal choisi : les deux prêtres émigrés arrivèrent en Savoie au moment où cette terre française de cœur depuis des siècles allait devenir française de fait à la suite de la pacifique occupation de la Savoie par les troupes du général Montesquiou, dans la nuit du 21 au 22 septembre 1792.

L'abbé Desnoues a laissé le récit de son émigration en Savoie ; les pages sur l'effarement des Piémontais devant cette brusque conquête présentent un témoignage peu connu d'une grande valeur (1).

8 septembre [1792]. — Nous descendîmes bientôt la vallée qui conduit au Pont-de-Beauvoisin, petite ville qui devait nous servir d'issue pour passer de France en

---

(1) Ce manuscrit est conservé à la Bibliothèque d'Orléans ; des extraits ont été publiés en 1899, par M. Cochard, dans les *Annales religieuses d'Orléans*.

Savoie. Nous redoutions par avance les soldats qui y étaient en garnison, et le peuple lui-même, dont une si grande multitude d'émigrants pouvait exciter l'indignation. Il était dix heures du matin, et l'heure de la messe, ainsi qu'à la Tour-du-Pin, augmentait l'affluence et le concours. A notre aspect les clameurs redoublèrent ; c'était bien peu de chose pour des malheureux qui eussent été infailliblement massacrés, si on eût exécuté les ordres de l'Assemblée nationale. A la douane, on parut très sensible à la manière dont on nous avait enlevé notre argent ; les directeurs de cette petite ville en laissaient à chacun une partie pour entrer en Savoie. La visite de nos habits et de nos paquets fut également honnête, et des soldats de ligne qui nous accompagnèrent à la Municipalité eurent pour nous plus d'égards que nous n'eussions pas osé l'espérer ; il nous eût été bien avantageux de partir avant la grande messe, mais comme les chevaux nous manquaient, il fallut se résoudre à rester dans un café jusqu'à deux heures après-midi, en attendant que notre émigration pût être consommée. Le pont de Beauvoisin est situé sur une petite rivière, au milieu de la ville. Il a peut-être six à huit toises de longueur. Une extrémité appartient à la France, la seconde au duc de Savoie. La première était bordée de soldats patriotes, à qui nous remîmes nos cocardes, et l'autre de troupes piémontaises. Les habitants savoyards de la seconde partie de la ville s'approchèrent de notre voiture. Chacun nous félicitait d'avoir pu échapper aux violences de nos persécuteurs et mettait en opposition avec nos malheurs passés le bonheur dont nous jouirions sous l'empire du roi de Sardaigne...

Jusqu'à Chambéry, capitale de la Savoie, c'est-à-dire pendant l'espace de quatre lieues, qui dans ce pays-là équivalent au double des nôtres, nous côtoyâmes ces superbes montagnes qui conduisent à la Grande-Chartreuse de Grenoble ; c'est une perspective dont on a peine à se former une idée ; nous l'avions à notre gauche, tandis que nous faisions route sur une superbe terrasse que l'art a pratiquée auprès d'un précipice épouvantable. Rien de plus beau que de voir des rochers aplanis et devenus des superbes promenades. C'est pourtant là le digne fruit des soins des ducs de Savoie pour faciliter le commerce entre leur capitale et les frontières de la France (a). Cependant, malgré tant de travaux, les communications eurent été interrompues par une montagne de pierre dite montagne de la Grotte, haute de plus de 200 pieds, à travers laquelle il fallait, pour continuer le chemin, ouvrir aux voituriers un passage d'une demi-lieue de longueur. Les Romains avaient tenté inutilement cette entreprise. Depuis deux cents ans, un duc de Savoie a su exécuter un dessein qui paraissait au-dessus des forces humaines. Or, il y pratiqua une voie très spacieuse, plusieurs voitures peuvent y passer de front, et l'on est étonné de marcher sur un rocher dont les deux parties qui forment sa division s'élèvent à perte de vue aux deux côtés. Que de bras ont concouru à ce grand ouvrage, que de mines on a dû faire jouer pour renverser successivement tous ces morceaux de pierres, avec lesquelles on aurait pu bâtir facilement une ville entière. Aussi une inscription latine, incrustée sur une sorte d'arcade au milieu de cette route, annonce et les vaines tentatives des anciens sur cette montagne si fameuse, et les succès du monarque qui a su vaincre si efficacement la nature pour l'utilité du peuple.

(a) Passage des Echelles.

Une merveille succédait à une autre, dans des lieux qui ressemblaient aux plus tristes solitudes. Nous crûmes voir l'instant d'après cette fontaine miraculeuse que Moïse fit sortir du rocher dans le désert pour apaiser la soif du peuple israélite. De plus de cent cinquante pieds de haut sortait d'une montagne, par une seule ouverture, une quantité d'eau dont le volume pouvait être à chaque seconde égal à celle que contient un de nos tonneaux ; une pierre presque aiguë se trouvait au bas pour la recevoir, laquelle séparant cette masse d'eau en autant de parties qu'il s'en trouvait qui se divisassent sur les angles formait à plusieurs toises de circonférence un brouillard et des jets d'eau qui remontaient d'eux-mêmes à une certaine hauteur (*b*). Nous descendimes de voiture pour contempler ce nouveau fleuve d'aussi près qu'on le pouvait sans être mouillé, et notre curiosité fut doublement satisfaite par la vue des cascades que formait le torrent, qui paraissait d'abord s'ensevelir dans un gouffre pour remonter peu après avec un vacarme horrible, à cause des obstacles qu'il avait éprouvés.

Ce fut au sortir de ces lieux si précieux pour un naturaliste que nous arrivâmes, vers les dix heures du soir, à Chambéry, ville assez grande et qui n'a rien de magnifique que le Château, extrêmement élevé, et la place d'Armes, sur laquelle il domine. La cathédrale était vaste, claire et sans ornements ; ils étaient plus prodigués dans l'église des Dominicaines, dont on ne pourrait assez admirer le dôme et ses peintures. Les Communautés d'hommes et de filles y étaient en grand nombre. Celle de la Visitation était située hors la ville. Nous soupâmes à table d'hôte, que des étrangers émigrés remplis-

---
(*b*) Cascade de Couz.

saient. Chacun y faisait part de ses aventures. Je racontais à un particulier qui était assis auprès de moi la manière dont on nous avait enlevé notre argent pour y substituer des assignats. C'était un ecclésiastique qui avait une place distinguée à la Cour de France. Il parut prendre intérêt à mon récit, me combla d'attention et de politesses ; mais je fus encore plus surpris lorsqu'au moment où chacun se retirait, il me prit en particulier et voulut me forcer à recevoir quatre louis, s'excusant de ne pouvoir m'en offrir davantage. Je le remerciai, sous prétexte que nous pourrions changer nos assignats. Il fit tant d'instances que j'acceptais soixante-douze francs ; et comme je voulais savoir dans quel endroit je pourrais ensuite les lui rendre : Je n'ai point d'autre domicile que celui des princes, me répondit-il, je vais les trouver, vous me rendrez cet argent quand ils seront à Paris, je vous prie seulement de taire mon nom, qu'il me déclina aussitôt. Je l'ai rencontré depuis, allant en Allemagne, je lui ai réitéré mes remerciements, et il me promit son amitié.

Le patriotisme avait ses prosélytes à Chambéry ; ils se montraient publiquement, s'assemblaient de même ; la salle de leur réunion portait le nom de club ; et des enfants chantaient derrière nous, dans les rues, la chanson *Ça ira !* On aime toujours à se flatter. Nous crûmes que la propagande n'avait pas envoyé ses émissaires dans une petite ville aussi enfoncée dans la Savoie que celle d'Annecy. Dès le lendemain dimanche 9 septembre, ayant laissé notre voiture chez notre aubergiste, nous profitâmes d'un carrosse de retour qui devait nous conduire au tombeau du saint évêque de Genève, auprès duquel nous avions dessein de faire notre domicile.

La ville d'Aix se trouva sur notre passage. Si

sa petitesse doit la confondre avec ces villages qu'un voyageur doit omettre dans sa narration, ses eaux minérales la rendent avec raison célèbre chez les étrangers, qui y arrivent de toutes parts pour la guérison des rhumatismes et paralysies ; elles sont chaudes de manière à y plonger à peine la main ; et dans le bâtiment construit par le duc de Savoie, on a su y pratiquer des bains avec des cases de toutes espèces, non seulement pour les étrangers, mais pour les pauvres Savoyards aussi bien que pour les souverains eux-mêmes. Des chevaliers de saint Louis y demeuraient depuis un an. Ils vinrent au-devant de nous dans la rue, avec cette commisération qui se trouve dans les âmes sensibles, à qui des malheurs personnels apprennent de plus à plaindre leurs semblables. Ils nous racontèrent toutes les nouvelles qu'on débitait alors comme vraies, parce qu'on désirait qu'elles le fussent.

La nuit nous obligea de coucher à Saint-Félix, paroisse la plus isolée qu'on puisse imaginer. Quelle église ? Quel presbytère que celui dans lequel nous allâmes saluer M. le curé et son vicaire, réunis avec une sœur dans une prétendue chambre haute, qui ne porterait pas chez nous le nom de grenier ? C'est pourtant ainsi que sont bâtis presque tous les presbytères de Savoie, c'est ainsi que pendant le reste de notre voyage nous avons vu ces braves curés logés, sur les montagnes, au milieu d'un troupeau dont les ouailles conservaient pour eux l'obéissance et le respect le plus accompli et pratiquaient à l'envi les plus belles vertus du christianisme. Pour prévenir les inconvénients de la neige, une petite ouverture longue et étroite servait de fenêtre au rez-de-chaussée ; encore est-elle placée au haut du plancher. Ces maisons sont pourtant des palais, en comparaison des huttes dans lesquelles demeurent les pauvres Savoyards.

Il ne nous restait plus que trois lieues, le lendemain 10 septembre, pour nous rendre à Annecy. Aussi y arrivâmes-nous de très bonne heure. La ville, sans être trop grande, renferme plus de huit mille âmes. La structure des maisons y est assez singulière, mais partout uniforme, ce qui semble annoncer qu'elles ont été bâties toutes ensemble. Des arcades couvertes règnent des deux côtés des rues, de manière qu'on peut sortir sans être mouillé ; elles sont bâties en pierre et soutiennent le reste du bâtiment, qui a plusieurs étages. Le rez-de-chaussée est au fond de la galerie, vis-à-vis l'arcade qui y correspond ; c'est presque toujours une boutique ; et quoi qu'on ne puisse déterminer le commerce particulier de cette ville, tout le monde y est marchand en détail. Dans chaque maison est une cour très étroite et une écurie, ce qui rend l'air malsain. Les allées des maisons sont profondes et obscures ; les escaliers, toujours en pierre, ressemblent à ceux des tours et des clochers ; on n'y voit pas clair en plein midi. Une extrémité du lac d'Annecy baigne les murs de la ville ; il est étroit et resserré par une montagne, au pied de laquelle est une promenade publique assez jolie nommée le *Paquier*. Les églises y étaient spacieuses, les sonneries brillantes ; on y comptait deux Chapitres (c). La cathédrale, assez petite, était décorée tres. La cathédrale, assez petite, était décorée dans le goût des Bénédictins d'Orléans. Les chanoines y portaient le rochet à manches, la chappe violette et le chapperon rouge. Le châ-

---

(c) Celui de Saint-Pierre de Genève et celui de Notre-Dame-de-Liesse.

teau est auprès de cette église, ainsi que le superbe palais épiscopal, nouvellement bâti (*d*). Nous saluâmes le prélat, qui nous accorda la permission de célébrer la messe, et peu après le gouverneur de la ville, sans lequel nous ne pouvions louer aucun appartement. C'était une chose très difficile d'en trouver. Mme la comtesse d'Entraigues, sœur de M. de Saint-Priest, mère compatissante de tous les prêtres émigrés, nous logea chez un chanoine de la collégiale, qui dès le lendemain imagina que nous prenions plaisir à décrier sa maison en y introduisant nos amis. Cette raison et la rencontre de MM. Bonneau (2) et Toennier (3) de Blois, nous décida à louer une autre maison, dans laquelle nous devions tenir notre ménage et faire nous-mêmes la cuisine. Chacun se chargea de sa partie dans ce nouvel arrangement, excepté l'écrivain de cette narration. D'autres prêtres avaient su se mettre en pension chez les Dominicains, les Barnabites, même à l'hôpital ; mais toutes les places étaient occupées avant que nous fussions arrivés dans cette ville. Les Capucins, situés sur un monticule hors la ville (*e*), ne voulaient pas en recevoir. MM. les Sulpiciens ne le pouvaient pas à cause de l'ordination, qui était prochaine (*f*), car du reste le bâtiment du Séminaire, qui est également hors ville, est des plus magnifiques.

J'avais souvent entendu parler de la Confrérie des *Pénitents*. Ils avaient à Annecy une

---

(*d*) Il n'était même pas complètement terminé en 1792.

(2) En 1803, curé d'Aray.

(3) M. Thoinier était curé de Saint-Martin-de-Vendôme ; il fut, après le Concordat, le principal fondateur de la Petite-Eglise dans le Vendômois.

(*e*) Sur l'emplacement de l'Hôpital actuel.

(*f*) Au Grand Séminaire.

chapelle, dans laquelle ils s'assemblaient ; l'Exaltation de la Sainte Croix est leur fête principale ; nous y allâmes donc à vêpres le 14 septembre ; eux-mêmes les chantèrent, revêtus de leur robe de toile noire, avec une ceinture de cuir. A la suite d'un sermon, ils procédèrent à une procession, qui avait pour station l'église des Clairettes (g), chacun d'eux rabattait sur sa tête un capuchon pointu, dont l'extrémité descendait sur l'estomac et ne leur laissait voir le chemin que par des yeux de verre ou lunettes qui y étaient attachés ; plusieurs marchaient nus pieds, portant au haut d'un grand bâton les instruments de la Passion de Jésus-Christ, tels que la lance, l'éponge, les lanternes sombres et à demi renversées, dans lesquelles brûlait une chandelle qui à peine était aperçue. Rien n'était si lugubre ; ils étaient précédés de pénitentes blanches. Ce sont des femmes et des filles couvertes de grands suaires blancs et à manches, avec des capuchons aussi rabattus par devant. Les uns et les autres chantaient en deux chœurs les Litanies de la Sainte-Vierge en marchant autour de la ville. Ils nous virent de bon œil, et je me rappelle que l'un de ces pénitents dit à l'un de ses amis, en nous regardant entrer dans la chapelle : Laissez passer ces Messieurs, ce sont les amis de la Croix, ils ont tout quitté pour la suivre.

Au dehors d'Annecy, près du couvent de l'Annonciade (h), on trouvait le couvent de la petite

---

(g) Probablement l'église du couvent de Sainte-Claire.
(h) Situé sur l'emplacement compris entre la place au Bois, le passage Golliardi, la rue des Annonciades et le quai.

Visitation (1), composé de trente-deux religieuses, dont l'église était jolie et très propre. C'était le berceau de l'Ordre qui en porte le nom. On y montrait encore la chambre dans laquelle saint François de Sales disait la messe et eut tant de conversations avec la Mère de Chantal. La grande Visitation était dans la ville même et contenait quarante religieuses professes. L'église était parfaitement semblable à celle de Saint-Maclou d'Orléans, mais plus courte ; dans deux chapelles avaient été enterrés le saint évêque de Genève et sa digne coopératrice ; leurs mausolées y étaient encore. La châsse de sainte Chantal, placée dans sa chapelle sur un piédestal, était toute d'argent, avec un verre extrêmement large qui laissait apercevoir la sainte dans toute sa longueur, revêtue d'une des robes qu'elle portait. Quant à la châsse de saint François de Sales, c'était un vrai cercueil d'argent, couché sur le grand autel, derrière le tabernacle, qui était aussi d'argent massif ; sa mitre et sa crosse étaient suspendues aux deux coins de l'autel. On ouvrait la châsse du côté de l'épitre, et j'ai eu le bonheur d'être dans l'église au moment où des princes allemands qui passaient vinrent révérer le corps du saint évêque. Je me joignis à eux, et je baisai avec les sentiments de la joie la plus vive le crâne du saint prélat. Il est extrêmement gros, et ce n'est pas sans raison que les peintres représentent saint François de Sales avec une tête extrêmement grosse ; je vis par là même de profil ses bras et le reste de son corps, dont on n'avait perdu aucun ossement. On pouvait aller tous les jours, même dans l'après-dîner, prier auprès de ces saintes reliques. Il n'était pas aussi aisé d'y célébrer

---

(1) Aujourd'hui couvent de Saint-Joseph.

la sainte messe, tant l'affluence des prêtres y était grande. Nous choisimes donc la petite église des Bernardines, hors la ville, auprès de la promenade (*j*). Elle était toute neuve et semblable à celle du Calvaire d'Orléans. Les religieuses nous y firent mille amitiés ; nous liâmes bientôt connaissance avec elles, et surtout avec des dames émigrées de Valence et de Carpentras, qui y étaient en pension. Les unes et les autres nous invitaient plusieurs fois la semaine à déjeuner ; et si nous eussions continué notre séjour à Annecy, ç'eût été pour nous un délassement bien flatteur de converser de temps à autre avec des personnes dont la société était si aimable.

Mais, tandis que M. l'archevêque de Vienne nous rassemblait tous les matins dans la cathédrale à une messe célébrée pour le roi des Français, ces mêmes Français, campés près le fort Barraux, se disposaient à faire de la Savoie l'objet de leurs conquêtes. Le bruit s'en répandait depuis quelques jours. Nous n'en doutâmes plus le vendredi 21 septembre, lorsqu'à dix heures du soir, au milieu d'une pluie horrible, qui tomba pendant vingt-quatre heures, nous vimes emmener à la lueur de certains flambeaux les canons du château d'Annecy pour s'opposer à leur entrée ; il n'était plus temps ; dès le lendemain, les patriotes forcèrent à trois endroits les barrières de la Savoie et s'avancèrent vers Chambéry, où ils avaient des partisans qui les attendaient.

Ce ne fut que le soir de ce jour que cette nouvelle parvint à Annecy. Une terreur extraordinaire s'empare des esprits, chacun sort dans

---

(*j*) Actuellement Bonlieu, propriété de MM. Laeuffer.

les rues ou se réunit en groupe. On se figure les Français aux portes de la ville, on veut en avoir vu sur la place. Il faudrait pouvoir peindre l'émotion des émigrés et des prêtres, même des soldats, qui couraient à toutes forces dans les rues, ne pouvant se dire que des paroles entrecoupées, se conseillant les uns aux autres la fuite la plus prompte. Le parti est adopté ; avec quelle célérité se prépare-t-on à l'exécuter ! Dans l'espace d'une heure, il n'était déjà plus dans Annecy d'évêque, de commandant ; des dames émigrées ne se donnèrent pas le temps de prendre des voitures, elles sortirent à pied, malgré la boue et les mauvais chemins. La garnison elle-même évacue la ville. Intimidés par les soldats, les prêtres déportés s'en vont à la hâte, le sac sur le dos. Il était jeûne des Quatre-Temps ; nous mangeâmes debout, comme les Israélites sortant de l'Egypte. C'est alors qu'il fallut perdre non seulement les provisions et les ustensiles du nouveau ménage, mais le loyer de notre maison, que nous avions payé. Nous voilà donc en marche à huit heures du soir, au nombre de vingt, pour aller à Genève ; nous n'avions que sept lieues à parcourir, et dès lors nous étions en Suisse, mais les patriotes étaient aux environs et les portes de Genève étaient fermées. Il fallut donc, en place de sept lieues, enrteprendre un voyage qui nous en a coûté quarante. Où allions-nous ? Personne de nous ne le savait. On parlait de Piémont, de Milanais, etc.; aucun n'en connaissait la route. Confondus avec les soldats fugitifs, nous les suivions, et à chaque instant ils nous causaient des frayeurs mortelles. Ils s'arrêtaient tout à coup, croyaient apercevoir des hommes, entendre sur le haut de la montagne, qui dominait le chemin, des patriotes qui les avaient devancés. Des coups de fusil tirés dans le lointain semblaient confirmer leur conjecture ; à chaque pas nous pensions être assommés par des charges d'artillerie, et vraiment nous n'envisagions plus qu'une mort certaine. C'est dans ces transes inexprimables que nous fîmes plus d'une demi-lieue. Pour comble de malheur, les soldats commençaient à se dire les uns aux autres que les prêtres étaient la cause de ces fâcheux événements, et qu'il fallait tout simplement nous jeter dans le lac qui était auprès de nous. Leurs officiers, qui s'aperçurent de cette rumeur, nous conseillèrent de prendre un chemin à gauche, le long du lac. Les soldats continuèrent leur route pour aller couper le pont de Conflans ; et nous, à la garde de Dieu et de nos bons Anges, nous marchâmes dans les ténèbres par des chemins qui nous étaient inconnus. Plusieurs de nos compagnons restèrent en arrière ; nous continuâmes notre route au nombre de sept.

C'est là cette nuit si pénible pendant laquelle nous commençâmes une marche qui ne finit que vingt-six heures après. Ce fut alors que nous allâmes indistinctement à travers les torrents et les rivières, dont les pluies avaient étendu le lit, augmenté la rapidité. Quel fut le nombre de ceux et celles que nous avons traversés ? C'est ce que personne de nous n'a compté. Plusieurs fois nous fûmes mouillés jusqu'aux genoux, contents d'en trouver le fond ; nous avancions avec hardiesse. Une fois seulement, étant au milieu de l'eau entre trois chemins, sans connaître celui qu'il fallait suivre, nous attendîmes patiemment pour nous décider un guide qui, derrière nous, conduisait sur une voiture l'argenterie du *château de Sales* (*k*), que nous laissions

---

(k) Château de Duingt, propriété de la famille de Sales.

à gauche. En vain je m'efforcerais d'entrer dans un plus grand détail sur les fatigues que nous éprouvâmes le reste de la nuit, elles furent continuelles et de toutes espèces jusqu'à quatre heures du matin, que nous entrâmes à Faverges, chez un paysan, pour y sécher nos habits.

Notre séjour n'y fut pas long. L'aube du saint jour du dimanche 23 septembre commençait à peine à paraître, nous continuâmes notre route entre des rochers et un torrent, le plus large que j'aie encore vu (*l*). Une petite église se trouva sur notre chemin (*m*) ; un de nous, qui n'avait rien pris pendant la nuit, y célébra la messe, que j'eus peine à entendre, ne pouvant rester ni assis ni à genoux. Avec quelle humanité le digne curé de cette paroisse, frère de l'intendant d'Annecy, nous reçut dans sa maison ! On nous y servit à déjeûner ; sa sœur, encore jeune, nous appelait des martyrs, des confesseurs, nous parlait avec une dévotion pleine de naïveté de Jésus-Christ, qu'elle disait être notre récompense assurée. Les pleurs de ce vénérable pasteur ne lui permirent pas de nous dire adieu. Nous nous remîmes en marche par des chemins impraticables, et vers les dix heures nous arrivâmes à Ugines ; il était temps sans doute de réparer nos forces par quelque nourriture solide. Plus tremblants que des soldats déserteurs, nous mangeâmes à la hâte un dîner très frugal. Une voix se fit entendre dans l'auberge qui annonçait que les Français étaient à une demi-lieue. Le fait était faux, on avait pris pour eux les Piémontais, qui arrivaient les premiers au pont de Conflans, le coupaient pour intercepter la communication entre le Piémont et

---

(*l*) Probablement La Chaise.
(*m*) Probablement Marlens.

la Savoie ; accoutumés à fuir, nous usâmes encore de cette ressource sans vérifier si la crainte était fondée. Et aussitôt de louer des hommes et des enfants qui, en portant nos paquets, devaient nous servir de guides. On se met en devoir d'escalader la *montagne d'Ery* (n). Combien elle était rapide, partie en gazon, partie en ardoise ou en terre grasse ! C'était plutôt grimper que marcher ; le corps semblait être plié et courbé dans certains endroits, tant les hauteurs étaient presque perpendiculaires ; un ruisseau descendait au-devant de nous dans le chemin même, et en rejaillissant sur les pierres il mouillait nos pieds et même nos jambes. Ajoutons à cela les précautions qu'il fallait apporter pour suivre un sentier très étroit qui bordait les précipices dont nous étions environnés. Enfin, pour augmenter nos inquiétudes, nos conducteurs s'obstinèrent à porter nos paquets sur leurs têtes, en sorte que le moindre faux pas les eut renversés dans des gouffres où sûrement ils ne seraient pas allés les chercher. C'est sur une si belle hauteur que s'offrit à nos yeux le petit village d'Ery (o), dont les cascades méritent que je m'arrête un instant à les décrire.

Entre deux éminences de la dite montagne, la nature a formé une sorte d'amphithéâtre, large d'environ trente-six pieds, sur soixante ou quatre-vingts de longueur ; sur ce plan incliné un torrent, qui sort d'un endroit infiniment plus élevé, roule ses eaux jusque dans un gouffre profond de plus de trois cents pieds relativement au niveau du village. Une multitude de grosses pierres amoncelées et placées en désordre retarde le cours des eaux et excite un bouil-

---

(n) Héry-sur-Ugines.
(o) Idem.

lonnement des vagues et un fracas qu'augmente de plus en plus une seconde rivière, qui tombe perpendiculairement des flancs de la montagne ; et ces deux volumes d'eau, dont un seul suffirait pour former une petite rivière, après s'être réunis en écumant dans cete fosse extrêmement creuse qui leur sert de premier réservoir, coulent ensuite dans un lit extrêmement resserré qui perpétue le bruit qu'ils avaient produit dès leur première chute (*p*).

Nous descendimes de la montagne par les chemins les plus tortueux que jamais on puisse tracer ; il semblait que nous entrions dans les entrailles de la terre, surtout lorsqu'étant arrivés précisément au bas, nous nous vîmes forcés, pour en sortir, d'escalader une seconde montagne, de même hauteur que celle d'Ery. L'intervalle qui se trouve entre les deux est une vraie gorge, et pour apercevoir le ciel il faut lever les yeux immédiatement au-dessus de sa tête. L'après-diner fut pluvieuse, et en conséquence se formèrent autour de nous plusieurs météores, les plus curieux de la nature. Une humidité très sensible nous environna tout à coup ; ce brouillard s'éleva comme une fumée vers le milieu des deux montagnes. Quelques minutes après il se condensa sur notre tête et retomba aussitôt sur nous, moitié en grêle, moitié en neige mêlée de quelques gouttes de pluie ; le nuage disparut, l'arc-en-ciel vint réfléchir ses couleurs presqu'auprès de nous ; et rien de si commun dans le pays des montagnes que d'apercevoir dans une prairie la naissance de ce météore, dont nous voyons à peine le haut dans nos provinces. Ce fut ce moment que je choisis pour quitter une sorte de grotte sous un rocher

---

(*p*) L'Arly.

où je m'étais retiré pour réciter l'office des vêpres pendant ces intempéries de l'automne.

Il fallut donc encore remonter par un chemin non moins difficile que celui par lequel nous étions descendus ; les pierres étaient toutes de marbre, presque rondes, très glissantes par conséquent, souvent il n'en était qu'une seule sur laquelle on put placer les pieds pour continuer sa route. En faisant peu de chemin, quoique sans nous reposer, nous pûmes à peine, après trois heures, arriver d'Ery à Flumet. Il n'est qu'une seule auberge dans ce hameau. Vingt prêtres y étaient renfermés dans une seule chambre, et la seule dans laquelle on pût habiter. Nous délibérâmes, et il fut décidé que malgré la pluie qui tombait par intervalles, on irait coucher à Sallanches, ville située dans le Faucigny ; on la disait n'être éloignée que de deux lieues. Quelles lieues ! Il en était quatre, mesures de Savoie, c'est-à-dire six de France. Le chemin était plus uni, parallèle aux montagnes de la Forgue, que nous laissions à droite. Megève s'offrit à notre rencontre, nous le laissâmes derrière nous. La nuit nous surprit, et en foulant aux pieds pendant plus de deux lieues les pierres et les cailloux dont était couverte la longue descente qui conduit à Sallanches, nous y parvînmes enfin, las et abattus par une marche de vingt-six heures. Quoi qu'il en fût parmi nous qui se trouvassent assez incommodés dès leur arrivée pour se mettre au lit avant de prendre de la nourriture, je ne sentais qu'imparfaitement mes fatigues et j'eus soin de souper amplement avant de penser au sommeil.

Sallanches était la ville que, même avant de sortir d'Orléans, nous avions dessein d'habiter. Les circonstances ne nous le permettaient plus ; on croyait voir les Français partout, et l'arrivée des troupes piémontaises donna lieu aux habitants de publier que les patriotes venaient en prendre possession. Il y avait affluence de monde sur la place qui est auprès de la collégiale. Nous nous y pourvûmes à grands frais de voitures du pays, appelées *chars-à-bancs*, devenus fort rares par la multitude d'émigrés qui les recherchaient ; et après avoir salué M. Cartier, chez qui nous espérions, quinze jours avant, pouvoir demeurer, nous prîmes la route qui conduit au *Mont-Blanc*.

Cette montagne, qui a donné son nom au département qui forme la Savoie, est une véritable merveille. Elle a vingt-quatre mille toises de haut ; il faut vingt-une heures pour parvenir au sommet ; sa longueur est de plus de deux lieues. La neige la couvre dans toutes les saisons. Au-dessus de sa cîme on voit à certains endroits des aiguilles de glace qui, en réfléchissant les rayons du soleil, paraissent autant de cristaux les plus transparents ; nous la côtoyâmes pendant toute l'après-dîner du lundi vingt-cinq septembre. Les plaines ou prairies que nous traversâmes au bas de cette montagne sont assez incultes, produisent à peine du blé noir et annoncent un pays misérable. Les habitants en paraissent fort doux ; chacun d'eux labourait son petit champ près de sa demeure. Quelques ceps de vigne étaient suspendus en l'air sur des perches : telle est la manière bien simple de recueillir le vin dans ce pays. Les pauvres sont vêtus de bure, et les femmes n'ont sur la tête qu'un morceau de cette étoffe, quelquefois un chapeau de paille par dessus. Je ne saurais mieux comparer leurs maisons qu'à nos moulins à vent, excepté qu'elles sont beaucoup plus larges, mais portées également sur des pieds de bois formés par des poutres, qui les élèvent à trois pieds de terre ; leur but est de laisser à la neige la place qui lui est nécessaire pour s'étendre sous leur plancher, et de préserver leurs granges de l'humidité, qui endommagerait le peu de grains qu'ils conservent. L'innocence et la candeur étaient peintes sur les visages de ces braves gens ; et leur attachement pour le duc de Savoie était si grand qu'en apprenant l'entrée des Français dans leur pays, ils venaient au-devant de nous tout effrayés, en s'écriant : *Hélas ! que va dire noutre Ré, quand il va savoir tout ça ?* Les chemins ne sauraient être entretenus, les torrents ravagent les moissons, entraînent les levées, rien ne peut leur résister. Que peut-on, en effet, opposer à un faible ruisseau qui coule en droite ligne sur un plan incliné, et de précipices en précipices, lorsque ce ruisseau, gonflé tout à coup par des nuées d'orages qui fondent sur les montagnes voisines, devient en un quart d'heure large comme le tiers de la Loire, avec le quadruple au moins de l'impétuosité qu'on a pu remarquer dans notre rivière au temps des inondations, ce qui produit alors un bruit épouvantable. La force d'un torrent est si grande que sous les fenêtres de mon habitation je vois des vingtaines de pierres, grosses comme un demi-quart de vin, entraînées avec la légèreté d'un grain de sable, quand l'eau est abondante. Je voudrais rendre compte ici de quelques montagnes purement de glace, appelées les Glacières, que les curieux viennent voir de fort loin, mais je ne les ai vues que par l'extrémité, quoiqu'elles aient plus d'une lieue de long ; on peut consulter sur cette question un livre intitulé : *Les Délices de la Suisse.*

Arrivés à Chamonix, nous n'eûmes rien de plus pressé que de nous procurer à chacun, pour le lendemain, un mulet, seule monture qui puisse se frayer un passage dans la forêt de *Tête-Noire* qui, ainsi que le Mont-Blanc, fait partie des Alpes. Le prix nous en parut cher ; à peine pouvait-on en obtenir un pour neuf francs. Il ne fut pas possible de reposer un instant pendant la nuit, tant était continuel le nombre des prêtres qui descendirent dans l'auberge depuis le soir jusqu'à six heures du matin, où on nous amena nos montures.

A combien d'accidents ne fus-je pas exposé, ce mardi vingt-six septembre, au milieu de cette cavalcade de mulets, dans des chemins ou sentiers étroits, qu'il faut voir par soi-même pour se les figurer ; j'ignorais qu'il y eut de l'antipathie entre les mulets d'une maison et ceux d'une autre. J'étais à peine monté sur celui qu'on m'avait laissé, et qui se trouva le plus haut et le moins commode, qu'un de ces animaux voulut donner en passant un signe de sa haine à mon coursier ; il s'approche de lui et lui décharge un coup de pied dans les flancs dont, grâce à Dieu, je ne reçus dans la jambe qu'une légère plaie, qui bientôt après augmentée par une froissure violente, ne m'empêcha pas pourtant de suivre mes compagnons et a été guérie sans aucun soin de ma part.

La manière de conduire ces mulets m'était encore plus inconnue, ou plutôt il ne faut pas les conduire, mais leur lâcher en tout la bride ; et pour l'avoir voulu retenir une seule fois, je fus renversé à terre par mon animal opiniâtre. La pluie qui tombait, la boue, les hauteurs que j'apercevais de loin, m'obligèrent à remonter sur ma bête, malgré la résolution que j'avais faite de ne plus m'en servir ; et je me confiais de plus en plus à mon ange gardien, qui seul pouvait me préserver des dangers qui se renouvelèrent à chaque pas.

Notre esprit était au moins déchargé en partie de ses inquiétudes, en touchant à cet instant heureux où ne devions plus avoir rien à craindre des Français. Nous atteignîmes avec plaisir la borne qui sépare la Savoie du *Valais*, pays allié des Suisses, dont Mgr l'évêque de Sion est prince temporel (*q*). Dans un mur de briques fort épais est une porte très étroite ressemblant à l'ouverture d'un four ; elle est gardée par les habitants du pays, qui se succèdent tous les quinze jours dans ce poste pour veiller à la sûreté de leurs frontières. A la vue de nos passeports, qui certifiaient que nous étions prêtres déportés, ils nous reçurent à bras ouverts ; et, pour qu'ils se souvinssent de nous, nous leur donnâmes quelques pièces de monnaie, qu'ils parurent désirer pour boire à nos santés. Dès ce moment, nos mulets grimpèrent, par leurs sentiers accoutumés, cette montagne de la *Tête-Noire*, dont les sapins sont si serrés, si confus, qu'à peine y voit-on clair à certains endroits. Tant est grande la force de l'habitude ! on eût dit que ces animaux qui nous portaient connaissaient jusqu'à la dernière pierre sur laquelle ils portaient les pieds, ils s'arrêtaient d'eux-mêmes dans les endroits difficiles pour se détourner à propos, choisir tel pavé plutôt que tel autre, et leurs conducteurs nous ont dit que, dans ces voyages si fréquents dans cette forêt, ces mêmes mulets observaient ces mêmes précautions aux mêmes endroits. Le passage, dans toute la longueur de la montagne, n'est autre chose qu'un véritable escalier de pierre, dont les marches, inégales et placées les unes à côté des autres plutôt que les unes au-dessous des autres, sont distantes entre elles pour la hauteur tantôt d'un demi-pied, tantôt d'un pied, une autre fois de deux pieds ; ces pierres sont de marbre, de caillou ou d'ardoise. D'où on peut

---

(*q*) Au Châtelard.

conclure combien il est aisé de glisser en descendant. C'est quelque chose d'étonnant que de voir ces animaux sauter de marche en marche, sans faire, pendant toute la route, un seul faux pas, s'arrêtant quand ils sont fatigués, marchant avec assurance dans un sentier d'un pied et demi de largeur, auprès de ces précipices de plus de mille toises dont j'ai souvent détourné les yeux pour n'en pas être effrayé. Qu'on calcule, d'après cela, combien de fois nous avons risqué d'être ensevelis dans ces abîmes, dans lesquels on me montra la place sur laquelle était tombé, l'année dernière, un mulet dont le pied avait glissé trop près du bord. Aussi, à certains endroits où on ne pouvait descendre que par des morceaux de rochers entassés, nous marchions à pied beaucoup plus mal que nos mulets qui, déchargés de leurs cavaliers, ne tardèrent pas à nous devancer. Le trajet dura plus de quatre heures. La pluie, le brouillard fondaient sur nous, car nous étions dans les nuages et même plus élevés que ceux qui bordaient ces précipices ; le prétendu brouillard s'épaissit au sortir de la forêt, au point que nous n'aperçûmes plus notre chemin. Nos mulets s'avançaient toujours ; ils nous conduisirent à Trient, dans un moment où une paroisse voisine venait en procession pour obtenir le beau temps nécessaire à la seconde coupe des foins.

Quel hameau que Trient ! Doit-il même en porter le nom ? Il ne compte que deux maisons.

L'une s'appelait l'Auberge, qui consistait en une seule chambre remplie pour lors de prêtres, de gentilshommes et d'émigrés. Tous, trempés par la pluie qui tombait avec autant de force que dans un orage, nous ne pûmes obtenir d'entrer que dans la seconde maison, qui appartenait à un paysan. Il faut observer ici que, dans la Suisse, les cheminées, et surtout des cuisines, sont aussi vastes que la chambre même, c'est-à-dire qu'il n'y a point de plancher ; mais, des quatre coins de la chambre s'élèvent des planchers jusqu'au toit de la maison par forme de pyramide qui ne laisse par le haut qu'une ouverture de trois pieds carrés, que l'on ouvre et que l'on ferme à l'aide d'une grosse corde qui tire ou lève une grosse planche mobile attachée au faite. Du reste, dans les appartements, on ne trouve que des fourneaux ou poêles. Rangés sur un banc, nous essayons tour à tour de faire sécher nos jambes, qui étaient extrêmement mouillées. Ce n'était pas assez : il fallait dîner, et il n'y avait plus de pain dans le pays. Les habitants de la paroisse qui étaient venus en procession avaient tout consommé. On trouva enfin certains gâteaux pétris avec du lait, auxquels nous joignîmes du beurre salé et du vin blanc, le meilleur que j'aie bu pendant mon voyage. Nous dînâmes de bon appétit : la faim était si extrême que nous aurions dévoré des racines.

La crainte de ne pas avoir de lit dans le village de Martigny, où nous devions coucher, nous décida à payer un messager, qui partit devant nous pour en retenir autant qu'il pourrait en trouver. Nous le suivîmes de près, portés sur ces maudits mulets qui firent encore de nouvelles prouesses en escaladant une montagne taillée presque à pic, au milieu de la grêle dont nous étions tout couverts. Sa descente est pour le moins aussi difficile. Nous parcourûmes celle-ci à pied ; et, dans l'espace d'une demi-lieue, nous ne rencontrâmes aucun endroit assez uni pour interrompre et arrêter l'élan que notre corps avait pris au haut de la montagne : ce n'était que cailloux, que pierres très aiguës. Enfin, remontés sur nos mulets, nous parvinmes par des rues assez praticables à Martigny.

XXXV

Les impressions de Stendhal.

Stendhal, qui vint en Savoie en 1837, à l'époque du *Buon Governo*, quand la réaction essayait d'étouffer les aspirations libérales de la Savoie, laisse un croquis précieux au point de vue politique (1) et un portrait très fin du paysan savoyard.

Le gouvernement de Chambéry a déjà contrarié un de mes désirs : je voulais lire les journaux de France, on ne tolère ici que la *Quotidienne*, la *Gazette de France* et le *Moniteur*. A chaque instant, en ce pays, on vous demande votre passeport : heureux le voyageur qui a un titre et un ruban. Je renonce à voir les montagnes de la Tarentaise...

Le paysan savoyard n'est pas cauteleux comme un Normand, mais prudent comme un *honnête homme qui a peur*. Le fond de son cœur est occupé par la religion, mais une religion non méchante : car son curé aussi est savoyard, c'est-à-dire bon homme au fond, il n'est pas comme Tartufe, il n'enseigne pas « à n'avoir affection pour rien ».

D'un autre côté le paysan savoyard n'agit jamais *à l'étourdie* comme l'heureux paysan des environs de Paris. Il n'étend le bras que là où il y voit clair et ne se mêle d'aucune affaire que lorsqu'il n'aperçoit au travers ni noise avec l'autorité, ni brouille avec ses voisins, ni rapprochement quelconque avec les carabiniers royaux (les gendarmes).

Au fond le paysan savoyard est excellent, si

---

(1) STENDHAL (H. Beyle), *Mémoires d'un Touriste*, Paris 1877.

elle eût duré pour lui, la Révolution française lui eût donné le courage d'oser.....

On a beau faire, le régime impérial, en dépit de la conscription et des droits réunis, a laissé des souvenirs qui ne s'effacent point.

Ah ! Monsieur, me disaient des paysans des Echelles, nous ne vendons pas nos denrées ; si vous étiez ici, vous autres Français, vous feriez aller le commerce.

Partout on critique le gouvernement : la conversation des savoyards emploie des formes prudentes, mais se donne assez de liberté. La prédilection pour nous est évidente.

L'état actuel de la Savoie et les 14 chemins que le gouvernement fait faire autour de Chambéry s'expliquent d'un mot. On entend de Chambéry les coups de canon que l'on tire à Chapareillan pour célébrer l'anniversaire des *trois journées* (27, 28 et 29 juillet 1830). Or, 20 personnes nous ont parlé des élections qui vont avoir lieu dans le département de l'Isère si la Chambre des députés est dissoute. On fait tout au monde pour faire oublier au Savoyard l'amour de la liberté ; mais à défaut de la raison la vanité des peuples est intéressée. Le Savoyard se croira inférieur au Français tant qu'il n'aura pas l'espèce de gouvernement dont jouissent ses voisins du département de l'Isère. Le moment des élections surtout l'émeut profondément.....

Les hommes m'ont plû couci, couçà : de l'esprit, sans doute, mais un peu hableurs, un peu sujets à parler de leurs habits qu'ils font venir de Paris ; ils nomment les tailleurs et même montrent les noms de ces arbitres du goût sur les boutons de leurs pantalons.

XXXVI

Le régime constitutionnel en Savoie jugé par un parlementaire belge.

Un avocat belge, Jottrand, publiciste distingué, chef du parti libéral à la Chambre des représentants en Hollande, vint en 1854 faire un voyage dans les états du roi de Sardaigne pour étudier les conditions politiques nées du régime parlementaire que Charles-Albert avait donné à ses peuples en 1848.

La Maison de Savoie, surtout depuis le vigoureux coup de barre à gauche donné par Victor-Emmanuel, était à la tête des états européens par l'initiative de ses réformes vigoureusement combatttues par le clergé. Ses états étaient un champ d'expérience attirant l'attention de tous les libéraux, et dans cette période de transition qui précède l'annexion de la Savoie à la France, le témoignage de Jottrand est particulièrement curieux (1).

La Savoie où nous pénétrions presque en sortant de Genève dans la direction du Faucigny, nous intéressait par la comparaison que nous pouvions en faire avec les petits cantons suisses..... Nous allions à 8 heures de Genève, visiter le Mont-Blanc.

Au premier village savoyard, vous trouvez, tout naturellement, des douaniers et des gendarmes et, comme encadrement, des masures couvertes de chaume et des chemins fangeux.....

(A Bonneville, jour de marché, grande animation, beaucoup de monde dans les cafés : Ayant aperçu dans l'un d'eux l'*Indépendance*

---

(1) JOTTRAND, *D'Anvers à Gênes par les pays rhénans, la Suisse, la Savoie et le Piémont*. Bruxelles, 1854.

Belge, Jottrand se fait connaitre, décline sa qualité d'avocat, et on l'accueille.)

C'était la *fleur des pois* de Bonneville. Ces Messieurs commentaient les nouvelles du jour..... Nous amenâmes assez facilement la conversation sur les affaires de Savoie en général. Toutes les opinions dans le cercle n'étaient pas identiques, mais de l'ensemble et surtout de l'avis de ceux qui paraissaient les plus instruits et les mieux informés, il nous parut résulter que les Savoyards étaient satisfaits de leur gouvernement depuis le *statuto fondamentale* de Charles-Albert.

Nous sommes bien un peu exploités par Turin. Nous avons bien eu quelque raison de murmurer, surtout des impôts augmentés pour payer les frais de la guerre en Lombardie. La gendarmerie sarde et les employés italiens qu'on nous expédie tous les jours nous offusquent assez. Mais après tout, la maison de Savoie est de chez-nous ; Charles-Albert était un digne homme et le roi actuel a de très bonnes qualités. Le *statuto* nous fait du bien, quoiqu'il nous coûte un peu cher. Et puis nous autres Savoisiens, nous sommes un peu à l'égard de nos princes et de leur gouvernement comme les chiens de chasse pour le chasseur. Quand on nous bat, nous croyons que c'est pour notre bien, et nous n'en suivons pas moins la chasse d'aussi bon cœur qu'auparavant. Telle était l'opinion exprimée par le plus grand nombre.

L'autre opinion qu'il faut rapporter aussi, quoiqu'elle fût en minorité, c'était que le *statuto* constituait certainement une grande amélioration dans le gouvernement, que Charles-Albert était à coup sûr un prince très distingué, mais que puisqu'il avait dit, à propos des affaires avec l'Autriche, l'*Italia farà da se*, la Savoie n'avait rien à voir dans ces affaires qu'il était injuste de lui envoyer à nourrir, dans tous les emplois du pays, les Lombards réfugiés que le gouvernement de Turin avait recueillis ; qu'enfin les *carabinieri* (les gendarmes italiens pour la plupart, que le gouvernement sarde prépose à la police locale en Savoie), étaient peu agréables à la grande majorité de la nation.

Nous avions affaire... aux deux éléments du parti libéral en Savoie : les modérés et les avancés.....

Il nous arriva de pouvoir vérifier le motif de l'antipathie exprimée en notre présence à Bonneville contre les *carabinieri*. Deux de ces militaires se promenaient dans la grande rue de Cluses, le chapeau sur l'oreille, les mains derrière le dos sous les pans de l'habit. Ils rendaient à peine le salut aux passants et regardaient effrontément par les fenêtres ce qui se faisait dans les habitations, le long desquelles ils allaient et venaient. Ils s'exprimaient entre eux deux en patois italien, ce qui servait à expliquer leur air de conquérants au milieu de ces bons Savoyards dont le français est la langue ordinaire.

(L'auteur raconte un entretien avec l'un d'eux pour lui demander à quel genre de service il était employé et s'il n'était pas gendarme) : *Carabiniere, signor*, nous répondit-il en italien. Oui, reprimes-nous, de la même langue, carabinier ou gendarme, c'est la même chose. *Carabiniere, signor*, répéta-t-il de nouveau en lissant sa moustache, et sans dire un mot de plus, il se remit à arpenter gravement la rue. Nous avions bien envie de l'arrêter encore pour lui demander comment un *signor* italien de son importance consentait à venir manger en Savoie le pain de ces braves montagnards.

A Chamonix, pour la première fois, nous avons rencontré des bouviers et des chevriers vêtus de la tête au pieds des peaux de leurs bêtes au naturel, et encore couvertes de leur poil bigarré.

Les paysans savoyards de la vallée de Chamonix exercent en grand nombre l'état de guide de montagne. Leur contact perpétuel avec les visiteurs étrangers les a policés de manière à effacer chez eux beaucoup de la rudesse propre à la population rurale... Vous en rencontrez peu qui ne puissent se servir tolérablement du français. Ils ont toutefois conservé cet air de bonté et de simplicité qui distingue les Savoyards. La vie des champs et des montagnes, à laquelle ils se remettent tous lorsque la saison des touristes est passée, entretient leur caractère primitif. On remarque d'ailleurs que le Savoyard se corrompt rarement même dans un séjour prolongé dans les plus grandes villes.

Les guides de Chamonix forment une sorte de corporation que le gouvernement sarde, depuis le *statuto* constitutionnel n'a pas manqué de prendre sous sa protection, selon les traditions modernes, c'est-à-dire qu'il les a enrégimentés, réglementés et subordonnés aux employés des intendances..... La mesure était encore toute récente à notre passage à Chamonix : elle datait du commencement de l'année même..... Voilà toute une légion d'officiers ministériels introduite parmi ces bons montagnards, avec les petites ambitions, les jalousies, les rivalités qu'éveillent et entretiennent toujours les faveurs dont les gouvernements s'arrogent la disposition.

(Suit une conversation avec un des membres du parti catholique, ami personnel de l'évêque d'Annecy. On ne réclame pas pour le clergé les biens qui lui appartenaient à la révolution) : L'influence morale du prêtre séculier et régulier suffit aux catholiques mais il voudraient qu'on laissât agir librement cette influence... Si le peuple peut, pour lui et pour les communautés qu'il fonde et qu'il entretient à la plus grande utilité de tous, acquérir sans entrave, posséder sans crainte et administrer sans passer par les mains des commis de l'Etat, si les communes peuvent contracter par elles mêmes, fonder des œuvres de charité, élever des Etablissements publics, donner à leurs enfants l'instruction et les maitres de leur choix ; si les particuliers peuvent subvenir eux-mêmes à ces œuvres dans les communes qui les négligeraient soit par incurie, soit par défaut de ressource..... Un pareil ordre de choses leur suffit. Selon eux, quand la liberté est dans la commune elle est dans l'Etat..... Ils disent que leur pays perd plus qu'il ne gagne à son union avec les Etats Sardes.....

Annecy, les rues étroites, les pavés mal joints, les façades des maisons noires et salies, nous rappelaient le Nivelles ou le Wâvre de 1810. Puisse un bon gouvernement permettre que la capitale du Genevois soit, dans 30 ans d'ici, aussi jolie et aussi propre que le sont devenues, aujourd'hui, nos petites villes du Brabant wallon.

(Suit une conversation avec un avocat de Chambéry, originaire de La Roche, ayant un parent député progressiste à Turin). La conclusion principale de sa politique était que la Savoie irait à la Suisse dès que la dynastie se serait faite exclusivement italienne en réunissant au Piémont la Lombardie.

Dès l'établissement du *statuto*, il fut clair pour les Savoyards qu'on voulait les rendre plus que jamais les vassaux des Piémontais.

... Les Savoyards avaient résisté énergiquement à la tentative de les italianiser par le *statuto*. Leur premier succès avait été pour le maintien de leur langue dans les débats parlementaires. La première fois que les députés savoyards avaient voulu prendre part à ces débats, les plus indépendants, s'étaient servis du français qui est leur langue. Les ministres avaient affecté de ne pas répondre à ces orateurs, comme si leurs discours ne comptaient pas. Les ministres avaient aussi suscité quelques représentants de la Savoie consentant à s'exprimer en italien, et c'est aux discours de ceux-là seulement qu'ils avaient répondu.

La seconde fois, les orateurs s'exprimant en français avaient sommé les ministres et les orateurs du parti ministériel de compter leurs raisons pour quelque chose. Les ministres, cette fois, avaient consenti à leur répondre, mais en italien.

A la troisième fois, les Savoyards avaient obtenu que les ministres s'exprimassent eux-mêmes en français quand ils répondaient à des orateurs savoyards.....

La députation savoyarde à Turin a lutté encore avantageusement pour les principes généraux dans d'autres circonstances. Elle a toujours demandé qu'on soulageât le peuple des impôts, à l'aide de l'incameration des biens de *possidenti* au moins parmi les corporations religieuses. Elle lutte, autant qu'elle le peut, contre les applications que l'on fait du *statuto* pour étendre partout la centralisation gouvernementale. Malheureusement presque tout le Piémont et Turin à la tête ont intérêt à renforcer le pouvoir central pour le plus facile assujettissement à leur influence des autres parties de la monarchie sarde.

Fait l'ascension du Mont Cenis en diligence. A Lanslebourg, 14 chevaux à la diligence, attelage d'été, en hiver parfois le double. « On a bientôt atteint la région des neiges à partir de laquelle on trouve de distance en distance et le long de la route des maisons solidement bâties, en pierre, surmontées de cheminées assez hautes et numérotées dans l'ordre de l'ascension. Ces maisons vides dans la belle saison sont destinées à servir de guide et de refuge aux voyageurs lorque la neige tombe avec abondance et que le vent l'amoncelle de façon à interrompre momentanément le passage. Des cantonniers logés dans ces maisons sont chargés de le rétablir.

TABLE DES MATIÈRES

I. — Les itinéraires romains et le Petit-Saint-Bernard. — Le Mont-Cenis et Ammien Marcellin. ... 1

II. — Le Mont-Cenis et l'empereur Henri IV au xie siècle. ... 5

III. — Comment Eustache Deschamps ne saurait être considéré comme un prérousseauiste. ... 10

IV. — Les grandes routes de la Savoie féodale. ... 12

V. — Le commerce à travers les Alpes au Moyen-Age. ... 20

VI. — Le Mystère de Saint-Bernard de Menthon. ... 26

VII. — Les pérégrinations d'un bourgeois flamand à travers les montagnes terribles en 1518. ... 31

VIII. — Comment, l'an de grâce 1520, le révérendissime abbé de Clairvaux visita en Savoie quelques couvents de dames. ... 44

IX. — Greffin Affagart, pèlerin de Terre-Sainte, aux abimes de Myans, en 1533. ... 54

X. — Les tribulations des Clarisses de Genève fuyant les gens de la Religion en 1535. ... 60

XI. — Des timidités amoureuses de Clément Marot auprès d'une dame des environs d'Annecy et de la réclame faite à un hôtelier de Chambéry, par Rabelais, à l'occasion de la merveilleuse cure de Messer Pantolfe de la Cassine. 75

XII. — Passage du Mont-Cenis par les troupes de Claude d'Annebaut en 1542. 77

XIII. — Réception d'Henri II à Saint-Jean-de-Maurienne en 1548. 80

XIV. — Le voyage du vénitien Minucci à travers la Maurienne en 1549. 82

XV. — Le guide des chemins de France, de Charles Estienne, en 1552, et l'itinéraire de l'historiographe Pingon. 89

XVI. — Le protestant Godefroy en 1568 sur les routes de la Maurienne et de Genève. 96

XVII. — Comment le poète Peletier peut-être considéré comme un précurseur par les alpinistes savoyards. — Son poème sur la Savoie en 1572. — Notes sur les plus anciennes cartes de la Savoie. 100

XVIII. — Montaigne en Savoie en 1581. 126

XIX. — Les relations des Ambassadeurs vénitiens à la fin du XVIᵉ siècle. 129

XX. — L'ambassade de l'abbé Saint-Vaast d'Arras à travers les Alpes en 1582. 140

XXI. — Les voyages du seigneur de Villamont en 1588. 152

XXII. — Comment l'Anglais Coryate décrivit la Savoie au commencement du XVIIᵉ siècle. 163

XXIII. — Les jeux d'esprit du cavalier Marin sur la traversée des Alpes en 1615. 178

XXIV. — Le *Diario* de Rucellai en 1643. 186

XXV. — Les étonnements de Sébastien Locatelli, prêtre bolonais, pendant sa traversée des Alpes de Savoie en 1664.	209
XXVI. — La glorieuse rentrée des Vaudois à travers la Savoie en 1689.	226
XXVII. — Le voyage littéraire de dom Martène et dom Durand en 1717.	254
XXVIII. — Pourquoi Montesquieu n'aurait jamais voulu être sujet du duc de Savoie.	266
XXIX. — Le voyage de Windham et Pococke aux glacières de Savoie en 1741.	268
XXX. — Les impressions du duc de La Rochefoucauld, d'Enville à Chamonix en 1762.	280
XXXI. — Comment le physicien genevois Deluc fut pris pour un sorcier par les gens de Sixt en 1770.	293
XXXII. — L'*Ulysses Belgico-Gallicus* de Golnitz en 1630, l'*Ulysse Français* de Coulon en 1643, Jouvin en 1672, Grosley en 1758, Lalande en 1765, La Roque en 1776.	299
XXXIII. — L'économiste anglais Young en 1789.	335
XXXIV. — Les perplexités d'un curé français, l'abbé Desnoues, fuyant la Révolution et la retrouvant en Savoie en 1792.	340
XXXV. — Voyage de Stendhal en 1837.	363
XXXVI. — Le régime constitutionnel en Savoie jugé par un parlementaire belge en 1854.	365

(Extrait de l'*Industriel Savoisien*)

www.ingramcontent.com/pod-product-compliance
Lightning Source LLC
Chambersburg PA
CBHW070436170426
43201CB00010B/1120